# わかりやすいマーケティング・コミュニケーションと広告

## 第3版

石崎　徹 編著

五十嵐正毅・井上 一郎・松本 大吾
中野 香織・高畑　泰・峯尾　圭

八千代出版

執筆者一覧〔掲載順〕

**石崎　徹**　　専修大学経営学部教授

　　　1章、2章、3章、8章3・4加筆、9章、12章、用語解説

**五十嵐正毅**　　大東文化大学経営学部教授

　　　4章、7章、16章1〜3・6

**井上　一郎**　　江戸川大学メディアコミュニケーション学部教授

　　　5章、8章5・6・コラム、14章、16章4・5・コラム

**松本　大吾**　　千葉商科大学サービス創造学部教授

　　　6章・15章

**中野　香織**　　駒澤大学経営学部教授

　　　8章1・2、18章、19章

**高畑　泰**　　産業能率大学経営学部准教授

　　　10章、13章

**峯尾　圭**　　近畿大学経営学部准教授

　　　11章、17章

# はしがき

　本書の目的は、マーケティング・コミュニケーション論と広告論を研究したいという学生、および関連実務に携わって間もない実務家などを対象に、マーケティング・コミュニケーションと広告活動に関する基本的な知識、手法、さらには理論を理解してもらうことである。

　2008年に前編著『わかりやすい広告論』を上梓し、2012年には改訂を行った。改訂版の第2版では、「広告のような」手法の急増、ソーシャルメディアの進展、さらに2011年3月11日に起きた東日本大震災の影響による広告の社会性の重視といった視点を取り入れた。しかし、第2版を上梓してから足かけ4年の歳月が経ち、ペイドメディア（有料メディア）による広告から「広告のような」手法のさらなる増加、ソーシャルメディアを活用したキャンペーンの洗練化、アドテクノロジーの進展によるターゲティングの精緻化など、広告を取り巻く環境が大きく変化してしまった。

　また、前編著書においても統合型マーケティング・コミュニケーション（IMC）や広告関連コミュニケーションを解説した章は設けていたが、内容としては広告論を補完するものでしかなかった。しかし、実際のキャンペーンでは、IMCの視点から広告、SP、PRなどのマーケティング・コミュニケーション構成要素が巧妙に統合されている。場合によっては、広告の比率が少ない場合も見受けられる。

　各大学の学部学科のカリキュラムも時代の要求に応えて大きく変わっている。かつては、通年4単位あるいは半期2単位の「広告論」という科目で運用されていたものが、前期後期2単位ずつに分割され、後期の科目では広告の応用分野や関連分野が重視されるようになったり、半期2単位として「マーケティング・コミュニケーション論」という名称で運用されるようになったりしている。

　このような環境、実務、さらに大学教育の変化へ対応するため、本書の初版では前編著書を全面的に書き換え書名も変更することにした。ただし、前

編著書のコンセプトである、「オーソドックスな教科書作り」は継承することとした。広告／マーケティング・コミュニケーション研究を深めていくために、さまざまな見解や学説を学んでいくことは重要である。しかしその前に、初学者が最低限身に付けていなければならない基本的な事項をオーソドックスに記述している教科書、というコンセプトである。オーソドックスであるということは、ある程度の知識を有している人にとっては物足りないという印象を与えるかもしれない。しかし本書は、初学者が十分な知識を得られる内容になっているばかりでなく、広告／マーケティング・コミュニケーションに関して中級程度の知識を有している者にとっても、自分の知識を再確認するうえで格好の読み物になっていると自負している。

　本書の執筆陣はすべて、早稲田大学大学院商学研究科の出身者である。同研究科は、わが国における広告／マーケティング・コミュニケーション研究において最も伝統がある。また執筆者全員が日本広告学会に所属し、同学会の中心メンバーとして活躍している。同門であり、またいつも一緒に議論し、あるいは何度も共同研究をしてきたメンバーであるため、本書は編著者が改めて全体を統一する必要がないほどの仕上がりとなっている。

　この第3版では、各章の記述内容の見直しと最新データへの差し替えを行うとともに、新たにインターネットと広告（11章）を追加し、全19章構成とした。

　本書はまず、マーケティングの基本とマーケティング・コミュニケーションとの関係、ブランド構築（1章）、マーケティング・コミュニケーションの考え方（2章）についての解説、広告と関連コミュニケーションの定義と機能（3章）により、マーケティング・コミュニケーション論と広告論を学ぶ土台を築く。

　次に、広告／マーケティング・コミュニケーションのビジネス（4章）により、広告業界の構造、取引などの実務実態を学ぶ。

　この後から、まずは広告活動の中核に入ってくる。コミュニケーション・プランニング（5章）で広告計画およびコミュニケーション・プランニングの考え方とそのプロセスを学ぶ。広告活動では予算が非常に重要である。広

告費と広告予算（6章）で広告市場の実態と広告予算の設定方法などを学ぶ。さらに具体的な広告戦略の中身に入ってくる。コンシューマー・インサイトの発見を中核としたアカウント・プランニングと、それに基づく広告クリエイティブの方法（7章）、広告の乗り物であるコミュニケーション・メディアの分類と捉え方（8章）をしっかりと身に付ける。特にクリエイティブとメディアは広告戦略の2大柱である。ここで、広告戦略の基本をしっかりとおさえておきたい。そして広告活動の成果である、広告効果と広告効果測定（9章）の論述へと続く。

　10章から14章までは、これまで身に付けた広告／マーケティング・コミュニケーション活動の内容理解をさらに深めてくれる。広告／マーケティング・コミュニケーション活動は、法規や自主規制などさまざまなルールのもとで行われる。どのようなルールがあるのかを知るのが、広告／マーケティング・コミュニケーション規制（10章）である。インターネットと広告（11章）では「日本の広告費」で最大規模であり、われわれの日常生活に大きな影響を与えているインターネット広告の代表的な手法を解説している。消費財ではなく業務用品や産業財などBtoBの分野（12章）、世界を視野に入れたグローバル対応（13章）、社会を対象とした広告／マーケティング・コミュニケーション活動（14章）まで学ぶと、相当視野が広がるだろう。

　15章から19章までは、広告以外のマーケティング・コミュニケーション構成要素の説明である。直接的な購買の刺激付けを行うセールス・プロモーション活動（15章）、広報としての役割を持つPRとパブリシティ戦略（16章）、マーケティング・コミュニケーション・ツールとして大変影響度の高いクチコミ（17章）、現在はネットで急速に伸びているダイレクト・マーケティング（18章）、小売業の店舗内におけるマーケティング・コミュニケーション活動としてのインストア・マーチャンダイジング（19章）がそれぞれの内容である。

　本書は、基礎から中核へ、そして周辺領域へという順番で構成されている。「広告論」と「マーケティング・コミュニケーション論」が科目として併存されている場合は、「広告論」の講義で1章から14章までを扱い、「マーケ

ティング・コミュニケーション論」の講義で1章、2章と15章から19章まで
を扱うとよい。「マーケティング・コミュニケーション論」の科目のみの場
合には、1章から14章までの中から必要箇所と、15章から19章までを扱う
とよい。

　初学者が苦労することとして専門用語の理解がある。本書では専門用語の
理解を助けるために「用語解説」を掲載しており、本書の特徴の一つとなっ
ている。

　本書が生まれるきっかけは、前編著書の執筆を早稲田大学名誉教授の宮澤
永光先生に勧められたからである。執筆陣は大幅に入れ替わったが、本書の
執筆者たちも宮澤先生のご指導を直接あるいは間接的に受けている。本書も
また宮澤先生のお導きがなければ生まれなかったものである。執筆者一同、
宮澤先生に感謝の意を表する次第である。

　執筆者は全員、広告／マーケティング・コミュニケーション研究が専門で
ある。早稲田大学大学院商学研究科で広告／マーケティング・コミュニケー
ション研究の先鞭を付けられたパイオニアこそ、早稲田大学名誉教授である
故小林太三郎先生である。広告／マーケティング・コミュニケーションに関
する膨大な研究成果と著書を残された先生であるが、惜しくも2012年に鬼
籍に入られた。編著者の修士課程時代の恩師でもあり、早稲田大学を定年退
職後に移られた埼玉女子短期大学でも、編著者が非常勤講師時代にご指導を
受けた。小林先生なくして日本の広告／マーケティング・コミュニケーショ
ン研究の今はないといっても過言ではない。改めて小林先生に感謝の意を表
する。

　早稲田大学名誉教授の亀井昭宏先生には編著者の学部時代の恩師として、
また大半の執筆者が学部、大学院時代の指導教授としてあまりにも多くのこ
とを学んできた。本書の記述には、亀井先生の影響が随所に出ている。亀井
先生に感謝の意を表し、さらなるご指導をお願いしたいと思っている。

　そして、現役の先輩としてお世話になっているのが早稲田大学商学学術院
教授の嶋村和恵先生である。嶋村先生には広告／マーケティング・コミュニ
ケーション研究の大本山の先生としていつもお世話になり、ご指導を受けて

いる。嶋村先生に感謝の意を表し、引き続きご指導ご鞭撻をお願いしたいと思っている。

　執筆者一同の出身大学院の早稲田大学大学院商学研究科の広告やマーケティング関連領域の先生方、執筆者各人の所属先の先生方、さらに日本広告学会および関連学会で日頃ご指導いただいている先生方、実務家の方々にもお礼申し上げたい。

　最後に、本書の刊行の機会を与えてくださった八千代出版に感謝申し上げるとともに、多くの執筆者に丁寧に対応され、緻密な編集作業をしていただいた、森口恵美子さんに心よりお礼申し上げたい。

　2024年2月

編著者　石崎　徹

はしがき

# 1章　マーケティングとマーケティング・コミュニケーション ——————— 1

# 2章　マーケティング・コミュニケーションの考え方 ——————— 13

# 3章　広告／マーケティング・コミュニケーション諸活動の定義と機能 – 27

# 1 章

## マーケティングとマーケティング・コミュニケーション

（石崎　徹）

---
● キーワード ●

マーケティング、マーケティング・ミックス、市場、マーケティング機能、流通機能、マーケティング・コンセプト、マーケティング戦略、ブランド、マーケティング・コミュニケーション、顧客価値、顧客満足

---

# 1　マーケティングとは

## 1）マーケティングとは何か

　米国マーケティング協会（AMA）が**マーケティング**の定義を1935年に発表して以来、何度か改訂されているが、最新は2017年に承認された次のものである。

　「マーケティングとは、顧客、依頼主、パートナーそして社会全体にとって価値のある提供物を創造、伝達、提供、交換するための活動であり、機関であり、プロセスである」。

　この定義を理解するためには、マーケティングの4Pと4Cを知っているとよい。マーケティングの**4P**とは、マーケティング活動の構成要素を製品政策（Product）、価格政策（Price）、プロモーション政策（Promotion）、流通政策（Place）、の4分野とし、それぞれの英単語の頭文字をPで統一し覚えやすくしたものである。つまり、顧客、依頼主、パートナーや社会に対して、どのような製品・サービスを生み出し、価格をいくらに設定し、どのような流通ルートで消費者のもとへ届け、さらに広告やセールス・プロモーションと

1

いったプロモーション活動で製品・サービスの情報提供や販売促進をはかる
のか、というものである。この4Pの組み合わせを**マーケティング・ミック
ス**と呼んでいる。

　一方、4Pから4Cへという提案もされ、4Cの方が最新のマーケティング
の定義を説明するうえでは適切であるという意見もある。**4C**とはProduct
をCustomer Solution（顧客の問題解決）、PriceをCustomer Cost（顧客コスト）、
PromotionをCommunication（コミュニケーション）、PlaceをConvenience（利
便性）へそれぞれ置き換えるというものである（Schultz, Tannenbaum and
Lauterborn 1993）。

　顧客は製品・サービスの客観的品質が高い、つまりよい製品だから買いた
い、あるいは買うとは限らない。その製品が自分にとってよいもの、価値の
あるものという主観的な認識が強く影響する場合が多い。そこでどのような
製品・サービスを創造し提供するかではなく、顧客にとって価値のあるもの、
つまり顧客の問題を解決してくれるものを創造し提供しなさい、ということ
である。顧客の問題解決というと難しく聞こえるかもしれないが、日常的に
われわれが遭遇していることである。たとえば、ガソリン代を節約したいか
ら燃費のいいハイブリッドカーを選ぶとか、ごみを少なくして環境にやさし
くしたいからシャンプーの詰め替えパックを選ぶ、といったことである。同
じように、いくらなら買うかが価格設定のPriceならば、いくらなら支払っ
てくれるのかがCustomer Costであり、どういうルートで製品を提供し、ど
こで販売するかがPlaceならば、顧客にとって利便性の高い流通ルートは何
かというのがConvenienceである。Promotion（プロモーション）という言葉
には「押し込む」という意味がある。しかし、インターネット上に見られる
ように、ブログや**ソーシャルメディア**（SNS）を活用した製品・サービス情
報の受発信や共有（シェア）では、情報の流れは一方的ではなく双方向的、
相互的である。そこで相互に情報をやり取りするという意味が含まれている
Communicationが適切であるとのことだ。

　マーケティングは市場（Market）を対象とした活動である。**市場**とは、何
らかの刺激で買い手となる潜在顧客と、すでに買い手である顕在顧客の集合

であり、売り手と買い手が出会う場である。市場において売り手は価値ある提供物を提供し、買い手は対価を支払い提供物を入手する。この行為を交換（Exchange）と呼んでいる。しかし、たとえば売り手と買い手が離れているとか、売りたい時期と買いたい時期がずれているといった、経済的隔離と呼ばれる交換阻害要因が存在する。マーケティングは、経済的隔離を克服し、売り手と買い手の間をブリッジング（架橋）する機能を有している。この交換を生み出す機能を**マーケティング機能**あるいは**流通機能**と呼んでいる。

　市場へのアプローチの仕方として、5つの経営コンセプトがある。生産コンセプト、製品コンセプト、販売コンセプト、マーケティング・コンセプト、ソーシャル・マーケティング・コンセプトのことである。

　生産コンセプトは、大量生産をすることで製品単価を下げれば売れるというものである。次に来るのが製品コンセプトで、大量生産によるコスト削減だけではなく、品質のいい製品を提供すれば売れるというものである。これはシーズ志向とも呼ばれる。企業の有する技術（シーズ：種）に基づいて製品開発が進められるからである。次は販売コンセプトで、コストを下げ、品質のよい製品の提供だけではなく、優れた販売員を抱えなければならないというものである。

　これらに対して、人々の価値観が多様化するにつれて登場したのが**マーケティング・コンセプト**である。マーケティング・コンセプトの中心は、顧客志向である。顧客志向とは、売り手が何を売りたいのか、あるいは作れるのかではなく、顧客ニーズ、すなわち「顧客が何を求めているのか」を重視することである。そのため、顧客志向はニーズ志向とも呼ばれる。有名な経営学者のドラッカー（Drucker, P.F.）は「マーケティングの究極目標は、売り込み（セリング）を不要にすることである」と述べている。また、ハーバード・ビジネススクールの教授であったレビット（Levitt, T.）は「ホームセンターにドリルを買いに来るお客が本当に欲しいものはドリルではなく、穴である」と述べることで顧客ニーズの重要性を訴えている。

　つまり、顧客がほしいと感じる製品を開発して知らせ、適切な価格を付けて、顧客が入手しやすいように提供すれば、無理な売り込みなどしなくても、

結果的に自然と売れていくという考え方である。

　さらに、ただ顧客がほしいと思うものを開発して提供すればいいということから進んで、社会にとって価値のあるものを提供しなくてはならないという考え方が、ソーシャル・マーケティング・コンセプトである。つまり、社会志向のマーケティング・コンセプトのことで、マーケティング活動を行うにあたり、企業の社会的責任（CSR：Corporate Social Responsibility）や社会貢献を重視すべきという考え方である。最近ではSDGs（持続可能な開発目標）やパーパス（企業としての存在意義）との関係で論じられる。現代のマーケティング・コンセプトは、顧客志向と社会志向の双方を備えたものといってよいだろう。

## 2）企業の戦略体系

　企業経営におけるマーケティングの位置付けを確認するために、企業の戦略体系を見てみよう。図表1-1では企業の戦略体系が示されている。まず最上位にあるのが企業理念やミッション（使命）である。自社が何のために存在し、何を達成すべきなのかについて具体的に言葉で示すものであり、自社の存在意義を規定し、経営者や従業員を導く道しるべとなる。企業目標は、企業理念やミッションを実現するために設定される。企業目標は企業理念やミッションを達成するためのゴールを明確に記述するものであり、売上高や利益など、具体性の高い内容である。そのためには、自社の主要な事業領域を選択する。これを**ドメイン**の定義とも呼ぶ。経営資源と呼ばれるヒト、モノ、カネ、情報や中核となる能力（コア・コンピタンス）などを総合的に判断し、自社にとって最も適切な事業領域（ドメイン）を選択することが必要である。

　経営資源を1つのドメインに集中する企業もあるし、複数のドメインにまたがる企業もある。複数のドメインにまたがる場合は、特にどの事業に力を入れるのか決める必要がある。これが企業戦略で、企業全体としての経営資源の最適配分を検討する。ドメインが選択されると、個別事業ごとに戦略が策定される。これが事業戦略である。

　個別事業戦略の下位領域がマーケティング戦略である。個別事業（ドメイ

図表1-1　企業の戦略体系

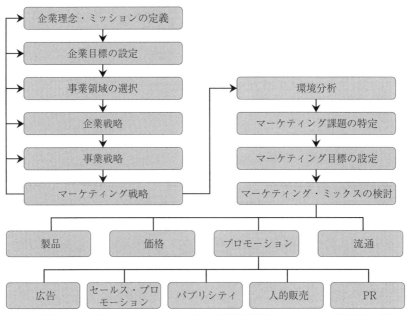

出所：須永努（2012）「マーケティングと広告」石崎徹編著『わかりやすい広告論（第2版）』八千代出版、28ページ。

ン）ごとに有しているブランドや製品・サービスについてのマーケティング戦略が検討される。しかし、経営戦略的な観点から、マーケティングは企業理念に反映されるべきであり、企業目標や企業戦略、事業戦略にもマーケティングの発想を取り込むべきであるとする考え方がある。これを**戦略的マーケティング**と呼んでいる。

　**マーケティング戦略**は、環境分析、マーケティング課題の特定、マーケティング目標の設定、マーケティング・ミックスの検討というプロセスをたどる。

　環境分析では、マクロ環境（人口、経済、政治、技術、社会など）とミクロ環境（顧客、供給業者、流通業者、競合他社、業界団体など）の分析が行われる。自社を取り巻く機会（Opportunity）と脅威（Threat）に関する外部環境分析と、自社の強み（Strength）と弱み（Weakness）に関する内部環境分析とを行う

SWOT分析がよく用いられる。環境分析の結果から、機会を獲得して脅威を回避し、自社の強みを生かし、弱みを克服するために何をすべきかを明確にし（マーケティング課題の特定）、売上高や市場シェアなどの具体的な数値目標が設定される（マーケティング目標の設定）。

　マーケティングの4P、すなわち製品政策、価格政策、プロモーション政策、流通政策の組み合わせであるマーケティング・ミックスを検討する。マーケティング・ミックスの検討にあたっては、対象市場を細分化（**セグメンテーション**：Segmentation）する。細分された市場を部分市場（セグメント）という。次に標的とするセグメントを選択して絞り込む（**ターゲティング**：Targeting）。ターゲティングの方法として、全体市場を対象とする無差別マーケティング、複数のセグメントを対象とする差別化マーケティング、1つのセグメントに絞る集中化マーケティングがある。そして、ブランドや製品・サービスを顧客の心の中でどのように位置付けるか（**ポジショニング**：Positioning）について考慮する。

## 2　ブランド構築

### 1）ブランドとは

　ブランド（Brand）は焼印を押すという意味の英語である "burned" から派生してきた用語であるといわれている。もとは、自分の家畜と他人の家畜を識別するために、番号やマークの焼印を押していた。そこから、自分の所有物と他者の所有物を区別するためのものを指すようになった。

　米国マーケティング協会によれば、ブランドとは「ある売り手が提供する財やサービスを他の売り手のものと区別するためのネーム、用語、デザイン、シンボルおよびその他の特徴である」と定義されている。

　つまり、ブランドの本質は、他者のものと自分のものを区別するということであり、製品名だけを指すのではなく、区別をするためのさまざまな要素（**ブランド要素**）から成り立っている。ブランドにはイメージ的な要素や意味

世界などの感情的な側面が多分に含まれており、それらを伝達するうえで、企業はブランド要素を活用することになる。

## 2）ブランド・エクイティ

　ブランド・エクイティ（Brand Equity）とは、ブランドの資産価値のことである。ブランドも企業の有する無形資産と見なすということである。では価値あるブランドはどこにできるのかというと、ブランド論で有名なアーカー（Aaker, D.A.）やケラー（Keller, K.L.）らは、ブランドは顧客の頭の中にできると論じている。特にケラー（Keller and Swaminathan 2020）は、消費者視点からブランド・エクイティにアプローチするものとして、**顧客ベースのブランド・エクイティ**を提唱している。これは「あるブランドのマーケティング活動に対する消費者の反応にブランド知識が及ぼす差別効果」と定義されている。

　この定義を構成する3つの重要な要素として、①「差別効果」、②「ブランド知識」、③「マーケティング活動に対する消費者反応」が挙げられる。まずはブランドが付与されることによる消費者の反応の違いが生まれる。同じ製品であっても、ブランドが異なることによって反応に違いが生じるということだ。そして、こうした反応の違いは、消費者が長期にわたる経験を通じ、そのブランドについて見聞きし、感じ、知ってきたもの、つまりブランド知識から生まれる。ブランド知識は、ブランドを知っているというブランド認知と、強く、好ましく、ユニークなブランド連想から構成される。さらに特定ブランドのマーケティング活動に対する消費者の反応は、ブランド選択、広告の想起、セールス・プロモーションへの反応といった形で表れる。

## 3）ブランド要素

　ブランド・エクイティを構築するためのブランド要素として、ケラーは、ブランド・ネーム、URL、ロゴとシンボル、キャラクター、スローガン、ジングル、パッケージング、を挙げている。ネームとは、製品・サービスに付けられる名称で、製品・サービスの中心的なテーマや鍵となる連想を非常

に簡潔かつ経済的に表現するため、きわめて重要な選択であり、効果的で手軽なコミュニケーション手段となりうる。URL（ユニーク・リソース・ロケーター：Unique Resource Locater）とは、ウェブ上のページの場所を特定するもので、ドメイン・ネームとも呼ばれる。ロゴとはデザイン化された文字（ワード・マーク）で、シンボルとはワード・マークではない抽象的なロゴのことである。キャラクターとは、架空あるいは実在の人物や生き物をかたどったものである。スローガンとは、ブランドに関する記述的ないし説得的な情報を伝達する短いフレーズである。ジングルとは、ブランドについての音楽によるメッセージである。パッケージングとは、製品の容器あるいは包装をデザインし制作する活動のことである。

　ブランド要素の選択基準としては、①記憶可能性（覚えやすいか、思い出しやすいか）、②意味性（ブランドの製品カテゴリーを正確に識別できるか、製品・サービス内容を示唆するか）、③選好性（審美的な魅力を感じるか）、④移転可能性（別の製品・サービスへ同じブランドを付けられるか）、⑤適合可能性（長期的に更新可能か）、⑥防御可能性（法的に保護が可能か）の6つが挙げられている（Keller and Swaminathan 2020）。

## 4）ブランド・レゾナンス・ピラミッド

　強いブランドを構築するために、ケラーは図表1-2のような**ブランド・レゾナンス・ピラミッド**を提示し、そのために必要な4つのステップを示している（Keller and Swaminathan 2020）。

　第1段階は、顧客との間にブランド・セイリエンス（ブランドの突出性）を創出することで、ブランド・アイデンティティを確立することである。ブランド・アイデンティティとは、ブランドと顧客のアイデンティフィケーション（同一化）のことで、企業側からすれば当該ブランドを消費者にどのように知覚してほしいかという理想像のことで、ブランド連想を築く基盤となる。第2段階は、ブランド・パフォーマンスおよびブランド・イメージであり、ブランド・ミーニング（ブランドの意味付け）が必要となる。第3段階はブランド・ジャッジメントおよびブランド・フィーリングであり、好ましいブラ

図表1-2　ブランド・レゾナンス・ピラミッド

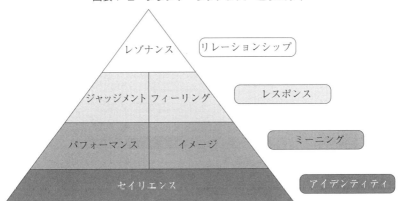

出 所：Keller, K.L. and Swaminathan, V.（2020）, *Strategic Brand Management,* 5th ed., Pearson Education Inc.（恩蔵直人監訳『エッセンシャル　戦略的ブランド・マネジメント（第4版）』東急エージェンシー、2015）訳書84ページより作成。

ンド・レスポンスを生み出すことが必要となる。第2段階のブランド・パフォーマンスおよび第3段階のブランド・ジャッジメントからはブランドに対する顧客の認知的反応、第2段階のブランド・イメージおよび第3段階のブランド・フィーリングからはブランドに対する顧客の感情的反応が生じる。第4段階であるピラミッドの頂点は、ブランド・レゾナンス、すなわち顧客がブランドにどれだけ「同調」していて、どのようなリレーションシップ（関係性）を抱いているかである。ブランドとの心理的絆を築き、行動的ロイヤルティから態度上の愛着、コミュニティ意識、ブランドとの積極的な関わりへとリレーションシップを強化していくことが目的となる。

## 3　マーケティング・コミュニケーション

### 1）マーケティングにおけるコミュニケーション要素

　マーケティング・ミックスの構成要素が4Pあるいは4Cで表されることはすでに述べている。マーケティングにおいて企業と顧客のコミュニケーショ

ンをはかる要素は、4Pならばプロモーション（Promotion）、4Cならばコミュニケーション（Communication）である。ここでは便宜的にプロモーションの用語を用いる。

標準的なマーケティングのテキストであれば、プロモーション政策には、広告、セールス・プロモーション（Sales Promotion：SP）、営業・人的販売、パブリシティ、PR（Public Relations）などがある。プロモーション政策の立案にあたっては、プロモーション要素を個別に考え実行するのではなく、各要素の特徴を考慮し、効果的かつ効率的に組み合わせることでシナジー効果（相乗効果）が生まれるようにする。こうした組み合わせを**プロモーション・ミックス**あるいは**コミュニケーション・ミックス**と呼んでいる。

## 2）マーケティング・コミュニケーション領域の拡張

通常のマーケティングのテキストにおいて**マーケティング・コミュニケーション**とは、4Pでいうところのプロモーション政策と同一であることが多い。

しかし、マーケティング活動においてコミュニケーション機能を発揮しているのは、プロモーションの構成要素だけではない。たとえば、パッケージは成分や使用法など製品の中身について説明していたり、パッケージ・デザインによって心を動かされることもある。ブランドには製品の意味世界を伝達するという機能がある。また、価格は消費者にとって製品の品質をはかるバロメータとなっている。どのような店舗で販売されているかによって、ブランドや製品に対して抱く消費者のイメージは大きく変わるだろう。

このように、マーケティング・ミックス要素のプロモーション以外の3つのPもコミュニケーション機能を有しており、企業と顧客のコミュニケーションを形成しているという考え方が、マーケティング・コミュニケーションの捉え方の典型である。従来のプロモーション政策を狭義のマーケティング・コミュニケーション、マーケティング・ミックス構成要素全体にコミュニケーション機能を認める立場を広義のマーケティング・コミュニケーションということもある。

現代のマーケティング・コミュニケーションはさらに領域が拡張し、ブラ

ンドと顧客のあらゆる接点（**コンタクト・ポイント**あるいは**タッチ・ポイント**）を
コミュニケーション・チャネルと考え、それらの接点を統合的かつ立体的、
動態的に管理していく統合型マーケティング・コミュニケーション
（Integrated Marketing Communications：IMC）の考え方が重視されている。さら
に、クチコミ、ダイレクト・マーケティング、店舗内コミュニケーションの
一種であるインストア・マーチャンダイジング、インターネット上のさまざ
まなメディアやシステムの活用など、マーケティング・コミュニケーション
がカバーする領域はますます拡大している。マーケティング・コミュニケー
ションの詳しい内容は2章を参照されたい。

● **参考文献**

須永努（2012）「マーケティングと広告」石崎徹編著『わかりやすい広告論（第2版）』
　八千代出版

須永努（2012）「ブランドと広告」石崎徹編著『わかりやすい広告論（第2版）』八千
　代出版

橋田洋一郎・須永努（2013）『マーケティング』放送大学教育振興会

Keller, K. L. and Swaminathan, V.（2020）, *Strategic Brand Management*, 5th ed.,
　Pearson.（恩蔵直人監訳『エッセンシャル　戦略的ブランド・マネジメント（第4
　版）』東急エージェンシー、2015）

Schultz, D., Tannenbaum, S. I. and Lauterborn, R. F.（1993）, *Integrated Marketing
　Communications*, NTC Business Books.（有賀勝訳、電通IMCプロジェクトチーム
　監訳『広告革命―米国に吹き荒れるIMC旋風』電通、1994）

米国マーケティング協会による定義集ウェブサイト　https://www.marketing-
　dictionary.org, 2023年10月30日アクセス

# ● 顧客価値と顧客満足 ●

　マーケティング活動の目的の1つに、ブランドと顧客との良好な関係性の構築がある。特に、この関係性の構築を強調したマーケティング手法を**リレーションシップ・マーケティング**（Relationship Marketing）と呼んでいる。良好な関係性を構築するということは、マーケティングの中核概念である交換を繰り返すと言い換えることができる。ブランドに強い愛着を有し、繰り返しそのブランドを購買し、使用し続けてくれる顧客を育てるということである。そのために重要なのが、顧客価値の創出と顧客満足の実現である。**顧客価値**とは、顧客の得るもの全て（総顧客価値）と顧客が失うもの全て（総顧客コスト）の差である。総顧客価値とは、特定の製品やサービスに顧客が期待するベネフィットを総合したものであり、製品価値、サービス価値、従業員価値、イメージ価値などがある。総顧客コストは、製品やサービスを評価、獲得、使用、処分する際に発生すると予測したコストの総計で、金銭コスト、時間的コスト、エネルギーコスト、心理的コストがある。顧客は、最も高い顧客価値を提供する相手（企業、ブランド、店舗など）を選ぶことになる。

　**顧客満足**（Customer Satisfaction：CS）は、製品・サービスを購買、使用、所有した顧客が心理的にどの程度満たされているかという状態をいう。有名な顧客満足モデルとしては、顧客に知覚された製品パフォーマンスが顧客の期待をどの程度満たしているかと定義される、期待の不一致モデル（Disconfirmation of Expectation）がある。顧客の事前期待は、過去の購買経験、他者の意見（クチコミ）、広告や販売員などから得た情報などによって形成される。顧客は製品・サービスを購買、使用、所有することで、知覚パフォーマンス（製品本来の品質ではなく、顧客が製品のパフォーマンスをどのように感じたかという主観的な判断状態）と期待を比較し、期待以上なら正の不一致、期待以下なら負の不一致となる。正の不一致なら満足な状態へ、負の不一致なら不満足な状態へ心理変容する確率が高まる。そして、満足した顧客は固定客になる可能性が高い。

　固定客を作るのがなぜ重要なのかというと、新規顧客獲得には既存顧客維持の5倍のコストがかかるといわれ、20％の中心顧客が80％の売上をもたらすことがわかっている。また、満足した顧客は正のクチコミをするが、不満足な顧客は負のクチコミをする。しかも不満足な顧客の負のクチコミの方が多くなるといわれているためである。

# 2 章

## マーケティング・コミュニケーションの考え方

（石崎　徹）

---

● キーワード ●

コミュニケーション、コミュニケーション・モデル、マーケティング・コ
ミュニケーション、4P、4C、プロモーション　ミックス（コミュニケー
ション・ミックス）、プッシュ戦略、プル戦略、IMC、ブランド・コンタク
ト、ブランデッド・エンタテインメント、プロダクト・プレイスメント

---

# 1　コミュニケーションとは

## 1）コミュニケーションの定義

　マーケティング・コミュニケーションを理解するためには、マーケティン
グとコミュニケーション（Communication）の基礎的知識が必要である。マー
ケティングについては1章で説明しているので、ここではまずコミュニケー
ションについて見てみよう。

　われわれ人類は、他の人への意思伝達、お互いの意思疎通のために、言語、
文字、図形、身振り手振りなどを考案してきた。また、メッセージを伝達す
るための手段として、壁に絵を描いたり、紙を発明して文字や絵を描けるよ
うにしたり、狼煙を上げて、煙で遠くの人にメッセージを伝達できるように
したりした。電機機器や電子機器の発達により、モールス信号、電話、無線
機、さらには携帯電話やインターネットを利用することで、世界の人たちと
瞬時のうちにメッセージを交換できるようになっている。こうした行為を一
般的にはコミュニケーションと呼んでいる。

亀井（2008）によれば、**コミュニケーション**とは、「一般には人が言葉や身振りやそのほかの手段を使い、知識や経験など情報を交換し合う伝達手続きのすべてを言う。このコミュニケーションの手続きには、送り手・受け手・メッセージ・回路などの要素が含まれる。会話は、最もプリミティブなコミュニケーションの手段であり、個人間のコミュニケーションを意味するパーソナル・コミュニケーションの代表例である。マスメディアを介してのマス・コミュニケーションは広告の重要な手段」（一部修正引用）である。

## 2）コミュニケーション・モデル

　**コミュニケーション・モデル**として有名なものに、図表2-1のようなシャノン＝ウィーバー型モデルと呼ばれるものがある。このモデルでは、メッセージの送り手、メディア、受け手が構成要素であり、送り手は伝えたいことをメッセージに記号化（エンコーディング）し、メディアを通じて受け手へ伝達する。受け手はメッセージを記号解読（デコーディング）する。そして受け手は何らかの反応を示し、その反応が送り手へフィードバックされる。

　コミュニケーションが阻害される要因として、送り手が適切に記号化していない場合、たとえば受け手が理解できないような言語を使うなど、受け手に届かないメディアを使った場合、たとえば子供向けのメッセージなのに大人向けの雑誌に掲載してしまうなど、受け手が記号解読する能力や動機が高くない場合、外国語の能力が高くないとか、パソコンの知識が乏しい人に専門的な情報を与えてしまうような場合、さらにコミュニケーション過程におけるさまざまなノイズ（騒音、雑音）、たとえば他の広告、音を阻害するよう

図表2-1　シャノン＝ウィーバー型コミュニケーション・モデル

な騒音などが考えられる。

　コミュニケーションを円滑に進めるためには、適切な記号化、メディアの選択、記号解読能力と動機に加えて、いかにしてノイズを除去したり回避したりできるのかが求められる。

　このシャノン＝ウィーバー型コミュニケーション・モデルは、現在でもしばしばコミュニケーション過程を説明するうえで用いられるが、批判も多い。なぜならば、コミュニケーションのプレイヤーを送り手と受け手という二分法で規定してしまい、さらにはフィードバックの矢印はあるものの、本質的には、送り手から受け手へ一方向的な情報の流れを規定しているからである。現在のコミュニケーション環境では、送り手と受け手が頻繁に入れ替わり、情報の流れは双方向あるいは複数のプレイヤーの間でネットワーク状態となっている。そこでロジャース（Rogers 1986）は、コミュニケーションの本質は、送り手と受け手という二分法ではなく、コミュニケーションのプレイヤーをコミュニケーションの「参画者」と呼び、双方の参画者が情報のやり取りをすることによって、お互いの相互理解部分がスパイラル（螺旋）を描くように増大していくという「コミュニケーションの螺旋収束型モデル」を提唱した（図表2-2）。これは、電話やインターネット上でのメッセージのや

図表2-2　コミュニケーションの螺旋収束モデル

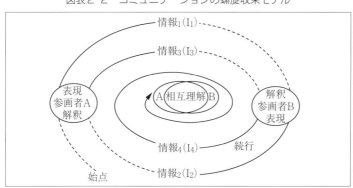

出所：Rogers, E. M.（1986）, *Communication Technology: The New Media in Society*, The Free Press.（安田寿明訳『コミュニケーションの科学——マルチメディア社会の基礎理論』共立出版、1992）訳書 213 ページ。

り取りを想定した、現代のコミュニケーション環境に適したモデルといえる。

# 2　マーケティング・コミュニケーションの捉え方

## 1）マーケティング・コミュニケーションの定義

　マーケティング・コミュニケーション（Marketing Communications: Marcom）とは、米国マーケティング協会（AMA）によれば、「市場とコミュニケーションを取るために用いられるプロモーション・メッセージと関連メディアの調整調和である。メッセージは、1つあるいは複数のチャネルを通じて伝達される。それらのチャネルとは、デジタル・メディア、印刷媒体、ラジオ、テレビ、ダイレクト・メール、人的販売など」である。

　企業の側から見た場合、亀井（2008）によれば、「企業が、消費者の認知向上、態度変容や購買行動の誘発などを目的として、製品やサービスに関する情報を消費者に対して適切に伝達する活動のこと」であり、「マーケティング活動におけるコミュニケーションに関する活動全般」を指す。

　つまり、企業側からは、自社ブランド、製品・サービスに関する情報伝達を目的とする。一方、消費者側からも情報探索、情報発信があり、消費者サイドから見たマーケティング・コミュニケーションと捉えられる。

## 2）狭義のマーケティング・コミュニケーション

　1章でマーケティングの基本的な考え方を説明し、マーケティング・ミックスの構成要素として、マーケティングの4Pあるいは4Cがあることに触れた。マーケティングの**4P**とは、マッカーシー（McCarthy 1960）が提唱し、広く普及したものである。マーケティング・ミックスの構成要素を製品政策（Product）、価格政策（Price）、プロモーション政策（Promotion）、流通政策（Place）の4つのPでまとめたものである。また**4C**は、4Pが売り手視点であるという批判から、買い手あるいは顧客視点に立脚すべきということで、ローターボーン（Lauterborn, R.F.）が提唱したもので、顧客ソリューション

（Customer Solution）、顧客コスト（Customer Cost）、コミュニケーション（Communication）、流通の利便性（Convenience）の4つのCである（Schultz, Tannenbaum and Lauterborn 1993）。

　4Pあるいは4Cのうち、マーケティング活動におけるコミュニケーション活動を直接的に構成する要素は、プロモーションあるいはコミュニケーションである。ここでは便宜的に4Pのプロモーションを用いる。プロモーションの構成要素は、一般に、広告、セールス・プロモーション（Sales Promotion：SP）、パブリシティ、PR（Public Relations）、営業・人的販売などである。プロモーション政策の立案にあたっては、プロモーション構成要素を個別に考え実行するのではなく、各要素の特徴を考慮し、効果的かつ効率的に組み合わせることでシナジー効果（相乗効果）が生まれるようにする。こうした組み合わせを**プロモーション・ミックス**あるいは**コミュニケーション・ミックス**と呼んでいる。プロモーションの各構成要素の詳細は、それぞれ該当する各章を参照されたい。

　プロモーション要素の組み合わせは、製品・サービスによって異なる。たとえば、一気に普及をはかりたい加工食品やトイレタリー商品のような場合、認知率を高めるために大量のテレビCMを投入し、同時にセールス・プロモーションとして試供品提供（サンプリング）を組み合わせたりする。不動産物件では、新聞折込チラシで顧客を店舗や現地へ誘因し、来客に対しての直接営業比率が高まるだろう。対象市場がBtoC（Business to Consumer：消費財市場）かBtoB（Business to Business：生産財市場）かによっても異なる。一般的に、BtoCでは広告の重要性が高く、BtoBでは営業・人的販売の重要性が高いといわれている。

　プロモーション戦略にはプッシュ戦略とプル戦略とがある。**プッシュ戦略**とは、メーカーが自社製品を卸売業者へ積極的に売り込み、卸売業者は小売業者へ、小売業者は消費者へと製品を順次売り込んでいく戦略であり、プロモーション要素としてはセールス・プロモーションが典型である。一方、**プル戦略**とは、最終消費者向けに広告を行い、消費者の需要を刺激し、消費者が小売業者へ広告製品・サービスを求めに来るので、流通業者が自社製品を

注文せざるをえないようにする戦略である。このプッシュ戦略とプル戦略を十分に理解し、プロモーション要素を適切に組み合わせることが必要である。

　ここで注意しておきたいこととして、プロモーションという用語の使い方である。4Pのプロモーションを指しているのか、セールス・プロモーションを指しているのか、その使い分けに注意する必要がある。実務の世界でプロモーションといえば、セールス・プロモーションを指していることが多い。文献や論文の中でも、両方が混同している場合がある。そのため、あえて4Pのプロモーションの場合は、広義のプロモーションということがある。文脈で読み取るようにしたい。

　また、通常のマーケティング論のテキストでは、この広義のプロモーションをマーケティング・コミュニケーションと同義として扱っているものが多い。本書はマーケティング・コミュニケーションをさらに幅広く扱うので、広義のプロモーションを狭義のマーケティング・コミュニケーションと呼ぶこととする。

## 3）広義のマーケティング・コミュニケーション

　マーケティング活動において、コミュニケーション機能を発揮しているのは、プロモーションの構成要素だけではない。たとえば、パッケージは成分や使用法など製品の中身について説明していたり、パッケージ・デザインによって心を動かされることもある。ブランドには製品の意味世界を伝達するという機能がある。また、価格は消費者にとって製品の品質をはかるバロメータとなっている。どのような店舗で販売されているかによって、ブランドや製品に対して抱く消費者のイメージは大きく変わるだろう。

　このように、マーケティング・ミックス構成要素では、プロモーション以外の3つのPもコミュニケーション機能を有しており、企業と顧客のコミュニケーションを形成している。プロモーション以外のマーケティング・ミックス構成要素にもコミュニケーション機能を認めるという考え方は、1950年代の文献にもすでに見られるが、4P全てにコミュニケーション機能があると明確にしたのは、デロジア（Delozier 1976）である。デロジアは、プロ

モーションとともに調整しなければならない他のコミュニケーション要素は、価格、商品、小売店、および企業の提供物について何かを伝えているものとして消費者が知覚するそのほかの企業活動であるとして、図表2-3を提示している。プロモーション以外の3つのPにもコミュニケーション機能を認めることで、それぞれ製品コミュニケーション、価格コミュニケーション、場所（流通）コミュニケーションと呼んでいる。

　製品コミュニケーションは、製品それ自体、そのパッケージ・デザイン、カラー、ネーミングからも何らかのメッセージを発しているというものである。たとえば、独特の形状のパッケージや当該ブランド固有のカラーを目にすることで、瞬時にそのブランドが何かを認識したり、店舗内の陳列棚で顧客の注目を引き付けるような場合がこれにあたる。

　価格コミュニケーションは、価格そのものから感じる値ごろ感、値引きによる割安感、参照価格、製品やショーケースへの値段の表示の方法などである。特に価格は、製品の品質をはかるバロメータとなっている。また、価格関連セールス・プロモーションと密接に関連がある。

　場所（流通）コミュニケーションは、大きく分けると店舗内コミュニケーションとダイレクト・マーケティングの2つになる。店舗内コミュニケー

図表2-3　デロジアのマーケティング・コミュニケーション・モデル

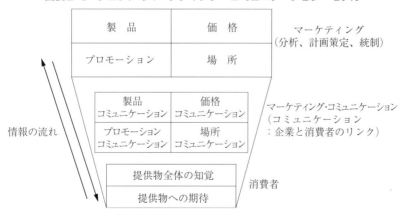

出所：Delozier, M.W.(1976), *The Markting Communications Process*, McGraw-Hill Inc, p.167.

ションは、売場それ自体がコミュニケーション・メディアであるという考え方で、商品の品揃え、フロア・レイアウト、陳列、雰囲気（音楽、香りなど）、床・壁・天井、店内演出・装飾、店員の接客・制服などが該当する。ダイレクト・マーケティングは、ネット通販やテレビ・ショッピングなどが該当し、企業と顧客のダイレクトなコミュニケーション・チャネルと販売チャネルの融合である。

　狭義のマーケティング・コミュニケーション（広義のプロモーション）の構成要素はマーケティング・コミュニケーション戦略として直接管理可能であるので、明示的（Explicit）コミュニケーションと呼ばれることがあるが、プロモーション以外の製品コミュニケーション、価格コミュニケーション、場所（流通）コミュニケーションは、それぞれの上位政策である製品政策、価格政策、流通政策の中にコミュニケーション機能が現れてくるため、暗示的（Implicit）コミュニケーションとも呼ばれる。プロモーション以外の3つのPのコミュニケーションは、それぞれの政策の結果、コミュニケーション機能が現れると捉えればいいだろう。

　なお、狭義のマーケティング・コミュニケーション（広義のプロモーション）に対して、4P全てにコミュニケーション機能を認識する立場を広義のマーケティング・コミュニケーションと呼ぶ。

## 3　統合型マーケティング・コミュニケーション（IMC）

　デロジアの提唱の中にも、3つのPだけではなく、企業の提供物について何か伝えていると消費者が知覚しているものは全てマーケティング・コミュニケーションに含めるというニュアンスが入っているが、デロジアが明示したのは4Pにコミュニケーション機能を認めるというものであった。しかし、現代のマーケティング・コミュニケーションの考え方はさらに領域が拡張している。

　IMCとは、統合型マーケティング・コミュニケーション（Integrated Marketing Communications）の略で、1980年代後半に米国で誕生した。日経広

告研究所（2005）によれば、IMCとは「広告、PR、SPなどさまざまなマーケティング・コミュニケーション手段を一つの複合体として捉え、消費者の視点からコミュニケーションの全体を再構築する活動のこと」である。

　IMCを理解するうえで重要なのは、「統合」である。つまり何を統合するのかということだ。これはIMCの発展段階を追ってみるとわかりやすい（中野 2012）。第1段階はプロモーション・レベルの統合である。各コミュニケーション手段（広告、セールス・プロモーション、PRなど）の表現要素を統一する**ワンボイス・ワンルック**の考え方が主要である。消費者は、あるブランドのコミュニケーションについて、これは広告メッセージ、こちらはセールス・プロモーションと分けて見ているのではなく、全てブランドのメッセージと受け止めるので、どこから誰が見ても同じメッセージになるように統合せよということである。しかし、これには批判も多かった。従来のプロモーション・ミックスと何が異なるのかということである。

　そして、次の段階が、組織レベルの統合である。IMCは顧客との関係性構築を目的とした、経営戦略の一環としてのビジネス・プロセスであり、組織的な統合が必要であるという考え方である。

　第3段階が、顧客主導の統合である。顧客視点による統合は、IMC提唱者のうちの有力者であるシュルツ（Schultz, et al. 1993）も、「IMCは、消費者とブランドや企業とのすべての接点をメッセージ伝達のチャネルと考え、ターゲットの購買行動に直接影響を与えることを目的とする。消費者から出発し、あらゆる手法を駆使して、説得力あるコミュニケーションを実践するプロセスである」と強調していたのであるが、このシュルツの考え方が日の目を見るのはずっと後のことであった。すでに述べたように、企業が提供するメッセージ、メディアの統合、そのための組織統合という方に目が行ってしまい、消費者がブランドと接触する接点をまずは明らかにし、それらを統合するというシュルツの主張が飛んでしまっていたのである。

　ここで重要な概念が**ブランド・コンタクト**である。消費者は企業から送られてくるメッセージを、これは広告だ。これはSPだ、これはパブリシティだと区別して受け取っているわけではない、当該ブランドを中心としたあら

ゆる接点からブランドのメッセージを受け取っている。このブランドとの接点を**コンタクト・ポイント**あるいは**タッチ・ポイント**と呼んでいる。消費者がブランド自体やそのブランドに関する情報に接する全ての機会のことである。IMC論者であるシュルツ系はコンタクト・ポイントを用い、ダンカン（Duncan, T.）系はタッチ・ポイントを用いる傾向がある。言葉は違うが、意味することは同じである。本書ではコンタクト・ポイントを用いる。コンタクト・ポイントには、企業側から発信する広告、セールス・プロモーション、パブリシティ、店頭、イベントなどはもちろん、クチコミや使用経験など企業が管理できないものも含まれる。

　コンタクト・ポイントを戦略的に管理することをコンタクト・ポイント・マネジメントという。ブランドとのコンタクト・ポイントは無数に存在するが、それら全てをマネジメントする必要はない。コンタクト・ポイントの分析の仕方としては、フォルティーニキャンベル（Fortini-Campbell 2003）が、次のような方法を提案している。

　まずブランドが顧客に何らかの影響を与えた体験を収集する。そして、収集された顧客のブランド体験を以下のステップに沿って分析する

【ステップ1：コンタクト・ポイント目録の作成】
　ブランドに対する顧客の印象に影響を与えたコンタクト・ポイントを、検討、購買、保有全ての段階において、ブランド体験から洗い出して一覧化する。
【ステップ2：重要度の評価】
　各コンタクト・ポイントが顧客にとってどの程度重要であるかを評価し、重要度が高いものと低いものとに分ける。
【ステップ3：印象度の評価】
　各コンタクト・ポイントが顧客に与えた印象が、肯定的なものなのか否定的なものなのかを評価する。
【ステップ4：コンタクト・ポイントのマッピング】
　各コンタクト・ポイントの重要度の高低を縦軸に、印象度の肯定と否定を

横軸に設定し、4象限の図に全てのコンタクト・ポイントを記入する。

【ステップ5：各コンタクト・ポイントにおける顧客の期待と体験の解釈】

各コンタクト・ポイントに対して顧客が期待していることと、コンタクト・ポイントにおいて顧客が感じたことを解釈する。

【ステップ6：ブランドから発信されたメッセージを記入】

顧客の視点から、各コンタクト・ポイントにおいてブランドが発信したメッセージを解釈し、顧客の期待や体験とのギャップを把握する。

以上のステップから、重要度が高く肯定的な評価のコンタクト・ポイントは引き続き継続してマネジメントし、重要度が高いにもかかわらず否定的な評価のコンタクト・ポイントは改善を要する。重要度は低いが肯定的な評価のコンタクト・ポイントは大きな力を入れなくても引き続きマネジメントし、否定的な評価ではあるが重要度が低いコンタクト・ポイントはあまり関わりを持たなくても構わない。

重要度が高く肯定的な評価のコンタクト・ポイントと、改善を要するコンタクト・ポイントを統合的かつ立体的、動態的にマネジメントしていくことがIMCの要諦といえる。

## 4　ブランドのストーリー展開

### 1）ブランデッド・エンタテインメント

さらに最近のマーケティング・コミュニケーション活動では、ブランドを中心に置いたストーリー展開がメディア横断型に行われている。

特徴的なものとして、**ブランデッド・エンタテインメント**（Branded Entertainment）と呼ばれる方法がある。ブランデッド・エンタテインメントとは、エンタテインメント・コンテンツの持つストーリーや世界観などの文脈を活用して、ブランドの価値を効果的に伝える、共感型のコミュニケーション手法である。用いられるエンタテインメント・コンテンツには、映画、

図表2-4　ブランデッド・エンタテインメントの主な手法

| （1）協賛 |
| --- |
| エンタテインメント・コンテンツのセールス側があらかじめコンテンツの活用範囲を規定し、露出メディアも含めパッケージされた企画に一定の対価を支払うことで、企業名やブランド名ロゴなどの露出を図る手法。 |
| （2）タイアップ |
| エンタテインメント・コンテンツのホルダー側とそのコンテンツを活用しようとする企業側が連携することで、双方のPRやコミュニケーション活動の相乗効果を高める手法。「コラボレーション」と同義で使用されることが多く、その連携の形態は多様である。 |
| （3）プロダクト・プレイスメント |
| あらゆるジャンルのエンタテインメント・コンテンツの中にブランド、商品、企業などを露出する手法。<br>①プロダクト・プレイスメント（広報的）<br>生活者の関心の高いエンタテインメント・コンテンツ（映画・テレビ番組、スポーツ、イベントなど）の中に、広告メッセージの伝達が効果的になされるようにブランドを露出する手法。<br>②ブランド・インテグレーション（戦略的）<br>エンタテインメント・コンテンツの企画、演出段階からブランドの持つ世界観を理解し、コンテンツの文脈の中にブランドメッセージを織り込みながらブランドの露出を演出する手法。最近ハリウッドで注目され、テレビ番組を中心に盛んに製作されている。 |
| （4）オウンド・エンタテインメント |
| ブランドの世界観でエンタテインメント・コンテンツそのものを構成する手法。ブランド基点で製作されたショートフィルムや番組開発、あるいはホームページ上でのゲーム開発やブランドが発行する雑誌などがあげられる。 |

出所：電通（2005）『ADVERTISING』Vol.12、電通、20ページ。

音楽、テレビ番組、新聞、雑誌、ショートフィルム、スポーツ、ゲーム、ライブイベント、ウェブコンテンツなどが挙げられる（嶋村 2006）。

　これらの手法は単一だったり組み合わせたり、あるいは広告やソーシャルメディアと組み合わせて用いられたりする。

## 2）プロダクト・プレイスメントとショートフィルム

　映画やテレビ番組を利用する方法としてプロダクト・プレイスメント（Product Placement）がある。**プロダクト・プレイスメント**とは、映画やテレビ番組などの中で、広告主の商品を使用することによって、商品の認知や好意度を高めたり、使用方法の理解を深める手法のことである（嶋村 2006）。有

名な事例としては、映画「007」第17作の「ゴールデンアイ」で5代目ボンドであるピアース・ブロスナンが、特殊な機能を発揮するオメガ・シーマスターの腕時計を使っていて、頻繁に画面に登場し、いまや「ボンドの時計」といわれるまでになった。映画、テレビドラマ、音楽PV（Promotion Video）、マンガやアニメなどでもプロダクト・プレイスメントは行われていて、その影響で売上が上昇したという結果も出ている。

　企業やブランドのサイトに置かれる**ショートフィルム**（短編映画）もよく用いられる手法である。テレビ広告の続きをブランド・サイトのショートフィルムにつなげたり、サイトでしか見られないブランドを中心としたストーリーを制作したりしている。ショートフィルムは、ブランドが登場する作品をテレビ広告のような短時間の枠に捉われずに制作できるので、消費者にブランドの魅力やストーリーをじっくりと提供することができる。またオウンド・メディアでの展開になるため、媒体料金が発生しないのも企業にとっては魅力である（石崎 2012）。

● **参考文献**

石崎徹（2012）「これからの広告」石崎徹編著『わかりやすい広告論（第2版）』八千代出版

亀井昭宏監修、電通広告事典プロジェクトチーム編集（2008）『電通広告事典』電通

嶋村和恵監修（2006）『新しい広告』電通

中野香織（2012）「IMC」石崎徹編著『わかりやすい広告論（第2版）』八千代出版

日経広告研究所編（2005）『広告用語辞典（第4版）』日本経済新聞社

McCarthy, E.J.（1960）, *Basic Marketing*, Richard D.Irwin.

Delozier, M.W.（1976）, *The Marketing Communications Process*, McGraw-Hill Inc.

Fortini-Campbell, L.（2003）, "Integrated Marketing and The Consumer Experience", in D. Iacobucci and B.J. Calder, eds., *Kellogg on Integrated Marketing*, John Wiley and Sons.（小林保彦・広瀬哲治監訳『統合マーケティング戦略論』ダイヤモンド社、2003）

Rogers, E.M.（1986）, *Communication Technology: The New Media in Society*, The Free Press.（安田寿明訳『コミュニケーションの科学—マルチメディア社会の基礎理論』共立出版、1992）

Schultz, D., Tannenbaum, S. I. and Lauterborn, R. F.（1993）, *Integrated Marketing Communications*, NTC Business Books.（有賀勝訳、電通IMCプロジェクトチーム監訳『広告革命—米国に吹き荒れるIMC旋風』電通、1994）

米国マーケティング協会による定義集ウェブサイト　https://www.marketing-dictionary.org, 2023年10月30日アクセス

## ● 広告／マーケティング・コミュニケーションを研究したい人のために —アド・ミュージアム東京の紹介 ●

「アド・ミュージアム東京」は、広告とマーケティングに関する研究の振興と社会的理解の醸成を目的とする、わが国唯一の広告のミュージアムである。このミュージアムは、研究助成財団である（公益財団法人）吉田秀雄記念事業財団が、（株）電通第4代社長・吉田秀雄の生誕100年を記念して、2002年12月に開館した。

館内には、広告作品を公開展示する展示スペースと、広告およびマーケティングの専門図書を閲覧できるライブラリーがある。

展示スペースは日本の広告史を収蔵作品でたどる常設展示と、内外の広告賞の受賞作品展や収蔵資料による特別企画展を行う企画展示とに分かれている。

収蔵品は、江戸時代の錦絵から最新のテレビCMまで約33万点に及ぶ。これらの広告資料はデジタル化されており、実物、デジタル双方で館内展示に活用している。

常設展示では、日本の広告の発展がわかる資料を紹介し、江戸時代から現代までを「江戸時代の展示コーナー」「明治〜昭和初期の展示コーナー」「戦後〜平成の展示コーナー」に分けて展示している。また、コレクション・テーブルというものが設置され、デジタルテーブルでは1950年代〜現在までのテレビCM、ポスターなどを大型タッチ式モニターで紹介し、モニターに流れてくるサムネイルの中から、気になったものを自由にタッチして閲覧できる。アナログテーブルでは引き札、錦絵、絵ビラ、有名なCMの絵コンテなどを紹介している。視聴ブース「4つのきもち」は、見ると楽しくなる広告、びっくりする広告、強く共感させられる広告、深く考えさせられる広告など、時代を超えて人の心を動かしてきた広告を厳選して紹介している。

ライブラリーは、1966年に前身である吉田秀雄記念館広告図書室として設立し、国内や海外の広告関連図書、雑誌、広告賞の作品集などを中心に約3万点の資料をそろえている、日本で唯一の広告専門図書館である。広告およびマーケティングに関する研究の振興・普及のために、資料の収集から提供、レファレンスサービスなど各種業務を行っており、誰でも自由に利用することができる。

また、吉田秀雄記念事業財団が行っている研究助成の研究報告書や、アド・ミュージアム東京が所蔵する広告作品のデジタル・アーカイブを、館内に設置した専用端末で検索・閲覧できるサービスを提供している。

広告やマーケティング・コミュニケーションを研究しようとする人は、アド・ミュージアム東京のミュージアムとライブラリーを積極的に活用するといいであろう。なお、ミュージアム、ライブラリーとも入場無料である。

＊アド・ミュージアム東京ウェブサイト　http://www.admt.jp/, 2023年10月30日アクセス

# 3 章
## 広告／マーケティング・コミュニケーション 諸活動の定義と機能

（石崎　徹）

┌─ ● キーワード ● ─────────────────────
│　アバブ・ザ・ライン、ビロウ・ザ・ライン、広告、宣伝（プロパガンダ）、
│　セールス・プロモーション、PR、パブリシティ、クチコミ、ダイレクト・
│　マーケティング、インストア・マーチャンダイジング、営業・人的販売
└──────────────────────────────

　本章では、広告／マーケティング・コミュニケーションの諸活動について、その定義と機能を説明する。ここで説明される諸活動は、広告、セールス・プロモーション、PR、パブリシティ、クチコミ、ダイレクト・マーケティング、インストア・マーチャンダイジング、営業・人的販売である。なお、米国の広告業界では、マス広告を指す言葉として**アバブ・ザ・ライン**（Above the Line：ATL）、セールス・プロモーション、ダイレクト・マーケティング、PRなどマス広告以外のマーケティング・コミュニケーション手段を指す言葉として**ビロウ・ザ・ライン**（Below the Line：BTL）が用いられることもある。

## 1　広　　告

### 1）広告の語源

　**広告**は英語でAdvertisingという。この語源は、ラテン語のadvertereであるといわれ、意味するところは「（人々の）注意や関心を向けること」である。

　アドバタイジング（Advertising）は、マーケティング（Marketing）と同様に

企業の広告に関するさまざまな活動が含まれているのでingが付いている。

　一方、広告活動から出来上がった広告制作物を広告物（Advertisement）と呼んでいる。広告物には、新聞広告、雑誌広告、テレビ広告、屋外広告、交通広告、POP広告、インターネット上の広告などさまざまなものがある。

## ２）広告の定義

　代表的な広告の定義には次のようなものがある。嶋村（2006）によれば、「明示された広告主が、目的を持って想定したターゲットにある情報を伝えるために、人間以外の媒体に料金を払って利用して行う情報提供活動」である。

　日本広告業協会（2022）によれば、「明示された送り手が、選択された受け手に対して知識を与えたり、送り手にとって望ましい態度・行動を形成したりする目的で、媒体を介して行う、有料のコミュニケーション活動」である。

　これらは、広告の伝統的な定義の典型例である。小泉（2012）は広告の定義の要素として、5つを挙げている。

　**(1) 広告主（広告の送り手）が明示されていること**

　**広告主**がはっきりしていることであり、責任の所在はもとより、情報の出所が不明なデマや流言と区別される。広告主は企業だけでなく、非営利組織、行政関係、個人まで含まれる。

　**(2) 伝えるべきメッセージが明確であること**

　広告主によって伝えたいことがはっきりしている必要がある。この伝えたいことがメッセージであり、コピーやビジュアルといった広告物として伝達される。

　**(3) 伝えるべき対象（広告の受け手）が明確であること**

　広告の送り手がいるので、受け手も必ず存在する。広告メッセージを伝えたい対象（ターゲット・オーディエンス）が明確であることが必要である。伝えたいメッセージを伝えたい対象（ターゲット）に伝えることで、コミュニケーションが成立する。

**（4）伝えるべき広告の目的が明確であること**

　どのような広告にも広告を出す目的がある。広告によって知名度を高めたいのか、理解度を高めたいのか、好意度を高めたいのか、あるいは直接的な売上高を上げたいのか、広告の背後には必ず広告主の目的がある。

**（5）有料の媒体（メディア、人間以外の媒体）を使った活動であること**

　広告の送り手と受け手の間には、媒体（メディア）が存在する。広告のメディアには多くの種類がある。テレビ、新聞、雑誌、ラジオのマスコミ四媒体、インターネット上のサイトやSNS、電車内のポスターや駅構内の看板類などさまざまである。そして、これらのメディアはいずれも、人間以外で広告主が媒体料金を支払って広告を掲出するものである。また、これらのメディアは、広告主によってコントロール可能でもある。つまり、広告主が出したいメディアへ、出したい時期や時間に広告を出すことができる、ということである。勝手にメッセージが出てしまったり、出るかどうか広告主が管理できないものは広告とはいえないということである。

## 3）広告と宣伝の違い

　広告の定義を用いると、広告と類似した活動と広告とを識別することができる。

　たとえば、広告とよく混同して使われる「宣伝」を取り上げてみよう。宣伝（Propaganda）という言葉は、17世紀の前半にローマカトリック教会が外国へ派遣する宣教師の訓練や監督をするための枢機卿委員会（Congregatio de Propaganda Fide）を設置して以来、普及したといわれている。現代において宣伝（プロパガンダ）といった場合の本来の意味は、政治や宗教における思想・信条を社会に対して発信する布教伝播活動のことである。このプロパガンダという言葉が有名になったのは、ナチス・ドイツのヒトラーやゲッペルスが行ったとされる政治的活動の一環としての大衆への扇動と洗脳（情報操作）である。このような政治や宗教における思想・信条の布教伝播活動は広告とは異なる活動であるといえる。

　しかし、わが国の広告実務の現場では、広告と同義語として宣伝が使われ

ている。もちろん企業などで使用されている宣伝という言葉には、政治的や宗教的な意味合いはほとんど含まれていないと考えるのが自然であろう。また、会計用語で勘定科目としての広告費は、広告宣伝費とされている。一般的な用語と一部の専門用語は別として、学問的には広告と宣伝は区別されるということは認識しておきたい。

## 4）広告の機能

**広告の機能**と特徴について、小泉（2012）は、マクロ的機能とミクロ的機能の視点から次のように整理している。

### （1）マクロ的機能

広告のマクロ的機能とは、広告が社会全体に与える影響という視点から見た機能（働き）のことである。社会全体というマクロ的な視点から広告を見ると、次の3つの機能に大別することができる。つまり①経済的機能、②社会的機能、③文化的機能である。

① 経済的機能とは、社会全体の中でも、特に経済的側面において広告が果たす機能のことである。たとえば「経済成長促進機能」「需要創造・刺激機能」「経済波及効果機能」などが挙げられる。

② 社会的機能とは、社会全体に対して、広告が与える影響や働きのことである。たとえば「企業の社会的責任機能」「公共性メッセージ機能」「問題提起機能」などが挙げられる。

③ 文化的機能とは、社会的機能と同様に社会全体に対して、特に文化面において広告が果たす働きのことである。たとえば「流行発信機能」「娯楽・話題提供機能」「ライフスタイル提案機能」などが挙げられる。

### （2）ミクロ的機能

広告のミクロ的機能とは、企業の視点から捉える考え方である。次の3つの機能に大別できる。①販売促進機能、②コミュニケーション機能、③ブランド構築機能である。

① 販売促進機能とは、「売上促進機能」「需要喚起機能」「流通支援機能」などである。

② 　コミュニケーション機能とは、「情報提供機能」「説得機能」「共感機能」などである。

③ 　ブランド構築機能とは、ブランドと顧客の長期的良好な「関係性構築機能」「ブランド・ロイヤルティ構築機能」などである。

## (3) 社会・時代を映す鏡としての広告

広告は、The Mirror Makers＝「社会・時代を映す鏡」といわれてきた。広告のやり方、表現、媒体の変遷を見てみると、広告が常に時代を捉えようとしていることがよくわかる。広告を学び、研究することは、社会そのものを学ぶことにほかならない。

# 2　セールス・プロモーション

## 1) セールス・プロモーションの定義

セールス・プロモーション（Sales Promotion）は、SP、販売促進、販促とも呼ばれる。亀井（2008）によれば、**セールス・プロモーション**とは「企業が自社の製品・サービスの試用、継続的な購買や購買量の増加といった消費者の行動を直接的に動機づけるために、限定された期間に行う、消費者あるいは流通業者を対象としたマーケティング・コミュニケーション活動のこと」である。

セールス・プロモーションの目的は、消費者の行動に対する直接的な動機付け、つまり、試しに製品を使ってもらう、もっと多く買ってもらうなどといったことである。直接的に動機付けるということは、消費者が企業にとって望ましい行動を取るよう、動機付けをした結果、すぐに効果が生じることが期待されているということである。つまり、セールス・プロモーションを行うことによって、消費者がすぐに買う、買いたくなる、ということを指している。さらに、セールス・プロモーションの実施期間は限定されている。セールス・プロモーションの有効なツールの1つに割引（ディスカウント）があるが、これも何日～何日までとか、タイムセールスのように時間が限られ

ているとか、期間が限定されている。これによって、ディスカウント・ストアが毎日安く提供しているエブリデー・ロー・プライス（EDLP）と区別できる。

　セールス・プロモーションには、値引（ディスカウント）、プレミアム（おまけ）提供、クーポン、懸賞、デモンストレーション、サンプリング（試供品提供）などさまざまなツールがある。他のマーケティング・コミュニケーション構成要素と密接に関係するため、広告、営業・人的販売、パブリシティなどと重なる部分もある。詳細は15章セールス・プロモーションを参照されたい。

## 2）セールス・プロモーションの機能

　セールス・プロモーションは、消費者行動に対する直接的な動機付けが特徴であることから、短期的な売上の確保を目的として活用されることが多い。広告が、ブランドの認知率やイメージを高め、長期的な効果を期待されるのに対し、セールス・プロモーションは短期即効性が期待される。

　また、購買という行動の変化による効果測定が可能であり、ツールが多様であるため、ターゲット、予算、地域などによってツールを使い分け、柔軟に組み合わせることが可能である。

　一方で、短期即効性を狙ったセールス・プロモーションを繰り返し行うことにより、ブランド・イメージやブランド・ロイヤルティの低下を招いたり、利益を圧迫してしまったりして、長期的視点が欠如してしまうことに注意する必要がある。

## 3　PR とパブリシティ

## 1）PRの定義

　PRは広告と同じような意味で使われる言葉であるが、概念的には明確に区別される。PRはPublic Relationsの略語である。

日経広告研究所（2005）によれば、「企業・団体が、ステークホルダーとの間に好ましい関係を作り出し、信頼と理解を得ることを目的とした活動」である（一部修正し引用）。ここでPublicとは公衆あるいは社会という意味であり、PRは社会（Public）との良好な関係構築（Relation）活動の総称である。PRは広報と同義に使われることが多い。

具体的な関係構築の対象となるのが、企業や団体を取り巻くステークホルダー（Stakeholder）である。**ステークホルダー**とは、その企業や団体の利害に関わる関係者（利害関係者）のことで、たとえば、顧客、株主、取引先、従業員、一般消費者、メディア、地域住民、政府・公共団体などを指す。

## 2）PRの機能

PR（広報）の機能として小泉（2012）は、①情報公開（ディスクロージャー）、②リスク・マネジメント（危機管理）、そして③インタラクティブ（対話型）・コミュニケーションの重視を挙げている。企業のウェブサイトを見ると、その企業の取扱製品はもちろんのこと、経営方針、沿革、財務情報、人事、組織などさまざまな情報が開示されている。また、企業は、突発的な事故や災害、スキャンダルなどに巻き込まれることもある。その際の対応の仕方次第で、企業の評判やイメージが急落し、業績にも大きな影響がある。そのための対応がリスク・マネジメントである。特に最近では、企業のCSR（Corporate Social Responsibility：企業の社会的責任）活動に社会的関心が集まっている。さまざまなステークホルダーには、多様な手段を用いて情報発信することが求められるが、同時に、ステークホルダーの声に耳を傾ける必要もある。ステークホルダーの声に耳を傾け、情報を受信する活動を広聴と呼んでいる。情報発信を狭義の広報とし、狭義の広報と広聴を含めて、広義の広報と呼ぶことがある。

## 3）パブリシティの定義

パブリシティ（Publicity）は、無料広告と呼ばれることもあり、PRと並んで広告活動と混同されやすいものである。日経広告研究所（2005）によれば、

「広報活動の一形態。企業、団体、個人が、ある事業や商品についての情報が無料でメディアに取り上げられることを意図して発信するメッセージ、および取り上げてもらうための活動」のことである（一部修正し引用）。

　パブリシティは、メディア側が主体となって記事、ニュースや番組の一部として当該企業の製品・サービスを紹介するという活動、またはそうしたことを意図して行われる活動全体のことである。パブリシティは、メディア側が主体的に取材をして企業の製品・サービスを記事やニュース内あるいは番組内で紹介するため、伝統的な広告のように、企業側が媒体側に媒体料金を支払うということは原則として必要としない。しかし、視聴する側からすると、当該企業の製品・サービスを推奨しているように取られるため、しばしば無料広告といわれることがある。

## 4）パブリシティの機能

　パブリシティは、広告と類似した機能を有するが、特に特徴的なのは、広告とは異なり、客観的な信頼性が高いことが挙げられる。広告は広告主が自社の製品・サービスを推奨するものなので、受け手側の顧客は、そのメッセージを斜に構えて視聴する傾向がある。それに対してパブリシティは、第三者である媒体側が取材をして記事やニュースあるいは番組内で紹介したり、推奨したりするため、第三者による客観的評価であると受け取られやすく、メッセージの信頼性が高まる。また、推奨者がその分野の専門家であったり、有名人であったりすると、さらにメッセージの信頼性や好意度が高まる。

　一方で、パブリシティは、企業（広告主）側に当該情報をコントロールする権利がない。当該企業の製品・サービスを紹介したり推奨したりする判断は、媒体側にある。また、記事やニュースとして取り上げられたとしても、必ずしも好意的に取り上げられる保証はない。

　そこで本来無料であるはずのパブリシティをある程度コントロールできるようにしているのが、**ペイド・パブリシティ**（有料パブリシティ）と呼ばれる形態のものである。また、PRと通常のパブリシティやペイド・パブリシティを組み合わせてより効果的かつ効率的にマーケティング・コミュニケー

ション活動をはかろうとするのが**戦略PR**と呼ばれる政策である。詳細は16章PRとパブリシティ戦略を参照されたい。

## 4　ク チ コ ミ

### 1）クチコミの定義

　**クチコミ**は、クチ（口）コミュニケーションの略語で、ローゼン（Rosen 2000）によれば、「特定の製品、サービス、企業についての、あらゆる時点での人と人とのコミュニケーション」のことである。

　クチコミはまたパーソナル・コミュニケーションともいわれることがあり、リアル（現実）の世界では、ある個人と別の個人の2者間、あるいは少人数の人々の間で交わされる情報交換のことを指すことが多いが、バーチャル（仮想）の世界では、ブログやSNSのように、多くの友人知人や、まったく知らない人たち、さらには世界中の人たちとつながり、情報が拡散していくようになっている。

　なお、クチコミは、英語ではWord of Mouthと表記され、略語としてWOM（ウォム）と表現されることもある。

### 2）クチコミの機能

　クチコミの機能としては、情報の波及力と情報の説得力がある。クチコミによる情報の波及力については、対象とする層に向けて的確に情報伝達できるという点で優位性があるとされている。クチコミによる情報の説得力については、クチコミで知らされた場合の方が、マスメディアから知らされた場合より、その情報が製品評価に強く影響するといわれている。つまり、良い情報の場合はより良く、悪い情報の場合はより悪く評価される。

　また、本来は企業がコントロール不可能なクチコミをマーケティング・コミュニケーションのツールとして用いる場合、**クチコミ・マーケティング**といわれることがある。その際、うわさ話や話題が広がるさまを表すバズ

（buzz：ハチの羽音のこと）とか、ウィルスが加速度的に広まることに例えて、クチコミが広まるさまを表すバイラルという言葉が使われたりする。詳細は17章クチコミを参照されたい。

## 5　ダイレクト・マーケティング

### 1）ダイレクト・マーケティングの定義

　日経広告研究所（2005）によれば、**ダイレクト・マーケティング**とは「商品やサービスの売り手が、流通を介さずに広告媒体を通じて直接消費者に働きかけて反応を得るマーケティング活動のこと」である。手法としては、通信販売（メールオーダー）、電話による販売勧誘、テレビショッピング、訪問販売、インターネットによる通信販売（オンライン・ショッピング、ネット通販）などがある。

### 2）ダイレクト・マーケティングの機能

　ダイレクト・マーケティングの機能と特徴は、広告情報チャネルと流通・販売チャネルが融合されることである。たとえば、電子メールによるDMを送信し、そのメールのリンクボタンや発注ボタンで直接、製品・サービスの購買ができ、クレジットカードによるネット決済で支払いが完了する。有形の製品であれば、宅配便やメール便で配送が行われる。無形のコンテンツ、たとえばスマートフォン向けゲームとか、ネット配信による楽曲提供、映像提供の場合は、同じチャネルを通じてコンテンツをダウンロードすることができる。

　ダイレクト・マーケティングの特徴として、ルディー（2009）は、①個人単位での直接的コミュニケーション、②マーケティングのROIが明確になる、③データベースの存在、④ターゲット顧客に適切なメッセージを発信できる、の4つを挙げている。詳細は18章ダイレクト・マーケティングを参照されたい。

## 6　インストア・マーチャンダイジング

### 1）インストア・マーチャンダイジングの定義

　亀井（2008）によれば、**インストア・マーチャンダイジング**とは「店内での販売活動を成功させるために①どのような品揃えをし、②どのような売り場づくりをし、③どのような販促を行うか、を総合的に考えること」である。

　主な手法としては、デモンストレーション販売や大量陳列などの「インストア・プロモーション」、似た用途や市場機会の同じ商品を関連陳列する「クロス・マーチャンダイジング」ないしは「カテゴリー・マネジメント」、どんな商品をどのように並べるかという「棚割計画（プラノグラム、フェイシング）」、来店客を店内でどのように誘導するのがよいかを考える「動線計画」などがある。

　これらの活動を店舗内コミュニケーションと捉えれば、店舗内コミュニケーションとは、「店舗における消費者の態度変容に影響を与える、購買意思決定を促進させる、ブランド・ロイヤルティを形成する、といったことを目的として、店舗内で展開されるマーケティング・コミュニケーションの全て」と定義できる（亀井 2008）。

### 2）インストア・マーチャンダイジングの機能

　インストア・マーチャンダイジングは、小売業の店舗作りが主たる視点になるが、コミュニケーション機能の側面からすると、消費者が店内で見たり触れたりするもののほとんどが、店舗や製品の情報を伝え、店舗ブランドや製品ブランドのイメージを形成し、購買意思決定の後押しをするなどのように、コミュニケーション・ツールとなって、消費者の意識や行動に影響を与えると捉えることができる。そのため、本書では、インストア・マーチャンダイジングもマーケティング・コミュニケーション・ツールの重要な要素として取り上げている。詳細は19章インストア・マーチャンダイジングとマー

ケティング・コミュニケーションを参照されたい。

# 7　営業・人的販売

## 1）営業・人的販売の定義

　営業・人的販売とは、営業や販売員が直接的に消費者や取引担当者に接し、口頭で製品・サービスのメッセージを伝えたり、情報提供、収集をしたり、最終的に商品の販売実現を目指す活動のことである。

## 2）営業・人的販売の機能

　営業・人的販売は、対面コミュニケーションが基本である。そのため、顧客や取引先に応じて柔軟に対応できる特徴がある。ただし、営業担当者や販売員が個別に対応するため、一度にたくさんの顧客や取引先に対応しにくく、またコストも高くなる。営業・人的販売が機能を発揮しやすい領域は、消費者の関与が高く、金銭的・社会的リスクの大きな製品・サービス、たとえば、不動産、自動車、金融商品などが考えられる。また、BtoBマーケティング・コミュニケーションでは、営業・人的販売の占める割合が大きい。

**●　参考文献**
亀井昭宏監修、電通広告事典プロジェクトチーム編（2008）『電通広告事典』電通
小泉眞人（2012）「広告の定義・分類・機能」石崎徹編著『わかりやすい広告論（第2版）』八千代出版
嶋村和恵監修（2006）『新しい広告』電通
日経広告研究所編（2005）『広告用語辞典（第4版）』日本経済新聞社
日本広告業協会編（2022）『広告ビジネス入門　2022-2024』日本広告業協会
ルディー和子（2009）「ダイレクト・マーケティング戦略」亀井昭宏・ルディー和子編著『新マーケティング・コミュニケーション戦略論』日経広告研究所
Rosen, E.（2000）, *The Anatomy of Buzz: How to Create Word of Mouth Marketing*, Crown Business.（濱岡豊訳『クチコミはこうしてつくられる―おもしろさが伝染するバズ・マーケティング』日本経済新聞社、2002）
米国マーケティング協会による定義集ウェブサイト　https://www.marketing-dictionary.org, 2023年10月30日アクセス

### ● 広告の定義論争 ●

　広告の「伝統的な」定義は本文で説明した通りである。しかし、最近ではこの伝統的な広告の定義では説明のできない、広告あるいは広告のような類似行為が増えてきた。特に、伝統的な広告に類似した行為で問題になるのが、非人的で管理可能で有料メディアを用いたもの、という定義の部分である。この定義からすれば、企業のサイトやブランド・サイトはスペースにお金を支払って広告を掲出しているわけではないので、伝統的な広告ではないといえる。同じように、店舗に掲出されている看板類も利用スペースに料金を支払っているわけではないので、伝統的な広告ではないことになる。しかしブランド・サイトはインターネット広告の一部分と見なされているし、看板類は自家媒体といわれている。屋外広告物条例では、店舗に掲出される看板類も屋外広告物として定義されている。

　つまり伝統的な広告の定義では、もはや現代の広告および広告類似行為を説明することができなくなっている。しかし、まだ広告の定義としての決定版は出ていないし、米国の著名な広告テキストを見ても、伝統的な広告の定義を採用している。

　一方で、米国マーケティング協会（AMA）が2014年に採用した広告の定義によれば、広告は「営利企業、非営利組織、行政機関、および個人が、自分たちの製品、サービス、組織、あるいはアイデアについて、特定のターゲット市場やターゲット・オーディエンスに情報提供したり説得したりしようとする目的で、タイムやスペースに告知やメッセージを載せること」である。従来の定義では、マスメディア（タイムやスペース）を購入して、という一文があったのだが、最新の定義では有料媒体を意味する文言が取れている。

　最近の広告活動を捉えるうえで、トリプルメディアの考え方が一般的になっていて、伝統的な広告はペイドメディアに限定されていたが、暗黙裡に広告とされていた看板類、ブランド・サイト類などはオウンドメディア、情報をシェア、拡散させて評判を得るものはアーンドメディアである。ここで、ペイドメディアやオウンドメディア上のものを広告と捉えるのは、伝統的な定義を拡張させることで、さほど違和感はない。しかし、SNSなどのアーンドメディア上で製品・サービス情報が投稿されたり、つぶやかれたりするものまで広告の範疇に含めるのは、伝統的な広告からするとかなり距離を感じるだろう。

　ここで広告の捉え方が重要になってくる。つまり本文冒頭で説明した、広告をAdvertisingで捉えるのか、Advertisementで捉えるのかということである。伝統的な定義は、広告をAdvertisement、つまり広告物として捉え、広告物の定義になっていたともいわれている。そこで、広告をAdvertisingとすることで、トリプルメディア全体を活動・行為としての広告と捉え直したらどうであろうか。

　すなわち、広告（Advertising）とは、「ターゲット市場やターゲット・オーディエンスの心理変容および行動を動機付けるために、ペイドメディア、オウンドメディア、アーンドメディアを活用して行われるコミュニケーション行為のこと」である。

　このように捉えれば、伝統的な広告（物）はもちろんのこと、広告物としては捉え難いアーンドメディア上の投稿情報も、広告行為の一環として生まれたものと考えることができるだろう。

# 4 章

## 広告／マーケティング・コミュニケーションのビジネス

（五十嵐正毅）

---

● キーワード ●

広告主、媒体社、広告会社、専門広告会社、ハウス・エージェンシー、競合コンペ、ブランドAE、コミッション収入、フィー収入

---

## 1　広告ビジネスの現況

　電通（2023）によると、2022年の日本の広告費は7兆1021億円と推計されている。総広告費は、リーマンショックやコロナ禍の影響を受けながらも回復し、長期的には成長の様子を見せている。

　しかし、その内実には大きな変化が見られる。媒体別広告費の推移（図表4-1）では、マスコミ四媒体の構成比が減少し、インターネット広告費の構成比が急増していることがわかる。つまり、日本の広告ビジネスは、マスコミ四媒体の取扱いを中心としてきた従来の産業構造からの変化の最中にあることが見て取れる。

## 2　広告ビジネスのプレイヤー

### 1）広　告　主

　広告の定義（3章）でも考察したように、広告には広告を出稿する**広告主**がある。広告主はそれぞれのビジネス上の目的を達成するために広告活動を行う。日本の大手広告主にはサービス企業や消費財メーカー、通信会社など

図表4-1　媒体別広告費

| 広告費／媒体 | 広告費（億円） | | | 前年比（％） | | 構成比（％） | | |
|---|---|---|---|---|---|---|---|---|
| | 2020年 | 2021年 | 2022年 | 2021年 | 2022年 | 2020年 | 2021年 | 2022年 |
| 総広告費 | 61,594 | 67,998 | 71,021 | 110.4 | 104.4 | 100.0 | 100.0 | 100.0 |
| マスコミ四媒体広告費 | 22,536 | 24,538 | 23,985 | 108.9 | 97.7 | 36.6 | 36.1 | 33.8 |
| 　新聞 | 3,688 | 3,815 | 3,697 | 103.4 | 96.9 | 6.0 | 5.6 | 5.2 |
| 　雑誌 | 1,223 | 1,224 | 1,140 | 100.1 | 93.1 | 2.0 | 1.8 | 1.6 |
| 　ラジオ | 1,066 | 1,106 | 1,129 | 103.8 | 102.1 | 1.7 | 1.6 | 1.6 |
| 　テレビメディア | 16,559 | 18,393 | 18,019 | 111.1 | 98.0 | 26.9 | 27.1 | 25.4 |
| 　　地上波テレビ | 15,386 | 17,184 | 16,768 | 111.7 | 97.6 | 25.0 | 25.3 | 23.6 |
| 　　衛星メディア関連 | 1,173 | 1,209 | 1,251 | 103.1 | 103.5 | 1.9 | 1.8 | 1.8 |
| インターネット広告費 | 22,290 | 27,052 | 30,912 | 121.4 | 114.3 | 36.2 | 39.8 | 43.5 |
| 　媒体費 | 17,567 | 21,571 | 24,801 | 122.8 | 115.0 | 28.5 | 31.7 | 34.9 |
| 　　うちマス四媒体由来のデジタル広告費 | 803 | 1,061 | 1,211 | 132.1 | 114.1 | 1.3 | 1.6 | 1.7 |
| 　　　新聞デジタル | 173 | 213 | 221 | 123.1 | 103.8 | 0.3 | 0.3 | 0.3 |
| 　　　雑誌デジタル | 446 | 580 | 610 | 130.0 | 105.2 | 0.7 | 0.9 | 0.9 |
| 　　　ラジオデジタル | 11 | 14 | 22 | 127.3 | 157.1 | 0.0 | 0.0 | 0.0 |
| 　　　テレビメディアデジタル | 173 | 254 | 358 | 146.8 | 140.9 | 0.3 | 0.4 | 0.5 |
| 　　　　テレビメディア関連動画広告 | 170 | 249 | 350 | 146.5 | 140.6 | 0.3 | 0.4 | 0.5 |
| 　物販系ECプラットフォーム広告費 | 1,321 | 1,631 | 1,908 | 123.5 | 117.0 | 2.1 | 2.4 | 2.7 |
| 　制作費 | 3,402 | 3,850 | 4,203 | 113.2 | 109.2 | 5.5 | 5.7 | 5.9 |
| プロモーションメディア広告費 | 16,768 | 16,408 | 16,124 | 97.9 | 98.3 | 27.2 | 24.1 | 22.7 |
| 　屋外 | 2,715 | 2,740 | 2,824 | 100.9 | 103.1 | 4.4 | 4.0 | 4.0 |
| 　交通 | 1,568 | 1,346 | 1,360 | 85.8 | 101.0 | 2.6 | 2.0 | 1.9 |
| 　折込 | 2,525 | 2,631 | 2,652 | 104.2 | 100.8 | 4.1 | 3.9 | 3.7 |
| 　DM（ダイレクト・メール） | 3,290 | 3,446 | 3,381 | 104.7 | 98.1 | 5.3 | 5.1 | 4.8 |
| 　フリーペーパー | 1,539 | 1,442 | 1,405 | 93.7 | 97.4 | 2.5 | 2.1 | 2.0 |
| 　POP | 1,658 | 1,573 | 1,514 | 94.9 | 96.2 | 2.7 | 2.3 | 2.1 |
| 　イベント・展示・映像ほか | 3,473 | 3,230 | 2,988 | 93.0 | 92.5 | 5.6 | 4.7 | 4.2 |

出所：電通（2023）「2022年　日本の広告費」ニュースリリース2023年2月24日　https://www.dentsu.co.jp/news/release/2023/0224-010586.html

図表4-2　単独広告宣伝費上位10社

| '22年度順位 | '21年度順位 | 会 社 名 | 業 種 | (A) 広告宣伝費 (百万円) | (B) 売上高 (百万円) | (C) 経常利益 (百万円) | A/B ×100 | 対前年度伸び率 | |
|---|---|---|---|---|---|---|---|---|---|
| | | | | | | | | A (%) | B (%) |
| 1 | 1 | 楽天グループ | サービス | 69,652 | 749,420 | 113,477 | 9.29 | 2.83 | -4.32 |
| 2 | 5 | サントリー食品インターナショナル | 食品 | 39,533 | 390,429 | 17,880 | 10.13 | 28.74 | 9.74 |
| 3 | 3 | 花王 | 化学 | 34,783 | 871,749 | 99,240 | 3.99 | -16.48 | -0.13 |
| 4 | 2 | KDDI | 通信 | 29,050 | 3,780,778 | 761,018 | 0.77 | -45.01 | -6.35 |
| 5 | 4 | ソフトバンク | 通信 | 28,445 | 3,226,319 | 518,944 | 0.88 | -7.90 | -3.40 |
| 6 | 6 | クレディセゾン | その他金融 | 26,633 | 266,103 | 43,424 | 10.01 | 18.46 | 5.42 |
| 7 | 13 | ファーマフーズ | 食品 | 23,026 | 43,075 | 4,841 | 53.46 | 24.20 | 13.46 |
| 8 | 16 | メルカリ | サービス | 20,129 | 86,107 | 13,221 | 23.38 | 29.18 | 14.58 |
| 9 | 9 | 大和ハウス工業 | 建設 | 19,833 | 2,006,066 | 261,696 | 0.99 | -2.06 | 1.51 |
| 10 | 19 | 出前館 | サービス | 18,529 | 46,820 | -36,749 | 39.57 | 24.36 | 64.80 |

出所：日経広告研究所編（2023）『有力企業の広告宣伝費〈2023年版〉』日経広告研究所、31ページより作成。

が見られる（図表4-2）。だが、広告主となるのは民間の営利企業だけではない。行政や自治体、NPO団体、大学等も必要に応じて広告活動を行う。

## 2）媒　体　社

　媒体社は、広告主のメッセージをオーディエンスに伝達する媒介の役割を業務とし、自社媒体により広告を消費者に露出して対価である媒体費を受け取る。ある民間テレビ放送会社の売上高の8割強はテレビCMを放送する広告収入から成り立っている。鉄道会社も有力な媒体社である。人が集まる駅や列車内の空間を活かし、看板やビジョン、車内広告などを提供する事業を営んでいる。インターネット上で多くの人が閲覧に訪れるスペースも広告媒体としての価値がある。たとえば、Yahoo! JAPANのトップページにある純広告スペースは「ブランドパネル広告」と呼ばれ高値で取引されている。SNSを営む会社にも広告媒体社と見られる会社がある。

図表4-3　さまざまな広告会社

| 博報堂 | 三晃社 | TOMOE |
|---|---|---|
| ADKマーケティング・ソリューションズ | ジェイアール東海エージェンシー | 内藤一水社 |
| 大広 | ジェイアール東日本企画 | 日本経済広告社 |
| I&S BBDO | 昭通 | 日本経済社 |
| 朝日広告社 | 第一通信社 | 日本廣告社 |
| NKB | 電通 | 博報堂DYメディアパートナーズ |
| オプト | 電通アドギア | フロンテッジ |
| オリコム | 電通デジタル | 毎日広告社 |
| クオラス | 東急エージェンシー | マッキャンエリクソン |
| グレイワールドワイド | とうこう・あい | 読売広告社 |

出所：日本広告業協会ウェブサイトを参考に作成。　　　　　　　　　　　（順不同）

## 3）広告会社

　広告会社は広告主から委託された広告業務を行い、広告主と媒体社の取引を円滑にする。広告主と媒体社との間に広告会社が介することで、広告主や媒体社にとっては、①煩雑な取引が整理され、広告主は、②専門スタッフの力を借りて優れた広告活動ができ、③市場や消費者の情報を効率的に入手できる。媒体社は口座制と呼ばれる仕組みを取り、④広告主の媒体費が広告会社を通じて支払われるようにすることで、回収リスクを軽減できる。

　日本の主要な広告会社の一部を図表4-3に示す。大手の総合広告会社では、世界の広告市場を見据え国際的な広告会社グループとの連携なども見られる。専門広告会社といわれる、インターネット広告や交通広告等の特定メディアに業務領域を絞り込んだ広告会社や医薬品などの業種に特化した広告会社などもある。また、特定企業の広告業務を中心に行ってきた広告会社はハウス・エージェンシーとも呼ばれる。ただ、ハウス・エージェンシーにも優れた企画力等を発揮して多くの広告主の業務を行うようになっている会社は少なくない。

# 3　広告取引の仕組み

## 1）広告業務の流れ

### （1）オリエンテーション

　広告業務の案件は、広告主から広告会社へのオリエンテーションを起点に捉えられることが多い（図表4-4）。オリエンテーションでは通常、広告主の考えるマーケティング目標・広告目標、商品やサービスの概要、展開スケジュール、予算額等が広告会社に伝えられる。

　複数の広告会社に一斉にオリエンテーションが行われ、最も優れた提案の会社が案件を受注する**競合コンペ**と呼ばれる受注競争も広く行われている。一方、広告主のブランド（商品やサービス）によって担当広告会社が決まっている場合（**ブランドAE**）もある。この場合、ブランドAEの広告会社は、担当するマーケティング活動にすでに広告主と一体になって取り組みブランドへの理解が深いため、課題解決に向けた提案が日頃から継続的に行われる。

図表4-4　広告業務の流れ

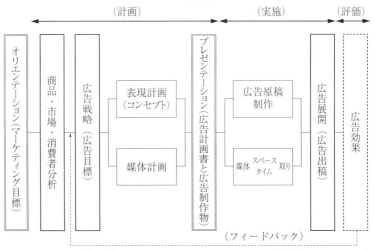

出所：日本広告業協会編(2022)『広告ビジネス入門　2022-2024』日本広告業協会、30ページより作成。

**(2) 広告計画の策定とプレゼンテーション**

　広告会社は、商品や市場、消費者を分析しプランニングを行う。広告目標やターゲット設定等を含めた広告戦略、表現計画、媒体計画、予算計画等が策定され、広告主に提案（プレゼンテーション）される。

**(3) 広告計画の実施と評価**

　プレゼンテーションの結果、広告計画が採用されると、制作物の制作管理や多くの媒体への発注といった実施業務が山積みとなる。特に広告会社の営業担当にはこの間の業務をトラブルなく円滑に進める手腕が期待される。

　広告出稿後のモニタリングや効果測定調査等の準備も、制作作業等と並行して進めておく必要がある。広告活動を評価することは次の広告計画の立案に欠かせないことだからである。

## ２）コミッション収入とフィー収入

　図表4-5は、ある広告会社グループの売上構成を表したものである。その売上種目には、新聞、雑誌、ラジオ、テレビ、インターネットといったメディアの名称が付いた項目が挙げられ、その比率は60％近くに及んでいる。一方で、クリエイティブの項目は11％強、マーケティング等の項目はおよそ26％である。これらの費目はどのような仕組みで得られた売上なのだろうか。

　広告会社の収入は大きくコミッション収入とフィー収入の2つに整理され

図表4-5　ある広告会社グループの売上構成（2022年度）

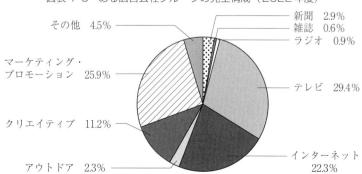

ることが多い。**コミッション収入**とは、主に広告媒体の取引によって得られる収入で、取り扱った媒体費の一部を取引の手数料として広告会社が収めるものである。日本では慣例的に媒体費の15%とされることが多い。たとえば、定価1000万円の新聞広告を広告会社が取り扱った場合、広告主から支払われる1000万円のうち15%の150万円が広告会社のコミッション収入となり新聞社へはコミッション分を差し引いた850万円が支払われる、といった具合である。図表4-5のメディアの名称が付いた項目はそのような仕組みで得られた売上と見て取れる。

　**フィー収入**とは、広告会社が提供するサービスの対価として得られる収入のことである。広告制作の企画やマーケティング・リサーチの企画分析などを担当するスタッフの人件費などに課金する仕組みで、算出方法は広告主と広告会社との間で決められる。広告制作やマーケティング業務では、企画等のフィーと制作や調査にかかった実費、管理費を合わせて料金とされる例が多い。図表4-5の「マーケティング・プロモーション」や「クリエイティブ」は基本的にはフィー収入によるものと見て取れる。

　ただ、日本の広告会社には、報酬の適切性に関する説明責任や広告取引の透明化が長年求められており、今後フィー型や成果報酬型の取引が増えるという見方もある。最近では、通販ビジネスに関わる取引などで広告主にもたらされた利益を一定比率で分け合う**レベニュー・シェア**（収益配分）といった報酬形態を模索する動きも見られている。

## 4　広告会社の組織

　広告会社の組織は、営業部門を中心として、媒体、広告制作、マーケティング、セールス・プロモーションなどの部門の担当者が案件ごとにそれぞれ連携して業務を行っている（図表4-6）。

### 1）営業部門

　営業部門は、広告主（クライアント）に対する広告会社の窓口機能を担い、

図表4-6　広告会社の主要部門：業務上の位置関係

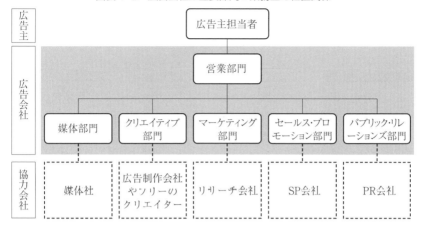

広告案件（アカウント）の推進役として**AE（アカウント・エグゼクティブ）**とも
呼ばれる。

### （1）広告主への窓口としての業務

① 案件を受注するための活動　　優れたAEはオリエンテーションを待
つだけではなく、担当する広告主の潜在的な課題を洞察して自主提案を
積極的に行い、広告主担当者個人からも信頼を寄せられるようになって
いる。

② 受注案件への対応　　進行状況の報告、求められる情報の提供、広告
料金の見積書の提出と交渉、広告出稿後の報告、請求と代金回収などを
行う。

③ 新規広告主の開拓　　新たな広告主との取引を開拓する活動を行う。

### （2）関係スタッフのまとめ役としての業務

① 広告業務のスタッフィング　　課題解決に向けて、社内外のスタッフ
を集め最適なチームを編成する。

② 広告業務の方向性提示　　チームにおいて広告主を最も熟知している
立場として、広告主とスタッフとの間の単なる連絡係ではなく、チーム
作業の方向性を導く行動が期待される。

③　広告業務の進行管理　　オリエンテーションから広告計画の策定、プレゼンテーション、実施、評価まで、案件に関わる進行管理を行う。特に、スケジュール管理や予算管理においては細心の注意が求められる。

## ２）媒体部門

媒体部門は媒体社に対する広告会社の窓口機能を担う。

### （1）メディア・プランニング

①　媒体計画の立案　　広告目標を効果的に達成できるような媒体、ビークルの選定や組み合わせを行う。消費者の媒体接触データが蓄積されたデータベースを用いて、出稿シミュレーションを行うことも多い。

②　媒体企画の立案　　媒体に関する広告企画を媒体社と共同で立案したり、媒体企画の開発を媒体社に提案したりする。

### （2）メディア・バイイング

①　媒体購入と調整　　料金面と広告出稿面の調整・交渉をしながら、媒体計画を実現する広告枠を媒体社から購入する。

②　媒体のセールス　　媒体社が企画した広告企画や新しい広告枠について、営業担当者を通じて広告主に情報を提供しセールス活動を行う。

## ３）クリエイティブ部門

クリエイティブ（広告制作）部門は、広告表現を企画し制作を遂行する。ただし、単にインパクトある表現作品を作ればいいわけではない。広告主の課題解決を果たすようなアイデアの創造（クリエイティブ）とその実現に責任を負うのである。

## ４）マーケティング部門

マーケティング部門は、広告計画立案の過程で、データ収集・分析などを経て広告の基本戦略を策定する。また広告効果測定も重要な仕事である。日頃から社会や市場、消費者の動向に精通し、ビジネス環境の分析を経て広告主の置かれている局面を打開しうる企画への示唆を与えることが期待される。

## 5）セールス・プロモーション部門

　セールス・プロモーション部門はSPとも略され、販売促進を目的としたマス四媒体以外の多様なコミュニケーション手法を取り扱うことが多い。展示会、イベント、店頭装飾、POP、プレミアム等の企画制作運営や、価格訴求型やインセンティブ提供型などの手法を駆使して企画実施を担当する。デジタル・コミュニケーション手法に精通していることも欠かせない。

## 6）そ　の　他

　このほかにも、広告会社各社がそれぞれ注力している領域で専門部署が設置されることがある。詳しく知りたい読者は各社の組織改編のニュースに注目して見るようにしてほしい。また、広告会社にも経営企画や総務、人事、経理等をつかさどるマネジメント（管理）部門が存在し、広告業務の一線での仕事を支えている。

# 5　さまざまなマーケティング・コミュニケーション関連会社

　広告やコミュニケーション活動の企画実施は専門的な強みを発揮する複数の会社やスタッフがチームを組んで業務に臨むことが多い。ここでは、そのようなさまざまな専門会社を概観してみよう。

## 1）広告制作会社

　広告やコミュニケーションの表現の企画制作に強みを発揮する会社である。CM制作会社、デザイン会社、ウェブ制作会社などがある。経験のある広告クリエイターにはフリーランスとして活躍する人も多い。近年では、優れたクリエイティブ力を強みとするクリエイティブ・エージェンシーと呼ばれる会社が広告主と密接に対話して企画制作全般のディレクションを請け負うこともある。日本アド・コンテンツ制作協会には160社以上が入会している（2023年10月時点）。

## 2）リサーチ会社

　広告会社のマーケティング部門では、リサーチ会社と協働してさまざまなマーケティング・リサーチを企画実施することがある。リサーチ会社には、さまざまな調査や分析の手法を駆使する総合的な会社もあれば、インタビュー調査やネット調査などの得意とする手法に特化する会社もある。日本マーケティング・リサーチ協会には全国で112社の正会員社（2023年7月）がある。

## 3）ＳＰ会社

　イベントの企画運営を得意とするイベント会社、小売店頭のプロモーションを得意とする会社、デジタルツールを用いた販売促進を得意とする会社、プレミアムの制作を得意とする会社などがある。印刷会社も近年では立体的なツールの制作やプロモーション企画などに広く業務領域を拡張している。日本プロモーショナル・マーケティング協会には150社以上（2023年7月）が会員となっている。

## 4）ＰＲ会社

　PR会社の多くは、PR企画の策定やPRコンサルティングを得意とするだけでなく、主要なメディアの編集部門や記者と密接な関係を持ち、パブリシティの露出を促すような活動も行っている。日本パブリックリレーションズ協会にはPR業務に携わるさまざまな企業や個人が会員となっている。

　広告やマーケティング・コミュニケーションに関わる業務では、そのほかにもさまざまな会社が協働することがある。関心ある読者は、広告業界の仕組みが書かれた大学生の就活向け書籍などが参考になるだろう。

## 6　広告ビジネスのこれから

　本章ではこれまで意図的に用いないようにしてきたが、読者には「広告代理店」という言葉に馴染みを覚える人もいるだろう。ここで1つ考えてみてほしい。「広告代理店」の「代理」とは、誰の、何を代理することだろうか？初学者に多い答えは「広告代理店は、広告主の代理となって広告の企画・実施を行う」というものであるが、実はこの回答は誤りである。図表4-5で見たように、広告会社の収入は今日でも媒体取引による収入が多くを占める。これは、日本の広告会社のビジネスが媒体販売で収益を上げることをビジネスモデルの基盤として今日まで至っていることを示している（小林 1998）。つまり、「広告代理店」の「代理」とは、広告会社が媒体社の広告営業部門の代理として広告媒体の販売を生業としてきたことを意味している。

　しかしながら、広告会社に媒体取引機能だけではなく広告主のコミュニケーション課題を解決する広汎な知恵が求められるようになってすでに久し

図表4-7　広告主がビジネスパートナー（広告会社、媒体社、制作会社など）との取引
　　　　　関係で重視・期待している情報・サービス（5つまで）（%）

| | |
|---|---|
| 課題解決に向けたマーケティング活動全般に対するサービスの提供 | 82.8 |
| 統合的なコミュニケーション戦略の企画提案・実行 | 80.8 |
| 広告効果測定に関する提案や報告 | 69.7 |
| 効率的な媒体計画の立案・実行 | 61.6 |
| 透明性の高い取引 | 41.4 |
| 顧客の購買行動情報の提供や活用方法の提案 | 31.3 |
| 広告クリエイティブの評価に関する提案や報告 | 28.3 |
| 販売に貢献する広告表現能力・制作技術の向上 | 25.3 |
| 広告規制や広告倫理に沿った制作業務の遂行 | 16.2 |
| その他 | 0.0 |
| 特にない | 0.0 |

資料：日本アドバタイザーズ協会（JAA）会員社99社より回収／2022年10～11月調べ。
出所：日本アドバタイザーズ協会（2023）、16ページより作成。

い。今日、広告主は、広告会社等に課題解決（ソリューション）のパートナーとして大きな期待を寄せている（図表4-7）。広告ビジネスに携わる人には、ビジネス上の課題を深く理解し、消費者の本音を見極めて世の中にいっそうの利便性や楽しさをもたらす知恵を生み出す力が1人ひとりに求められているのである。

● 参考文献

小林保彦（1998）『広告ビジネスの構造と展開』日本経済新聞社

日経広告研究所編（2023）『有力企業の広告宣伝費〈2023年版〉』日経広告研究所

日本アドバタイザーズ協会（2023）「アドバタイザーの広告課題の最新動向 JAA会員社・重点広告課題アンケート調査」『月刊JAA』2023年1月号、日本アドバタイザーズ協会、3-37ページ

日本広告業協会編（2022）『広告ビジネス入門　2022-2024』日本広告業協会

電通（2023）「2022年 日本の広告費」ニュースリリース2023年2月24日　http://www.dentsu.co.jp/news/release/2023/0224-010586.html, 2023年10月30日アクセス

### ● ある広告ウーマンの1週間 ●

　都内広告会社に勤めるNさんは営業6年目。A社、B社、C社、D社の4社を担当しながら、E社の競合プレゼン案件の提案準備も進めている。フレックス制勤務のうえ在宅勤務も認められており、Nさんがオンラインを上手に活用していることがうかがえる。

**8月3日（月）**　（9:30）オフィスに出社。まずは1週間のスケジュールとTo Doリストを確認。（11:00）定例社内部会。オンラインのため自宅から参加している人もいる。（13:30）新聞社を訪ね広告担当とE社案件について相談。（15:00）新聞社との相談内容を会社に持ち帰り、企画部門スタッフたちと打ち合わせ。競合プレゼンの作戦を練る。（17:30）明日のB社定例会に向けて、Webプロモーション企画の配信エリアや予算配分等を資料にまとめる。（20:00）退社。

**8月4日（火）**　（10:00）オフィスにて、A社に本日提案するクリエイティブ案の最終チェック。A社担当者の要望が提案に反映されているかがポイント。（11:00）B社とのオンライン定例会。昨日まとめた施策を説明してOKがもらえた。念のために、後で補足資料をお送りしよう。（14:00）A社でプレゼン。秋のキャンペーンのクリエイティブを提案。クライアントの反応も上々だった。これから撮影準備が忙しくなりそう。（17:00）オフィスに戻り、今度はA社TVCMの媒体計画を媒体部門スタッフと細部まで詰める。（20:00）退社。

**8月5日（水）**　（10:00）出社。B社担当者に昨日の補足資料を作成。起用するインフルエンサーの詳細をまとめ、メールで送る。（12:00）B社雑誌タイアップの撮影のためにスタジオへ。（14:00）スタジオにて、B社の希望に沿った取材・撮影内容になっているか都度確認。雑誌社の担当者もいいディレクションをしてくれている。（18:00）無事終了。直帰にする。

**8月6日（木）**　（10:00）日帰り出張で大阪へ。オンラインミーティングも便利だが、要所要所では実際に会って打合せすることも大事。（13:00）D社案件の協力会社を訪ねて事前打ち合わせ。その後、D社にて2時間半にわたる長時間の打ち合わせ。課題は難しいけれど、クライアント担当者も含めてこのプロジェクトチームはいいチームだと思う。（17:00）協力会社の担当者と今後の進め方を確認して、新大阪駅へ。

**8月7日（金）**　（9:30）会社のデスクにて、C社のウェブ動画プロモーションが予定通り公開されたことを確認。うん、いいね！（11:00）E社提案に向けたチーム打ち合わせ。各担当の進捗状況の報告を受けたうえで、提案の全体的な戦略方向性、プロモーション企画について意見を出し合う。（13:30）午後はA社、B社とオンライン会議が続くため、在宅勤務に切替えて早めに帰宅。（18:00）自宅から上司に業務終了報告を入れる。E社の提案、もっと面白くできないかな。週末にリフレッシュしたら、よいアイデアも湧いてくるだろう。

# 5 章

## コミュニケーション・プランニング

（井上　一郎）

---

● キーワード ●

広告計画、SWOT分析、STP分析、ターゲット・オーディエンス、ワンボイス・ワンルック、媒体計画、コミュニケーション・プランニング、メディア・ニュートラル

---

## 1　広告計画のプロセスとその担い手

　岸・田中・嶋村（2017）は、**広告計画**の流れを①状況分析、②広告目標の策定、③表現計画、④媒体計画、⑤広告出稿、⑥効果測定の6段階（次回の広告計画へのフィードバックを入れて7段階）で説明している。

　テレビ、新聞、雑誌、ラジオなどマスメディアを中心とした広告計画においては、広告表現の形態は、テレビCMであれば15秒、30秒、新聞広告であれば15段サイズ、5段サイズなどほぼ定型化されているため、広告計画は、各段階における専門スタッフによる分業体制が可能となっている。それでは、広告会社の担当者の業務内容を通して、①〜⑥の広告計画のプロセスを見てみよう。

　広告主企業の窓口となり、専門スタッフによる①〜⑥の全ての業務のプロセス管理に責任を持つのが「営業」である。アカウント・ディレクター、**AE**（アカウント・エグゼクティブ）とも呼ばれる。

## 1）状 況 分 析

　状況分析は、ストラテジック・プランナー（広告会社によってアカウント・プランナー、マーケティング・プランナーと呼ばれる）が担う。SWOT分析やSTP分析などの分析手法を使って、自社や製品を取り巻く社会環境や市場（競合企業・製品や消費者）の動向を分析し、製品やサービスのUSP（ユニーク・セリング・プロポジション）やコンシューマー・インサイトを発見する。

　SWOT分析とは、自社や自社の製品について、何かしらの目標を達成するうえでのプラス面とマイナス面を分析するツールである。自社でコントロール可能な領域（内部要因）と自社ではコントロール不可能な領域（外部要因）に分けて分析するのが特徴だ。内部要因のプラス面（Strength）とマイナス面（Weakness）および外部要因のプラス面（Opportunity）とマイナス面（Threat）の4象限に分けて分析することから、各々の頭文字を取ってSWOT分析と名付けられた。

　STP分析とは、市場における自社の競争優位性を獲得するために、ターゲット市場を細分化し（Segmentation）、その中から自社が狙うべきターゲット層を選択し（Targeting）、そのターゲット層から見て自社や製品を競争相手と比較して優位なポジションに位置付けてもらう（Positioning）ことを目指す分析手法である。SWOT分析と同様に、分析項目の頭文字を取ってSTP分析と名付けられた。

　USPとは、競争相手にはない、独自性（Unique）の高い売り文句、販売提案（Selling Proposition）のことである。コンシューマー・インサイトとは、消費者の心の奥底にある本音である。USPを発見する旅は、製品のベネフィットから出発し、コンシューマー・インサイトを発見する旅は、消費者の（場合によっては本人さえ気付いていない）心の本音の探索から始まる。（7章アカウント・プランニングと広告クリエイティブ参照）。

## 2）広告目標の策定

　広告目標は、状況分析の結果および（上位概念である）マーケティング目標との関係から策定する。広告がすなわち営業手段ともいえる通信販売の広告の場合などは、マーケティング目標＝コミュニケーション目標ということもあるが、店舗で購入する一般的な製品の場合は、コミュニケーション目標は、マーケティング目標を達成するうえで、コミュニケーションによって解決可能な領域で設定する。たとえばコミュニケーションの到達率、製品や広告の認知率などである（9章広告効果と広告効果測定参照）。

　また、ターゲット・オーディエンスの選定も行われる。**ターゲット・オーディエンス**とは、広告活動の中心的な受け手と想定された読者や視聴者グループのことである。広告におけるターゲット・オーディエンスの選定とは、誰に訴求するかを決めることと言い換えることができる。たとえばファストフードの顧客は老若男女さまざまであるが、広告では若いOLやビジネスマンを対象とするのか、子どもを対象とするのかによってターゲット戦略は異なってくるからである。そのため広告におけるターゲット・オーディエンスは、マーケティングにおけるターゲットよりも狭い範囲を狙うことが多い。

　広告目標の策定においては、広告主のマーケティング目標とも密接であるため、広告主企業の担当者と直接やり取りする機会も多い。ストラテジック・プランナーは、営業、広告主担当者と合意した広告目標を、表現計画の責任を担う**クリエイティブ・ディレクター**および媒体計画の責任を担うメディア・プランナーに説明（ブリーフィング）する。

　なお、広告目標の設定は、広告予算の制約を受けるが、広告予算は、すでに与件として提示されていることも多い。その場合は、広告予算内で最適な広告目標を策定するか、あるいは、分析の結果、マーケティング目標を達成するための広告予算として不十分と判断された場合には、広告予算の増額または、マーケティング目標の低減を広告主と検討することになる。

## 3）表現計画

　表現計画の責任を担うクリエイティブ・ディレクターは、広告目標を達成するために広告表現で達成可能な表現目標に落とし込み、必要に応じて**アートディレクター**、**コピーライター**、**CMプランナー**、ウェブデザイナーなどを組織し、テレビCMやウェブ動画あるいは新聞、雑誌の広告や屋外ポスターなどの広告表現を企画・制作する（7章アカウント・プランニングと広告クリエイティブ参照）。

　表現計画においては、ストラテジック・プランナーやメディア・プランナーと協議しながら、さまざまなメディアが考慮されるが、原則として広告に代表されるようにコントロール可能なメディアを対象としているため、テレビ媒体など到達力の高いマスメディアを中心に広告表現、メッセージの一貫性（**ワンボイス・ワンルック**）を重視した表現開発が行われることが多い。

## 4）媒体計画

　**媒体計画**の責任を担うメディア・プランナーは、ストラテジック・プランナーやクリエイティブ・ディレクターと協議しながら、広告目標を達成するために媒体計画で達成可能な媒体目標に落とし込み、広告を出稿する地区は全国なのか、特定地域なのか、どの媒体（テレビ、新聞、インターネットなど）がふさわしいか、さらには朝日新聞、中日新聞、フジテレビ、YouTubeなど、どの銘柄媒体（**ビークル**）がよいか選定し、投下量を勘案しながら広告出稿スケジュールを策定していく。

## 5）広告出稿

　消費者が広告コミュニケーションに接触するのは、この段階からである。
　広告を出稿するための媒体スペースを媒体社から調達（仕入れ）するのは、メディア・バイヤーが担う。広告会社では、テレビ局、新聞局など媒体別に専門のバイイング部署を組織している。広告目標、媒体目標に、より合致した放送枠や広告スペースを獲得し、よりコスト効率のよい料金で調達できる

か否かは（料金交渉を含む）、メディア・バイヤーの専門性と交渉力に負うところが大きい。計画通りに出稿されたかどうかの出稿管理も行う。

## ６）効果測定

効果測定の目的は、あらかじめ設定した目標が、広告出稿によって達成されたか否かを検証することである。広告目標全体についての効果測定はストラテジック・プランナーやリサーチャーが担い、表現目標についての効果測定はクリエイティブ・ディレクターが、媒体目標についての効果測定はメディア・プランナーが担う。必要に応じて、次回のプランニングのためのフィードバックも行われる（9章広告効果と広告効果測定参照）。

## 2　コミュニケーション・プランニングの概念が 登場した背景と展開

近年、**コミュニケーション・プランニング**（あるいはコミュニケーション・デザイン。以下、コミュニケーション・プランニングで統一）という新しい用語、概念が注目されている。

コミュニケーション・プランニングという新しい概念が登場した背景には、2章でも述べたIMCがある。

セールス・プロモーションは、マスメディア広告のように出稿形態がフォーマット化されていない。さらには、インターネットの普及に伴い動画広告も、従来のテレビCM用の15秒、30秒の素材だけでなく、自社サイトあるいはYouTubeなど動画サイト上で流す長尺の動画コンテンツなどを制作することも増えている。あるいは、動画ではなく当該製品の世界観を楽しめるゲーム・コンテンツの制作なども検討できる。

たとえば、「走破性の高い4輪駆動車であるJeepの魅力は、実際乗ってみないとわからない」というコンシューマー・インサイトが発見されたとしよう。とはいえ、たとえ免許を持っていたとしてもJeepの魅力を知らない人に、Jeepの試乗を促すことは至難の業だ。しかし、それがJeepに乗って無料で楽しめるオンライン・ゲームのレースであったならどうであろうか。実は、

オンラインの自動車ゲームの多くが、まだ有料のサービスであった時に、Jeepを選んでダウンロードした場合には、無料で遊べるオンライン・ゲームが用意されたことがある。疑似体験ながら「Jeepに乗って、是非、その走破性を楽しんでください」というわけだ。

　ゲームを無料でダウンロードする際には、年齢、アドレス、免許の有無、さらには、現状の自動車の保有情報や今後の自動車の購入予定などのアンケートを実施することも可能だ。実際、同社は、ゲームでJeepの走破性を楽しんだ免許保持者や自動車の買い替え検討者に、「今度は本物のJeepの試乗を楽しんでみませんか?」というJEEP試乗会への招待メールを送ったそうだ。結果として、従来の見込み顧客向けのダイレクトメールと比較して来場者率は格段に高かったという。

# 3　コミュニケーション・プランニングの担い手

　前述のJeepの例を見るまでもなく、多様な顧客接点を**メディア・ニュートラル**な視点で選択し個別に表現開発を検討するコミュニケーション・プランニングにおいては、表現計画と媒体計画の分業は得策ではない。実際、今日においては、クリエイティブ・チームに、メディア・プランナーやイベント・プランナーあるいは、ゲームの開発者やウェブのプログラマーが参画することも、もはや珍しくない。

　広告コミュニケーションの世界的なコンクールであるカンヌ・ライオンズでクリエイティブ・ディレクターとして表彰されるクリエイターにも、メディア・プランナー出身やイベント・プランナー出身あるいはウェブプランナー出身という人々が増えている。メディア・ニュートラルなクリエイティブ、クリエイティブ・ニュートラルな開発を志向するプランナー、クリエイターには、出自にかかわらず、あえてコミュニケーション・プランナー、コミュニケーション・デザイナーを肩書にしている人々もいる。また、広告会社の中には、メディア・ニュートラルなクリエイターやメディア・プランナー、ウェブプランナーなどを集めてメディア・ニュートラル、ソリュー

ション・ニュートラルなプランニング、クリエイティブを志向する専門部署を設置しているところもある。

## 4　コミュニケーション・プランニングの効果測定について

コミュニケーション・プランニングの効果はどのように測定すべきであろうか。テレビCMや新聞広告には、長年にわたる蓄積から効果測定の方法も効率指標もある程度の共通尺度が存在している。しかしながら、たとえば、ドラマ仕立ての3分間の長尺の動画や楽しみながらブランド体験できるゲームの到達コストを、単純に、テレビスポット15秒や30秒素材の到達コストと比較してよいものであろうか。

接触効率論に加えて、各々の施策のコミュニケーション目的に応じた効果測定の方法を検討する必要があるであろう。前述のJEEPの例では、試乗会の招待メールに対する来場者の数といったコンバージョン率が効果測定指標になったが、ブランドに対する評判を高めることが目的であった場合には、ブランドに対する好意度や友人や知人への推奨意向なども検討できる。

## 5　コミュニケーション・プランニングのプロセス整理

コミュニケーション・プランニングの流れと1節で述べた広告計画の流れは基本的に同じフローである。

しかしながら、広告表現がキービジュアルやメッセージなどで統制されたワンボイス・ワンルック型のコミュニケーション展開の場合は、広告主をはじめストラテジック・プランナー、クリエイター、メディア・スタッフなどが、製品の課題や目標などについて共通理解を持ちやすいが、製品のコンテクスト／文脈自体のみで統制するコミュニケーション・プランニングは、（コンテクスト／文脈自体は概念であり、直接可視化できるものではないため）広告主および営業、ストラテジック・プランナー、クリエイター、メディア・スタッフなど関与者全員にとって指針、ガイドラインとなる「基本戦略」の策

定（明文化と共有）がより重要となる。異なる領域の専門家が協働する頻度も増えるためなおさらだ。また、広告会社の中では、基本戦略は原則としてストラテジック・プランナーが策定するが、コミュニケーション・プランニングにおいては、関与するプランニング部門のメンバーが協働しながら策定していくことも多い。

　そこで、コミュニケーション・プランニングのフローにおいては、「基本戦略の策定」を要素として独立させた。

　広告表現、媒体計画においても広告だけでなく自社のウェブサイト、店頭プロモーション、さらにはPR、ソーシャルメディアまであらゆる手段を先入観を持たずにニュートラルな視点で顧客接点を考慮することから、表現開発は、「クリエイティブ・ニュートラル・プランニング」、媒体計画は「メディア・ニュートラル・プランニング」とした。

　以上、コミュニケーション・プランニングのフローを整理したのが図表5-1である。

　図表5-1からもわかるようにコミュニケーション・プランニングのプロセスは、「Plan：①〜⑤」「Do：⑥コミュニケーション・プランの実施」

図表5-1　コミュニケーション・プランニング・プロセス

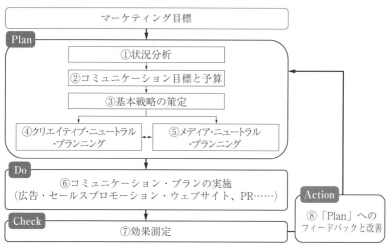

「Check：⑦効果測定」、そして「Action：⑧『Plan』へのフィードバックと改善」というようにPDCAサイクルを回転させるフローとなっている。

　昨今は、インターネットはもちろん、テレビCMや新聞広告もデータ入稿が可能になり、テレビ局や新聞社などの媒体社に、テレビCMのデータや新聞広告原稿などの広告素材を入稿してから、実際に放映されたり掲載されたりするまでの時間が大幅に短縮されている。そのため、広告出稿スケジュールの途中段階で、あらかじめ2種類の広告素材を出稿し、より効果の高い広告素材だけを選択（A／Bテスト）したり、必要に応じて広告素材を差し替えたりすることも容易になった。そのため、PDCAサイクルを高速で回転させ、改善しながら広告計画を行うマネジメント・プロセスも増えている。eコマースなど広告出稿の成果が売上に直結しやすい業種では、特に顕著である。

# 6　コミュニケーション・プランニングの実際

　これまでにマスメディア中心の伝統的なワンボイス・ワンルック型の広告計画とPRやソーシャルメディアなどコントロールができない顧客接点も含めてメディア・ニュートラルに検討するコミュニケーション・プランニングについて見てきた。

　両者を区別するために本書では、前者を、**ワンボイス・ワンルック型コミュニケーション・プランニング**、後者を**メディア・ニュートラル型コミュニケーション・プランニング**と名付けた（図表5-2）。

　なお、前者の伝統的なワンボイス・ワンルック型のコミュニケーション・プランニングが、現代において通用しないのかといえば決してそうではない。

　製品のUSPが明らかで、競合に対して差別性の高いメッセージをシンプルに伝えることが可能であれば、ワンボイス・ワンルック型コミュニケーションはきわめて効率がよいといえるからだ。広告コミュニケーションは、消費者へのプロポーズともいわれるが、もし、あなたが誰から見ても魅力的であるならば、くどき文句は、簡単な自己紹介だけで事は足りるかもしれない。場合によっては、「好きだ」と3回程度繰り返すだけでプロポーズも成

図表5-2　ワンボイス・ワンルック型コミュニケーション・プランニングとメディア・
　　　　 ニュートラル型コミュニケーション・プランニング

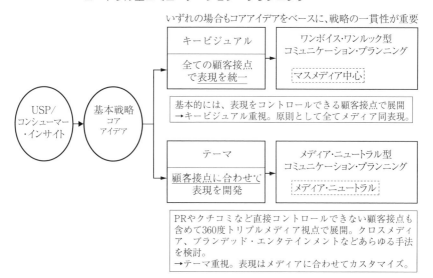

いずれの場合もコアアイデアをベースに、戦略の一貫性が重要

キービジュアル

全ての顧客接点で表現を統一

ワンボイス・ワンルック型
コミュニケーション・プランニング

マスメディア中心

基本的には、表現をコントロールできる顧客接点で展開
→キービジュアル重視。原則として全てメディア同表現。

テーマ

顧客接点に合わせて表現を開発

メディア・ニュートラル型
コミュニケーション・プランニング

メディア・ニュートラル

PRやクチコミなど直接コントロールできない顧客接点も
含めて360度トリプルメディア視点で展開。クロスメディ
ア、ブランデッド・エンタテインメントなどあらゆる手法
を検討。
→テーマ重視。表現はメディアに合わせてカスタマイズ。

USP/
コンシューマー
・インサイト

基本戦略
コア
アイデア

就するかもしれない。

　しかし、もし、あなたがそれほど差別性の高くないきわめて普通な人である場合はどうであろうか。

　おそらくワンボイス・ワンルックのシンプルメッセージだけでは、100回プロポーズしても難しいかもしれない。その人の有する一見では伝わりにくい内面的な素晴らしさを感じ取ってもらったり、相手の友人や知人からよい評判がさりげなく伝わったりするような第三者発信による評判コミュニケーションがより有効に働くのではないであろうか。

　メディア・ニュートラル型コミュニケーション・プランニングとは、広告や自社メディアなどコントロール可能なメディアだけでなく、PRやソーシャルメディアなどにおける第三者からの話題や評判の獲得も目指すコミュニケーション・プランニングである。必要に応じて、ブランデッド・エンタテインメント展開（2章）やクロスメディア展開（8章）などあらゆる手法を駆使しながら消費者の興味関心の喚起や評判の醸成を目指すコミュニケーション・プランニングだ。

メディア・ニュートラル型のコミュニケーション設計は、複雑で時間がかかるという短所もあるが、比較的USPが弱い製品の場合、あるいは、逆に消費者からの話題喚起が生まれやすい製品などの場合は、ワンボイス・ワンルック型コミュニケーションと比較して結果が得られやすいといえよう。

製品の状況分析から導き出したUSPやコンシューマー・インサイトとキャッチボールすることで、最適と思われるコミュニケーション・プランニングを立案し、PDCAを回しながら改善していくというのが最適の方法だ。

● 参考文献
井上一郎（2009）「クロスメディアコミュニケーション」日経広告研究所編『基礎から学べる広告の総合講座2010』日経広告研究所
井上一郎（2010）「メディアニュートラル視点に基づくクロスメディアコミュニケーション」『アド・スタディーズ』vol.26、吉田秀雄記念事業財団、10-15ページ
井上一郎（2010）「社会事、仲間事から自分事化へ—3つのメディアによるプランニングの実際」横山隆治『トリプルメディアマーケティング』インプレスジャパン
亀井昭宏・疋田聰編著（2005）『新広告論』日経広告研究所
岸志津江・田中洋・嶋村和恵（2017）『現代広告論（第3版）』有斐閣
小林保彦（1998）『広告ビジネスの構造と展開』日本経済新聞社

## ● フィアレスガール〜日本の旅行ガイドにも載った屋外広告制作物 ●

　ニューヨークのウォールストリートといえば旅行ガイドでも紹介される世界有数の金融街であり観光名所である。そのウォールストリートに、2017年3月8日の「国際女性デー」に合わせて設置された女の子の銅像が、大きな話題を呼んだ。

　この銅像を設置したのは資産運用会社のステートストリートグローバルアドバイザーズだ。同社（以下SSGA社）は、アメリカ企業における女性の役員比率の低さや金融業界における女性に対する不平等問題に注目を集めるために少女像を制作し、「フィアレスガール（恐れを知らない女の子）」と名付け、アメリカの強い金融の象徴でカメラスポットとしても有名な牛の銅像「チャージング・ブル」の真正面に、まるで立ち向かうかのように設置したのだ。なお、フィアレスガールが設置されている場所は、公道であり本来であれば広告制作物を設置することはできない。それをSSGA社は、国連女性デーに合わせてニューヨーク市に申請し、特別に期間限定で許可を得たのだ。

　「フィアレスガール」は、数多くのメディアで取り上げられ大きな話題を呼んだ。そして、日々写真をとる人が後を絶たず、まるで観光名所のようになったのだ。

　この間、SSGA社はニューヨーク市から設置期間の延長許可を得たが、ADWEEK（2018）は、場所を移転した上で常設化が検討されていると報じた。そして、事実、2018年12月10日にニューヨーク証券取引所の正面に移転され常設量設置となったのだ。ちなみに、翌年に発売された日本の旅行ガイド「地球の歩き方ニューヨーク」の地図にも、「フィアレスガール」は記載され、2023年10月30日現在において、グーグルマップ上でも「フィアレスガール」の存在は確認することができる。

　これまでに大きな話題を呼んだ屋外広告制作物は数多くあったが、地図にまで掲載された広告制作物はどれほどあっただろうか。

　さて、「フィアレスガール」のコミュニケーション・プランニング効果であるが、mushupNY（2018）によるとメディア露出量を広告に換算すると半年間で740万ドルに達し、さらには、SSGA社によると、性別の多様性を実現するために女性役員・要職の比率が高くしている企業に投資する投資信託の株価指数が374％も増加したという。

＊地球の歩き方編集室（2018）「地球の歩き方ニューヨーク　マンハッタン＆ブルックリン2018〜2019」ダイヤモンド・ビッグ社

　南麻理江（2017年06月20日）「『女性の地位向上をめざして、世界をもっと改革して』カンヌ広告祭で称賛されているある少女像とは？」『ハフポスト』 https://www.huffingtonpost.jp/2017/06/20/canneslions-fearless-girl_n_17219320.html, 2023年10月30日アクセス

　OSAMU FUKUZAKI（2018年2月25日）「フィアレスガール（恐れを知らない少女）が常設へ」『mushupNY』 https://www.mashupreporter.com/fearless-girl-statue-will-remain-permanently/, 2023年10月30日アクセス

　グーグルマップ「フィアレスガール」で検索 https://www.google.com/maps/place/The+Fearless+Girl/@40.706794,-74.0134066,17z/data=!3m1!4b1!4m6!3m5!1s0x89c25bfea99c2c81:0x72f2ae910510e2b5!8m2!3d40.70679!4d-74.0108317!16s%2Fg%2F11s57hn1mh?entry=ttu, 2023年10月30日アクセス

# 6 章

## 広告費と広告予算

（松本　大吾）

> ● キーワード ●
>
> 日本の広告市場、『有力企業の広告宣伝費』、広告費、広告予算、広告予算の
> 算出方法、SOM（シェア・オブ・マーケット）、SOV（シェア・オブ・ボイス）、
> 広告予算設定プロセスモデル

## 1　日本の広告市場

### 1）広告市場の規模と推移

　日本で最大の広告会社である電通は、報告書『日本の広告費』を毎年発表している。この報告書は**日本の広告市場**の規模を知るのに便利である。日本国内で1年間（1～12月）に使われた広告費（広告媒体費と広告制作費）を対象に、媒体別の推定をしている。本報告書をもとに日本の広告市場規模を知ろう。

　図表6-1は2005年以降の日本の総広告費の推移である。年によって金額に幅があるものの、おおよそ6兆円から7兆円の規模で推移している。2022年の日本の総広告費は7兆1021億円であり、これは電通が1947年に日本の広告費の推定を開始して以降、過去最高であるという。なお、それ以前の過去最高は2007年の7兆191億円であった。2007年以降、総広告費が伸び悩んだ要因は日本経済に多大な影響を与える出来事が起きたためである。2008年の世界的な金融危機、2011年の東日本大震災、2020年から始まった新型コロナウイルス感染症の世界的大流行がそれにあたる。そうした出来事が起きた年の総広告費は前年に比べて落ち込んでいることが見て取れる。

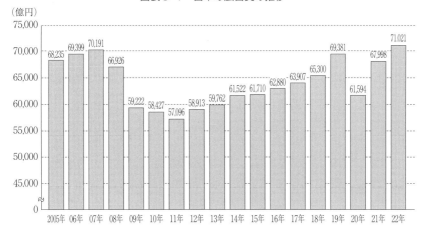

図表6-1　日本の広告費の推移

出所：電通（2023）「2022 年 日本の広告費」ニュースリリース 2023 年 2 月 24 日　https: //www.dentsu.co.jp/news/release/2023/0224-010586.html

　日本の広告費を媒体別に見てみよう（図表6-2）。2022年の総広告費における構成比は、マスコミ四媒体広告費（新聞、雑誌、ラジオ、地上波テレビ、衛星メディア関連）の合計が33.8％（2兆3985億円）である。インターネット広告費（インターネット広告媒体費、物販系ECプラットフォーム広告費、インターネット広告制作費）が43.5％（3兆912億円）である。プロモーションメディア広告費（屋外、交通、折込、ダイレクトメール、フリーペーパー、POP、イベント・展示・映像ほか）が22.7％（1兆6124億円）であった。インターネット広告費は、2014年に1兆円、2019年に2兆円、2022年に3兆円を超える規模となった。総広告費に占める割合では、2019年に30.3％となり、初めて地上波テレビの割合（25.0％）を超えた。その後、2021年には39.8％まで増加し、マスコミ四媒体広告費（36.1％）を超える規模となった。これらのことから、インターネット広告が急速にその規模を増やしていることがわかる。

　世界と比較したとき、日本の広告市場はどの程度の規模なのか。電通グループが世界58市場から収集したデータに基づきまとめた「世界の広告費成長率予測」を見ればおおよその規模がつかめる。2021年における世界の

図表6-2　媒体別構成比（1996年〜2022年）

| 年 | 新聞 | 雑誌 | ラジオ | 地上波テレビ | 衛生メディア関連 | インターネット広告 | SP広告・プロモーションメディア広告 |
|---|---|---|---|---|---|---|---|
| 1996年 | 21.5 | 7.0 | 3.8 | 33.2 | 0.3 | | 34.2 |
| 97年 | 21.1 | 7.3 | 3.7 | 33.5 | 0.3 | 0.1 | 34.0 |
| 98年 | 204 | 7.4 | 3.7 | 33.8 | 0.4 | 0.2 | 34.1 |
| 99年 | 20.2 | 7.3 | 3.6 | 33.6 | 0.4 | 0.4 | 34.5 |
| 2000年 | 20.4 | 7.2 | 3.4 | 34.0 | 0.4 | 1.0 | 33.6 |
| 01年 | 19.9 | 6.9 | 3.3 | 34.1 | 0.8 | 1.2 | 33.8 |
| 02年 | 18.8 | 7.1 | 3.2 | 33.9 | 0.7 | 1.5 | 34.8 |
| 03年 | 18.5 | 7.1 | 3.2 | 34.3 | 0.7 | 2.1 | 34.1 |
| 04年 | 18.0 | 6.8 | 3.1 | 34.9 | 0.7 | 3.1 | 33.4 |
| 05年 | 17.4 | 6.6 | 3.0 | 34.2 | 0.8 | 4.7 | 33.3 |
| 06年 | 16.7 | 6.5 | 2.9 | 33.6 | 0.9 | 6.0 | 33.4 |
| 05年 | 15.2 | 7.1 | 2.6 | 29.9 | 0.7 | 5.6 | 38.9 |
| 06年 | 14.4 | 6.9 | 2.6 | 29.0 | 0.8 | 6.9 | 39.4 |
| 07年 | 13.5 | 6.5 | 2.4 | 28.5 | 0.8 | 8.6 | 39.7 |
| 08年 | 12.4 | 6.1 | 2.3 | 28.5 | 1.0 | 10.4 | 39.3 |
| 09年 | 11.4 | 5.1 | 2.3 | 29.0 | 1.2 | 11.9 | 39.1 |
| 10年 | 11.0 | 4.7 | 2.2 | 29.6 | 1.3 | 13.3 | 37.9 |
| 11年 | 10.5 | 4.4 | 2.2 | 30.2 | 1.6 | 14.1 | 37.0 |
| 12年 | 10.6 | 4.3 | 2.1 | 30.2 | 1.7 | 14.7 | 36.4 |
| 13年 | 10.3 | 4.2 | 2.1 | 30.0 | 1.8 | 15.7 | 35.9 |
| 14年 | 9.8 | 4.1 | 2.1 | 29.8 | 2.0 | 17.1 | 35.1 |
| 15年 | 9.2 | 4.0 | 2.0 | 29.3 | 2.0 | 18.8 | 34.7 |
| 16年 | 8.6 | 3.5 | 2.1 | 29.2 | 2.1 | 20.8 | 33.7 |
| 17年 | 8.1 | 3.2 | 2.0 | 28.4 | 2.0 | 23.6 | 32.7 |
| 18年 | 7.3 | 2.8 | 2.0 | 27.3 | 2.0 | 26.9 | 31.7 |
| 19年 | 6.6 | 2.4 | 1.8 | 25.0 | 1.8 | 30.3 | 32.1 |
| 20年 | 6.0 | 2.0 | 1.7 | 25.0 | 1.9 | 36.2 | 27.2 |
| 21年 | 5.6 | 1.8 | 1.6 | 25.3 | 1.8 | 39.8 | 24.1 |
| 22年 | 5.2 | 1.6 | 1.6 | 23.6 | 1.8 | 43.5 | 22.7 |

（05年〜22年：改定）

0　　　　　　50　　　　　　100（％）

出所：電通（2023）「資料2．媒体別広告費（1996年〜2022年）」『2022年 日本の広告費』36ページ。

総広告費は6605億米ドルである。1米ドル＝140円で計算すれば、92兆4700億円となる。また、2022年には7136億米ドル（同99兆9040億円）、2023年には7409億米ドル（同103兆7260億円）に達すると予測されている。2022年における市場規模の国別トップ5は、米国、中国、日本、英国、ドイツであり、2023年も順位に変動はないと予測されている。日本の市場規模は国別で3位であり、世界的に見ても大きいことがわかる。

## ２）日本における広告宣伝費の上位20社

　次に、企業単位で見てみよう。日本の企業はどれくらいの金額を広告費に当てているのだろうか。日経広告研究所が毎年発表している報告書『**有力企業の広告宣伝費**』に詳しい。

　この報告書は、全国の証券取引所に上場する企業と、有価証券報告書を提出する非上場企業を対象としている。データは日本経済新聞社デジタル事業の「NEEDS日経財務データ」に基づく。『2023年版』では2022年4月から2023年3月までに到来した決算期が対象である。

　図表6-3は、2022年度の日本における広告宣伝費のトップ20社をまとめたものである。1位はサントリーホールディングス（4147億6300万円）、2位はソニーグループ（3911億3100万円）3位は楽天グループ（3649億4800万円）である。以下、日産自動車、リクルートホールディングス、サントリー食品インターナショナルと続く。上位20社に入る企業はどれも名だたる大企業ばかりである。上位9社までは1000億円以上の広告宣伝費を計上している。

　有力企業が、その企業規模に対してどの程度の広告宣伝費をかけているのかを見るには、売上高に占める広告宣伝費比率を見るとわかりやすい（図表6-4）。2013年から2022年までの10年間では2.16％〜2.66％の間で推移している。言い換えれば、有力企業は売上高の2.16％〜2.66％程度を広告費に使っているといえる。あくまで有力企業全体の平均的な値であるため、企業によってはもっと多くの割合で広告宣伝費を支出している場合もあるだろう。相対的ではあるが、この全体平均の値と比較することで個別企業の広告宣伝費の多寡を知ることができる。

## 図表6-3　連結広告宣伝費上位20社

（＊：非上場企業）

| '22年度順位 | '21年度順位 | 会　社　名 | 業　種 | (A)広告宣伝費（百万円） | (B)売上高（百万円） | (C)経常利益（百万円） | A/B×100 | 対前年度伸び率 A(%) | 対前年度伸び率 B(%) |
|---|---|---|---|---|---|---|---|---|---|
| 1 | 1 | ＊サントリーホールディングス | 食品 | 414,763 | 2,970,138 | 261,818 | 13.96 | 9.53 | 16.06 |
| 2 | 3 | ソニーグループ | 電気機器 | 391,131 | 11,539,837 | 1,180,313 | 3.39 | 12.49 | 16.31 |
| 3 | 2 | 楽天グループ | サービス | 364,948 | 1,927,878 | -407,894 | 18.93 | 4.88 | 14.63 |
| 4 | 4 | 日産自動車 | 自動車 | 283,505 | 10,596,695 | 515,443 | 2.68 | 14.52 | 25.78 |
| 5 | 5 | リクルートホールディングス | サービス | 264,916 | 3,429,519 | 367,767 | 7.72 | 14.56 | 19.42 |
| 6 | 7 | サントリー食品インターナショナル | 食品 | 143,888 | 1,450,397 | 139,291 | 9.92 | 3.27 | 14.30 |
| 7 | 6 | イオン | 小売業 | 115,700 | 9,116,823 | 203,665 | 1.27 | -37.79 | 4.60 |
| 8 | 11 | ブリヂストン | ゴム | 106,913 | 4,110,070 | 423,458 | 2.60 | 26.66 | 26.62 |
| 9 | 14 | マツダ | 自動車 | 105,106 | 3,826,752 | 185,936 | 2.75 | 32.53 | 22.64 |
| 10 | 12 | パナソニックホールディングス | 電気機器 | 98,219 | 8,378,942 | 316,409 | 1.17 | 17.55 | 13.40 |
| 11 | 8 | セブン＆アイ・ホールディングス | 小売業 | 97,091 | 11,811,303 | 475,887 | 0.82 | -21.20 | 34.99 |
| 12 | 10 | 任天堂 | サービス | 94,984 | 1,601,677 | 601,070 | 5.93 | 1.22 | -5.52 |
| 13 | 13 | アサヒグループホールディングス | 食品 | 86,744 | 2,511,108 | 205,992 | 3.45 | 6.81 | 12.30 |
| 14 | 16 | SUBARU | 自動車 | 84,484 | 3,774,468 | 278,366 | 2.24 | 10.19 | 37.53 |
| 15 | 19 | ファーストリテイリング | 小売業 | 79,267 | 2,301,122 | 413,584 | 3.44 | 19.06 | 7.88 |
| 16 | 17 | 花王 | 化学 | 74,664 | 1,551,059 | 115,848 | 4.81 | -0.24 | 9.32 |
| 17 | 15 | 三菱商事 | 商社 | 72,959 | 21,571,973 | 1,680,631 | 0.34 | -6.53 | 24.95 |
| 18 | 22 | 住友化学 | 化学 | 70,684 | 2,895,283 | 231 | 2.44 | 49.45 | 4.70 |
| 19 | 20 | スズキ | 自動車 | 63,184 | 4,641.644 | 382,807 | 1.36 | 10.37 | 30.08 |
| 20 | 26 | 住友ファーマ | 医薬品 | 59,857 | 555,544 | -47,920 | 10.77 | 58.44 | -0.80 |

出所：日経広告研究所編（2023）「連結広告宣伝費上位500社」『有力企業の広告宣伝費2023年版』日経広告研究所、21ページより一部抜粋。

図表6-4　売上高に占める広告宣伝費比率の推移（連結決算、有力企業）

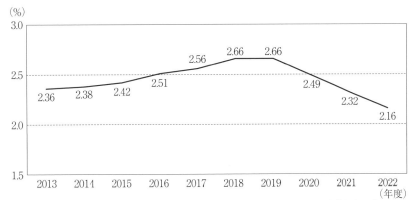

出所：日経広告研究所編（2023）「2022年有力企業の広告宣伝費の概略」『有力企業の広告宣伝費2023年版』日経広告研究所、10ページ。

## 2　広告予算の設定方法

### 1）広告費と広告予算

　**広告費**とは、すでに支出された広告活動に関わる経費のことである。会計上、広告費の内訳には明確な基準があるわけではない。有価証券報告書の広告宣伝費に何が含まれるかは企業ごとに異なることも多い。ただ、大きく分ければ、広告物の制作にかかる費用（制作費）と、広告を出稿する媒体の確保に使われる費用（媒体費）だと考えればよい。

　**広告予算**とは、今後支出が予定されている広告費のことを指す。1年間の企業全体の予算を表すこともあれば、キャンペーン単位での特定期間、特定商品の広告予算、媒体別予算、地域別予算に分けて表すこともできる。

### 2）代表的な広告予算の算出方法

　広告予算は何らかの基準にしたがって予算総額を大まかに決定する方法が多く使われている。経験的に妥当性のある支出方法だとわかっており、算出

するにも手間がかからないからである。一方、必要な広告活動を個々に洗い出し、必要金額を細かく算出する方法もある。以下で代表的な手法を紹介していこう。

まず、広告活動の結果である売上や販売数量を基準としているものに、売上高比率法、販売単位法、利益比率法がある。

### （1）売上高比率法

自社の売上高を基準にして、一定の比率で広告予算を算出する方法である。前年度の売上高や、過去の平均売上高、次年度の目標売上高や売上高見込みなどが基準となる。前述した売上高に対する広告費比率と同様に、売上高の何％を支出するのかという考え方である。

### （2）販売単位法

商品1単位（1個とか1ケース）あたりの広告費を決めて、その数字を商品の売上目標数や売上見込み数と掛け合わせて算出する方法である。売上高ではなく販売数量を基準にする方法で、考え方は売上高比率法と似ている。

### （3）利益比率法

自社の利益額を基準にして、一定の比率で広告予算を算出する方法である。やはり考え方は売上高比率法や販売単位法と似ている。前年度の利益額、過去の平均利益額、利益目標や利益見込みを基準として取ることが可能である。

広告活動そのものとは直接関連しない基準を用いることもある。財務データに基づくものが支出可能額法である。自社の広告活動ではなく、他社や市場の動向を基準とするものが競争者対抗法である。また、企業トップの経験や勘を基準とする任意増減法もある。

### （4）支出可能額法

自社の財務データに基づき、そもそも広告活動に対してどの程度の金額を支出できるのかを検討する方法である。どのような広告活動を展開するかという広告戦略は考慮せず、企業の資金面のみを基準として算出する。

### （5）競争者対抗法

競合他社の広告費や広告出稿量を基準にして、自社の広告予算を算出する

方法である。自社が意識すべき競合他社をベンチマークし、それと同等の量の広告出稿を実施するとか、あるいはそれ以上の出稿量を確保するという具合に検討する。ある商品市場全体のうち、自社商品が占める割合を意味する市場シェアと、その商品市場の全広告出稿量のうち、自社広告が占める割合を意味する広告出稿量シェアには関係があるということが経験的にわかっている。競合他社（あるいは市場全体）を意識した広告予算算出の合理的理由はそこにある。市場シェアと広告出稿量シェアの関係については次節で改めて紹介する。

### （6）任意増減法

企業が置かれている状況に応じて、広告予算に決定権を持つ者（多くは企業トップが想定される）が経験や勘に基づき、適宜広告予算を算出する方法である。

以上で紹介した算出方法は何らかの基準に基づき大枠で広告予算を算出する方法であった。それに対して、より広告活動の展開それ自体を意識した目標課題達成法（タスク法）という方法もある。

### （7）目標課題達成法（タスク法）

広告目標を達成するために必要な作業を洗い出し、各作業にかかる費用を積み上げて算出する方法である。あるマーケティング目標に対して、まず広告がどのような役割を果たすのかを検討し、広告目標を設定する。たとえば、ターゲットに対する商品認知率80％を達成するといった具合である。その目標を達成するために必要な広告表現の制作、広告媒体の選択、各媒体における広告出稿量の算出をする。最終的に、個々の活動にかかる費用を算出、合計することによって広告予算総額を出すことができる。

## 3）各手法のメリットとデメリット

**広告予算の算出方法**にはそれぞれメリットとデメリットが存在する。だからこそ、実際には1つの方法で予算を決定するというわけではなく、複数の方法を組み合わせることがほとんどであるし、その方が広告予算の妥当性も

高い。また、年度全体の広告予算を算出する場合と、個別キャンペーン単位での広告予算の算出では考え方も異なる。そうしたことを意識しながら、改めて各手法の特徴を確認する。

　売上高比率法、販売単位法、利益比率法は、広告活動の結果である売上や販売数量を基準にした手法である。その一番のメリットは誰もが簡単に算出できる点である。ただし、当然ではあるが、基準にすべき過去の広告費や売上などのデータが必要となる。したがって、ある程度のデータが蓄積されている既存ブランドには適用しやすい方法であるが、新ブランドには適していない。

　また、これらの手法には根本的な問題がある。広告活動の結果を基準としていることだ。本来、広告活動の結果として、売上高や販売数量は生まれる。それに対して、これらの算出法が取る、結果としての過去の売上高や販売数量から広告活動の展開規模を決めていくという流れは、本来の原因と結果の関係とは逆で、算出基準として違和感が残る。

　とはいえ、その因果関係の順序はともかく、売上高や販売数量の結果と広告費に関係があることは確かである。だからこそ、自社における広告費と売上高、販売数量、利益額の関連を、過去のデータの分析を通じて把握することが、より妥当性の高い広告予算の算出につながる。

　支出可能額法や競争者対抗法は、財務データや競合他社のデータなど自社の広告活動と直接的な関係の薄い外部の基準を用いる方法である。したがって、新ブランドにも適用しやすい。支出可能額法は財務状況に基づくことから、無理のない広告予算を算出できるメリットがある。競争者対抗法では、競合他社や市場を意識することで、自社の広告予算規模の多寡が判断できる。

　ただし、これらの手法では、実際に展開しようとする広告活動は意識されていないため、マーケティング目標や広告目標の達成に適切な広告予算が確保できない場合がある。

　任意増減法は基本的に算出基準があいまいで根拠に乏しい。予算決定者の直感的な判断でしかなく、外部への説明ができない。ただし、予算決定者の一存であるため、予算算出にかかる時間は早い。また、過去のデータが蓄積

されている既存ブランドならば、トップの経験や勘もある程度の根拠を持ちうる。カリスマ性を持つ経営者であれば、その存在そのものが大きな根拠となりうるし、広告活動が大いに発展する可能性もある。とはいえ、予算決定者の能力に依存するため、予算決定者の交代が起きれば判断も変わる。広告活動の安定性には欠ける。

　目標課題達成法は、そのほかの手法に比べると合理的な判断に基づき、どんな状況にも有用である。ただし、全ての広告活動を洗い出す必要があり、作業量が多く煩雑でもある。個別キャンペーン向きの手法といえる。年間計画の場合、前年度に決めることになる。すると、市場の変化など年度内の突発事象への対応が難しく、広告展開の柔軟性に欠けやすい。全ての活動を前年度に細かく決めることも現実離れしている。

　広告活動の年間計画にはある程度の大枠の予算設定で対応し、個別キャンペーン単位では必要な活動と費用を積み上げるというのが適切だろう。財務上、行き過ぎた支出はできないため、その確認も必要である。加えて、他社や市場の動向も加味すべきだろう。こう考えると、全ての手法を適切に組み合わせることが最も良い予算設定方法だといえる。この点に関しては、本章の最後にもう一度触れたい。

## 3　予算算出の際に考慮すべき事項

### 1）SOMとSOV

　広告活動を含め企業活動を展開する際、競合他社を意識しないことはないだろう。広告活動に関して経験的に、ある商品市場における自社商品のシェアの割合と、その商品市場の全広告出稿量のうち自社広告が占める割合には関係があることがわかっている。広告予算を戦略的に支出するには、市場シェアと広告出稿量シェアも意識すべきである。

　これら2つの割合の関係はよくSOMとSOVという言葉で表現される。SOMとは市場シェアのことであり、Share of Market（シェア・オブ・マーケッ

ト）の頭文字を取ってそう呼ばれる。特定商品市場で取り扱われる全取引量のうちで1企業もしくは1ブランドの占める割合を意味する。

一方のSOVとは広告費シェアや広告出稿量シェアのことで、Share of Voice（シェア・オブ・ボイス）の頭文字を取ってそう呼ばれる。特定商品市場で展開される広告費や広告出稿量全体のうちで1企業もしくは1ブランドの広告費や広告出稿量の占める割合を意味する。

SOVの数字は、競合他社の広告出稿量と自社の広告出稿量の比較に役立つ。たとえば、他社よりも多くの広告出稿をすれば消費者に対する露出の機会が増え自社商品が目立つはずだ。この時、SOVを見ればどの程度の出稿が必要かわかりやすい。

市場シェアの拡大を目的とする場合、目標とする市場シェア（SOM）を基準として、それよりも多くのSOVを達成するように広告費を支出するという考え方もある。たとえば、ある商品市場において10％の市場シェア（SOM）を獲得したいのであれば、まずは広告出稿量シェア（SOV）で10％以上を獲得するという具合である。

広告活動の結果として、売上や販売数量といった市場シェアの拡大は得られる。そこで、まずは競合他社よりも大きな広告出稿量シェアを獲得し、消費者への露出を相対的に増やすべきというのは妥当性のある考え方である。

## ２）業界における広告費と売上高の比率

広告活動を行う際、競合他社をベンチマークすることに加えて、自社が所属する業界を意識することも重要である。広告予算を設定する場合であれば、業界における売上高に占める広告費の比率も考慮すべきである。業界の平均と比較すれば、自社の広告費規模の多寡が把握しやすい。

日経広告研究所の『有力企業の広告宣伝費』による業種別の広告宣伝費のデータはそれを知る有力な手段である。図表6-5は2022年度のデータである。表側が各業種を示す。表頭の「比率 E/A×100」を縦に見ると各業種の広告費と売上高の比率がわかる。これは各業種の「（E）広告宣伝費」を「（A）売上高」で割って％で表記したものである。

図表6-5　2022年度有力企業の業種別連結広告宣伝費

| 業　種 | 対象社数 | (A)<br>売上高<br>(単位:百万円) | (B)<br>営業利益<br>(単位:百万円) | (C)<br>経常利益<br>(単位:百万円) | (D)<br>販売促進費<br>(単位:百万円) | (E)<br>広告宣伝費<br>(単位:百万円) | 比率<br>$\frac{E}{A} \times 100$ | 対前年度伸び率 A(%) | 対前年度伸び率 E(%) |
|---|---|---|---|---|---|---|---|---|---|
| 食品 | 105 | 28,152,400 | 1,902,503 | 2,004,774 | 719,065 | 382,673 | 2.15 | 10.98 | 7.34 |
| 繊維 | 42 | 5,808,427 | 207,834 | 224,454 | 45,471 | 21,852 | 3.24 | 5.62 | 3.62 |
| パルプ・紙 | 21 | 5,602,344 | 109,216 | 123,999 | 8,050 | 2,646 | 1.24 | 3.31 | 0.38 |
| 化学 | 189 | 45,698,471 | 2,774,930 | 3,967,236 | 223,841 | 298,173 | 3.21 | 7.47 | 11.10 |
| 医薬品 | 51 | 12,893,967 | 1,429,799 | 1,440,176 | 267,753 | 99,291 | 9.39 | 10.41 | 2.14 |
| 石油 | 9 | 28,483,613 | 739,233 | 755,746 | – | – | 0.00 | 0.00 | 0.00 |
| ゴム | 17 | 7,271,936 | 615,973 | 630,598 | 582 | 149,961 | 2.43 | 24.79 | 23.58 |
| 窯業 | 48 | 8,159,275 | 660,225 | 509,657 | 1,202 | 10,761 | 1.53 | 12.78 | 21.87 |
| 鉄鋼 | 37 | 19,382,127 | 1,436,242 | 1,522,296 | 678 | – | 0.00 | 0.00 | 0.00 |
| 非鉄・金属 | 104 | 20,691,392 | 832,923 | 1,090,616 | 18,918 | 43,483 | 1.74 | 10.85 | 9.91 |
| 機械 | 193 | 38,896,562 | 2,936,860 | 3,354,696 | 126,988 | 36,633 | 1.39 | 18.84 | 37.36 |
| 電気機器 | 219 | 99,782,027 | 8,588,203 | 9,027,626 | 61,678 | 653,951 | 1.79 | 12.46 | 14.36 |
| 造船 | 4 | 2,149,607 | 19,736 | 94,888 | – | 13,605 | 0.79 | 14.97 | 27.05 |
| 自動車 | 67 | 100,990,356 | 5,688,003 | 7,050,127 | 100,741 | 595,825 | 2.09 | 27.13 | 17.78 |
| 輸送用機器 | 8 | 1,494,305 | 189,017 | 198,467 | 943 | 12,921 | 2.05 | 15.08 | 30.28 |
| 精密機器 | 48 | 7,809,349 | 707,456 | 933,343 | 22,244 | 94,728 | 2.97 | 13.53 | 21.21 |
| その他製造 | 93 | 11,217,503 | 760,422 | 835,083 | 11,916 | 183,066 | 5.12 | 13.17 | 8.58 |
| 農林・水産 | 10 | 2,305,316 | 74,793 | 84,643 | 6,950 | 5,636 | 0.67 | 10.27 | 31.93 |
| 鉱業 | 7 | 3,136,102 | 1,369,852 | 1,582,807 | – | – | 0.00 | 0.00 | 0.00 |
| 建設 | 136 | 35,524,868 | 2,069,440 | 2,191,796 | 60,226 | 64,739 | 0.76 | 11.12 | 5.82 |
| 商社 | 309 | 134,481,750 | 3,220,326 | 8,033,223 | 130,098 | 183,998 | 0.54 | 23.06 | 2.28 |
| 小売業 | 196 | 57,235,487 | 2,569,046 | 2,739,351 | 145,666 | 667,726 | 1.57 | 12.21 | -11.54 |
| その他金融 | 58 | 13,827,806 | 1,240,682 | 1,522,978 | 33,969 | 106,028 | 6.73 | 4.95 | -16.86 |
| 不動産 | 123 | 16,635,495 | 2,108,853 | 1,994,635 | 38,175 | 133,584 | 1.08 | 6.33 | 4.72 |
| 鉄道・バス | 48 | 14,594,549 | 1,130,306 | 1,041,411 | 3,389 | 2,508 | 0.44 | 12.51 | 28.42 |
| 陸運 | 37 | 11,632,397 | 657,759 | 678,865 | 3,234 | 9,494 | 0.27 | 4.65 | 3.73 |
| 海運 | 13 | 5,815,938 | 566,969 | 2,693,215 | 206 | 217 | 0.34 | 13.77 | 97.27 |
| 空運 | 4 | 3,176,295 | 186,121 | 165,628 | 42,492 | 4,576 | 0.27 | 67.35 | 48.62 |
| 倉庫・運輸 | 42 | 7,564,960 | 239,563 | 283,579 | 29,223 | 67 | 0.03 | 0.76 | 48.89 |
| 通信 | 42 | 29,317,131 | 3,224,523 | 2,822,970 | 213,119 | 49,570 | 3.31 | 1.29 | 7.65 |
| 電力 | 16 | 32,507,257 | -250,894 | -470,123 | 906 | – | 0.00 | 0.00 | 0.00 |
| ガス | 12 | 7,324,412 | 570,762 | 582,132 | – | – | 0.00 | 0.00 | 0.00 |
| サービス | 906 | 55,179,644 | 3,478,591 | 4,395,543 | 266,059 | 1,325,827 | 7.25 | 10.28 | 11.41 |
| 小計 | 3,214 | 874,743,068 | 53,055,272 | 64,103,435 | 2,583,782 | 5,153,539 | 2.14 | 14.98 | 7.53 |
| 銀行 | 117 | 56,893,729 | 8,090,168 | 8,678,521 | – | – | 0.00 | 0.00 | 0.00 |
| 証券 | 17 | 4,456,039 | 377,819 | 435,164 | – | 18,800 | 1.89 | 31.14 | -18.97 |
| 保険 | 18 | 55,738,201 | – | 2,425,196 | – | – | 0.00 | 0.00 | 0.00 |
| 合計 | 3,366 | 991,831,037 | 61,523,259 | 75,642,316 | 2,583,782 | 5,172,339 | 2.16 | 15.04 | 7.40 |

出所：日経広告研究所編（2023）「業種別広告宣伝費」『有力企業の広告宣伝費2023年版』日経広告研究所、13ページ。

全業種の平均は2.16％である。業種別に見ると、その数値が大きく異なることがわかる。たとえば「食品」は2.15％、「自動車」は2.09％であるが、「医薬品」は9.39％と業種別では最も高い値となっている。

　企業活動が競争的なものである以上、競合他社、業界、全業種の平均など相対的に自社の広告費の規模を把握することは広告支出の妥当性を高める。ぜひ意識すべきである。

# 4　継続的活動としての広告予算設定プロセス

## 1）広告費を長期的視点で考える

　現代のマーケティングでは短期的な売上よりも、長期的なブランド構築が重要視されている。商品に対して消費者が愛着を持てば、継続的に購買をしてくれるからである。当然、広告活動にも長期的な視点が求められているし、その活動の基盤となる広告予算もそうした視点に立って設定すべきである。

　長期的な視点に立つということは、広告費を特定期間の広告キャンペーン単位や会計年度単位で完結するものと考えるのではなく、そうしたキャンペーンや会計年度が何年も先までつながっていると考えることになる。広告予算の算出は一度で終わりではなく、次の予算算出にもつながっている。つまり、予算設定を継続的な活動であると考えた方がよい。

## 2）ファリスとウェストによるPROBEモデル

　ファリスとウェストは、こうした継続的な活動としての広告予算設定の考え方をわかりやすく図式化している（Farris and West 2007）。図表6-6は彼らの提唱するPROBEモデルを簡略化したものである。

　メーカーや流通業者では以前より継続的な改善プロセス技術を導入している。たとえば、大手企業が導入している経営革新手法に「シックスシグマ」というものがある。事業経営の中で起こるミスやエラー、欠陥品の発生確率を「100万分の3.4」というきわめて小さいレベルにすることを目標に、継

図表6-6　Farris and West（2007）によるPROBEモデル（簡略版）

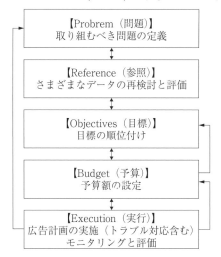

出所：Farris, P.W. and West, D. C.（2007），"A Fresh View of the Advertising Budget Process", *The SAGE Handbook of Advertising*, Sage Publications, p.325. より作成。

続的な経営改革活動を推進しようという手法である。

　具体的には"MAIC"と呼ばれる4つのフェーズを永続的に検討し続ける。MはMeasure、「測定」を意味する。課題の現状把握であり、そのための情報収集段階である。AはAnalyze、「分析」を意味する。収集したデータをもとに、問題点の特徴を定義、改善の到達目標を設定する。IはImprove、「改善」を意味する。分析結果から、何をどう管理すれば一番良いのかを導き出す。CはControl、「管理」を意味する。改革成果維持のチェックをする。

　こうしたシックスシグマを手本に、ファリスとウェストは継続的な改善を可能とする**広告予算設定プロセスモデル**"PROBE"を提案した。

　まず、広告予算が取り組むべき問題を定義する。次に、広告予算に関するさまざまなデータを収集、分析する。その分析結果をもとに広告目標をリストアップし、さらに順位付ける。その目標を達成するよう予算額を算定する。予算支出が可能かどうかもこのフェーズで検討し、支出不能の場合は、目標ステージに戻り、下位の目標から除外する。そうして設定した最終予算に基

づき、広告計画を実施。その結果をモニタリング、評価する。その後、その評価に基づき、第1のステージに戻り、取り組むべき問題を改めて定義する。これがPROBEモデルの考え方である。2節で紹介したさまざまな手法を適切に組み合わせ、かつそれを継続的なプロセスとして描いている。

　PROBEモデルに限らず、広告予算設定には、どの手法を採用するかではなく、多様なデータを収集のうえ、総合的に評価するシステム化された改善プロセスモデルが必要である。長期的視点が重視される現在において、広告実務においてもこれからはメーカーや流通業者における品質管理手法、経営管理手法を取り入れる必要がある。

　これからの広告予算設定はシステムとして継続的に管理することが何より重要である。特に、PROBEのObjectivesにあたる広告目標の順位付けを明確にすることが大切である。そのうえで、この目標に従って広告計画を適切に実行することでこうした改善プロセスが維持されるだろう。

● 参考文献
小泉眞人（2012）「広告予算と広告会計」石崎徹編著『わかりやすい広告論（第2版）』八千代出版
嶋村和恵（2008）「広告予算の決定方法」岸志津江・田中洋・嶋村和恵『現代広告論（新版）』有斐閣
ダイヤモンド・シックスシグマ研究会編著（1999）『「図解」コレならわかる　シックスシグマ』ダイヤモンド社
電通（2023）『2022年 日本の広告費』電通
電通広告事典プロジェクトチーム編、亀井昭宏総合監修（2008）『電通広告事典』電通
日経広告研究所編（2023）『有力企業の広告宣伝費　2023年版』日経広告研究所
日経広告研究所編（2018）『広告動態調査　2018年版』日経広告研究所
日経広告研究所編（2023）『広告主動態調査　2023年版』日経広告研究所
Farris, P. W. and West, D. C. (2007), "A Fresh View of the Advertising Budget Process", *The SAGE Handbook of Advertising*, Sage Publications, pp.316-332.
電通（2023）「2022年 日本の広告費」ニュースリリース 2023年2月24日　https://www.dentsu.co.jp/news/release/2023/0224-010586.html, 2023年10月30日アクセス
電通グループ（2022）「電通グループ、『世界の広告費成長率予測（2022〜2025）』を発表」『ニュースリリース 2022年12月16日』　https://www.group.dentsu.com/jp/news/release/pdf-cms/2022082-1216.pdf, 2023年10月30日アクセス

## ● 広告予算の決定方法の実態 ●

　実際のところ、広告主はどのように広告予算を決定しているのだろうか。少し前の
データにはなるが、日経広告研究所が実施した『広告動態調査　2018年版』では有力
企業243社が回答した広告予算の決定方法に関するアンケートの集計結果が掲載され
ている。

　最も多かったのが「前期の広告予算実績に基づいて」であり、7割以上の企業が回答
している。予算を考えるうえで過去の広告予算を参考にするのは当然だろう。それに
続くのが「予想利益」「予想売上高」「前期売上高」「前期利益」を基準にする方法であ
る。本章で紹介した売上高比率法、利益比率法がこれにあたり、それぞれ2～3割の回
答がある。

　競争者対抗法にあたる「競合企業の出稿状況に合わせて」は8.2%であり、あまり使
われていないようだ。より合理的な予算算出法であった目標課題達成法にあたるのが
「商品の認知率や目標を設定し、それに応じて」と「ゼロベースで必要なものを積み上
げる」であり、それぞれ15%前後の回答である。

　質問項目に限りがあり、明確に結論付けられないが、売上高比率法とそれに類する
利益比率法が主要な手段になっているようだ。一方、より妥当性の高い予算設定法で
ある目標課題達成法はそれほど多くない。

　ただ、「各事業部や商品について提示された要求に基づいて」という回答が25.1%あ
る。本調査結果からは各部門の予算算出の実態まではわからないが、商品の販売戦略
などマーケティング目標や広告目標を設定する部門の要求を広告予算に反映させよう
とする傾向が見られる。これもまた予算設定の妥当性を高める方法のひとつといえる
だろう。

　このように、本調査結果からは、企業において実際に、本章で紹介したいくつかの
方法を組み合わせて予算設定している様子がうかがえる。この調査は1977年から毎年
実施されており、2023年で47回目となる。ここで紹介した広告予算の決定方法に関す
るアンケートは、残念ながら2018年版を最後に調査項目から除外されてしまったが、
最新の2023年版では広告予算に関する項目として、2021年度の広告宣伝費、2022年度
の広告宣伝費実績見込み、2023年度の広告予算見通し、広告宣伝費に占める企業広告
費の比重、広告宣伝費における媒体配分などについて、回答企業の平均が示されてい
る。これらのデータからも、広告主がどのように広告予算を考えているのかうかがい
知ることができるだろう。

### 広告予算の決定方法　　　　（複数回答：%）［N = 243］

| 広告予算の決定方法 | |
|---|---|
| 前期の広告予算実績に基づいて | 74.1 |
| 予算期内の予想利益に基づいて | 37.6 |
| 予算期内の予想売上高に基づいて | 28.0 |
| 前期の売上高に基づいて | 25.5 |
| 各事業部や商品について提示された要求に基づいて | 25.1 |
| 前期の利益に基づいて | 21.4 |
| ゼロベースで必要なものを積み上げる | 15.2 |
| 商品の認知率など目標を設定し、それに応じて | 13.2 |
| 競合企業の出稿状況に合わせて | 8.2 |
| 予算設定モデルを使って | 2.5 |

出所：日経広告研究所編（2018）『広告動態調査　2018年
　　　版』日経広告研究所、15ページ。

# 7 章

## アカウント・プランニングと広告クリエイティブ

（五十嵐正毅）

---

**● キーワード ●**

USP、アカウント・プランニング、コンシューマー・インサイト、フォーカス・グループ・インタビュー、クリエイティブ・ブリーフ、クリエイティブ・ディレクター、表現コンセプト、PPM

---

## 1　アカウント・プランニングとは何か

### 1）アカウント・プランニングの定義と登場背景

　優れた広告を企画するにはどうすればいいか。広告やコミュニケーションに携わる人は長年にわたってこの問いに挑んできた。

　英国から米国にわたったオグルヴィ（Ogilvy, D.）は、ハザウェイ・シャツやロールスロイスの仕事などで名声を博し、著書『ある広告人の告白』をはじめ数々の名言を後の広告実務家たちに遺した。米国でDDB社を設立したバーンバック（Bernbach, W.）らは、コピーライターとアート・ディレクターによるペアシステムを確立し創造性豊かな広告を次々と世に送り出した。リーヴス（Reeves, R.）は、1960年代に **USP**（Unique Selling Proposition）と呼ばれる手法を提唱した。USPとは、そのブランドに固有で他の競合ブランドが持つことのできない消費者への販売提案のことで、商品の便益・特性を徹底的に分析した中から広告のアイデアを見つけ出す手法といえる（嶋村 2017）。

　しかしながら、市場の競合ブランドが増え商品間の差異が乏しくなると、USPを語ることが難しくなってくる。そこで1980年代以後注目されるよう

82

になった手法がアカウント・プランニングである。

　アカウント・プランニングとは、「消費者を深く理解し、その消費者に関する情報を広告表現制作に関わるスタッフに伝えることを通じて、広告表現制作のプロセス全体に消費者の視点を取り入れるための広告会社内における制度」とされる（松本 2012）。ここで特に注目したいのは「消費者を深く理解」することである。つまり、アカウント・プランニングでは商品提供側からではなく消費者側の視点に立った広告表現制作が強調され、商品と消費者との関わりやつながりを読み解くことで、広告の消費者への提案力を高めようとしているのである。

## 2）アカウント・プランナーの主な仕事

　1990年代以後日本でもアカウント・プランニングが学ばれるようになり、広告会社にもアカウント・プランナーを名乗る人が現れた（小林 2004）。**アカウント・プランナー**の重要な仕事は、消費者を深く理解しコンシューマー・インサイト（Consumer Insight）を発見することである。そして、コンシューマー・インサイトを含む広告戦略の概要書（クリエイティブ・ブリーフ）を作成し、独創的なアイデアを創出できるようクリエイターを触発することである。

## 2　コンシューマー・インサイトとは何か

### 1）コンシューマー・インサイト

　**コンシューマー・インサイト**とは「消費者の行動や態度の根底にある本音を見抜くこと」（日経広告研究所 2005）とされる。小林（2004）では、単なる消費者分析に留まらず「消費者がどのような行動様式を持ち、それがどのような価値観から発せられるのかといった内面までをも『見抜いた』もの」がコンシューマー・インサイトだとされている。また、商品からの提案性によって消費者の態度や行動を変化させるポイントになることも重要だと指摘する実務家もいる。

## 2）コンシューマー・インサイトを見出すには

　コンシューマー・インサイトを発見する手段には質的調査がしばしば用いられる。量的調査の分析だけでは、1人ひとりの消費者の購買行動・消費行動の動機や消費者自身が十分に自覚していない意識や行動を明らかにすることが難しい。

　質的調査の代表的な手法に、**フォーカス・グループ・インタビュー**（Focus Group Interview：FGI）がある。FGIでは、6人〜8人程度の調査対象者を集め、司会者のリードによって、ある話題について自由に意見を出してもらう。グループ内のある人の発言が他の人に刺激を与え会話が発展するグループ・ダイナミクス（Group Dynamics）の働きにより、グループとしての本音が引き出されることに特長がある。また、1人の対象者にインタビューを行いその真意を深掘りしていく**デプス・インタビュー**（Depth Interview：DI）という手法もある。

　いずれの場合も、回答者の発言をただ言葉通りに受け取るだけではいけない。脱線した会話に回答者の強い本心が表れることもあるし、沈黙の様子や表情、手の動き、姿勢といった非言語情報も時に雄弁である。消費者の本心を理解できるように、十分に想像力を働かせる努力が求められる。

　コンシューマー・インサイトが強力に効果を発揮した有名な事例を1つ紹介しよう。カリフォルニア牛乳協会による"got milk?（ミルクある？）"キャンペーンである。牛乳の消費量減少に悩んできたカリフォルニア牛乳協会は、1993年、グッビー・シルバースタイン＆パートナーズ（GS&P）に牛乳の消費量拡大を目的とした仕事を依頼した。GS&PはFGIを行い、消費者は普段は牛乳のことなど意識していないが、牛乳がチョコチップ・クッキーのような甘くて濃い食べ物と一緒に飲みたいものとして強く連想されるというコンシューマー・インサイトを発見した。そこで同社は、牛乳と相性の良い食べ物をおいしそうに見せ、さあお食べなさい、でも牛乳はありません、とじらすような一連の広告シリーズを展開したのである。その結果、牛乳の消費量は翌年には拡大に転じ"got milk?"キャンペーンは世界的に知られるもの

となった。カリフォルニアでは、このキャンペーン以前にも牛乳が健康に良いことを訴求する広告キャンペーンが続けられてきており、90％以上の消費者が牛乳がカルシウムを含み体にいいものであることを知っていた。だが、それでも牛乳の消費量減少は止まらなかったのである。"got milk?" キャンペーンが成功を収めたのは、牛乳の特長にだけ目を向けるのではなく、消費者と牛乳との関わりやつながりを見抜いたことによるものといえるだろう（Holt 2002、嶋村 2006）。

## 3　クリエイティブ・ブリーフとは何か

### 1）クリエイティブ・ブリーフによって伝えること

　クリエイティブ・ブリーフは、広告表現を制作するうえでの広告戦略の骨子を紙1枚程度にごく簡潔にまとめたものである。植條（2005）には国内外の広告会社等のクリエイティブ・ブリーフが複数紹介されているが、主だった要素に大きな違いはない。ここでは、ソーソンとダフィー（Thorson and Duffy 2012）で紹介されているクリエイティブ・ブリーフの要素を抜粋して紹介しよう。

① **なぜ広告をするのか**（広告の目的）　　広告で何を達成しようとするのか。現実的な目的一つに絞ることが大切である。

② **誰に語りかけるのか**（広告のターゲット）　　ターゲット・オーディエンスを明確にする。幅広い層に語りかけたくなる誘惑に注意して、最も結果を期待できるターゲットを絞り込もう。

③ **ターゲットについて知っていること**（カギとなるインサイト）　　多くのインサイトが考えられるが、クリエイティブの拠り所となる強いインサイトを1つ選び抜こう。

④ **ターゲットに伝えたいこと**（主役となるメッセージ、約束）　　コンシューマー・インサイトとかかわるベネフィットや消費者にとっての価値とな

るメッセージや約束を一文で表現しよう。

⑤　**メッセージをサポートする理由**（そのメッセージを消費者が信じられる理由）　　消費者がメッセージを信じられるような理由を提供しよう。

⑥　**メッセージのトーン**（どんな調子で語るのか）　　ブランドのエッセンスやパーソナリティをふまえ、ブランドを強化するために広告が喚起するべきイメージや気持ちはどのようなものだろうか。


　このような要素がコンパクトにまとめられたクリエイティブ・ブリーフは、いわば広告の設計図である。建物を建てる時のように、広告表現開発にも設計図が欠かせない。ただし、クリエイティブ・ブリーフはアカウント・プランナーがクリエイターの思考や発想を一方的に制約するものではない。両者の間で持たれる打合せ（クリエイティブ・ブリーフィング）では、クリエイターはアカウント・プランナーの提出した戦略に納得いくまで質問や意見を投げかけ、アカウント・プランナーもそれに耳を傾けさらにクリエイティブ・ブリーフを磨き上げることが繰り返される。優れた企画の原点は異なる視点を持つ企画者が議論を尽くすことにある。

## 2）クリエイティブ・ブリーフの働き

　クリエイティブ・ブリーフは、クリエイターにとって広告アイデアの源泉となり羅針盤となる。第1に、クリエイティブ・ブリーフはその広告の目的を明確にする。広告目的は、市場や商品、消費者を取り巻くさまざまな情報の分析を通じて、その広告が企業のビジネスの中で何をするべきかを明確にする。第2に、クリエイティブ・ブリーフは広告がターゲットとする消費者についてクリエイターに伝達することでクリエイターのアイデア創出を刺激する。そして第3に、クリエイティブ・ブリーフはアイデアを選ぶ指針となる。広告企画の過程においてクリエイターはたくさんのアイデアを出すことが求められるが、出された無数のアイデアから課題解決に最もふさわしいものを選び抜く際に、クリエイティブ・ブリーフに書かれた広告戦略が判断基準となるのである。

## 4　アカウント・プランニングとクリエイティブ

　本章では、これまでアカウント・プランナーの仕事に特に着目してきた。しかしながら、コンシューマー・インサイトを行い、広告戦略を策定することは、アカウント・プランナーだけが担当する仕事なのだろうか。

　優れたクリエイターは消費者をよく観察しているし、広告表現アイデアに至った筋道を上手に説明できる。優れた営業担当は担当商品に関わる課題解決の戦略骨子を自ら企画書にまとめることもできる。広告会社の営業担当でアカウント・プランナーと名乗る人も少なくない。つまり、アカウント・プランニングは広告企画に携わる人全てに求められるスキルであるといえるだろう。

　アカウント・プランニングの日本への紹介からおよそ四半世紀を経て、アカウント・プランニングの必要性が声高に議論されることも少なくなったように思われる。しかしそれは、アカウント・プランニングの考え方が失われたのではなく、クリエイティブに携わる全ての人が持つべきスキルとして日本の広告ビジネスに浸透したことを意味しているように思われる。

　日本を代表するクリエイターの一人は、クリエイティブを考えるにあたって「どれだけ新しくて魅力的なコンテクスト（文脈）を見つけられるか」が大事だという（杉山 2014）。消費者が日頃の生活の中で当たり前に思っていたものがまったく違うものに見えてくる、「価値の転換」を刺激するような広告アイデアを触発するコンシューマー・インサイトが求められよう。

## 5　広告コミュニケーションを企画する

### 1）クリエイティブ・チームの編成

　広告表現のクリエイティブ・チームにはどのようなメンバーが参加しているのか。テレビCMを制作する場合のチーム編成を見てみよう（図表7-1）。

図表7-1　クリエイティブ・チームの編成（テレビCMの場合）

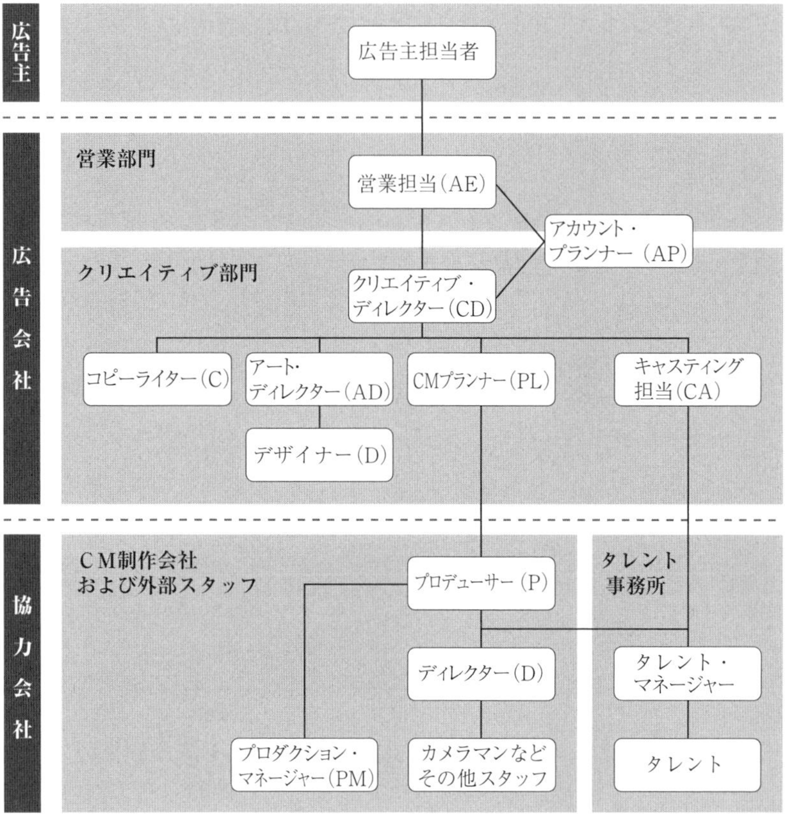

```
広告主
  └─ 広告主担当者

広告会社
  営業部門
    営業担当（AE）
      └─ アカウント・プランナー（AP）

  クリエイティブ部門
    クリエイティブ・ディレクター（CD）
      ├─ コピーライター（C）
      ├─ アート・ディレクター（AD）
      │    └─ デザイナー（D）
      ├─ CMプランナー（PL）
      └─ キャスティング担当（CA）

協力会社
  CM制作会社および外部スタッフ
    プロデューサー（P）
      ├─ ディレクター（D）
      │    └─ カメラマンなどその他スタッフ
      └─ プロダクション・マネージャー（PM）

  タレント事務所
    タレント・マネージャー
      └─ タレント
```

　CMのクリエイティブ・チームでは、通常、広告制作の経験を積み見識豊かな広告会社の**クリエイティブ・ディレクター**（CD）がチーム全体を統括し、企画のクオリティを担保するとともに制作実施全般の責任を担う。CDのもとで、文案を考える**コピーライター**、視覚表現を担う**アートディレクター**や**デザイナー**、CMの企画を立てる**CMプランナー**がそれぞれ企画に携わる。

　CDの指示に基づいて、CMプランナーはCM制作会社のプロデューサーに制作の調整を依頼する。プロデューサーはCM制作会社での管理責任を負い、ディレクターはプロデューサーの指示のもと撮影や編集を指揮していく。

　もちろん、ここで示した図はテレビCMの企画制作の場合の一例に過ぎな

い。広告会社やCM制作会社に属さない優秀なフリーランスのスタッフが加わることもあるし、企画制作の過程において必要とされるさまざまなスタッフが加わってチーム全体で数十人規模となることもある。

## 2）広告の表現コンセプト

　広告戦略に基づきどのような広告表現を行うべきか、その基本方針を**表現コンセプト**と呼ぶ。広告の表現コンセプトは達成すべき広告目的によって異なる。ここでは、仁科・田中・丸岡（2007）による4分類を見てみよう。

　第1に、「広告好意形成型」の表現コンセプトである。このコンセプトでは広告表現で好意的感情を喚起することに主眼がある。広告表現に好感を持たれれば、広告対象の商品やサービスへの好感も高まりやすく、購買やウェブサイトへのアクセス等の行動に消費者を導きやすい。このコンセプトは、自社ブランドと競合ブランドの差異が乏しい場合や、そもそも消費者が商品特性に対して低関与な消費行動を取る場合に用いられることが多い。

　第2に、「ブランド特性型」の表現コンセプトである。このコンセプトでは、消費者に広告対象商品の特性をしっかり理解してもらうことに主眼がある。商品カテゴリーへのニーズが十分に顕在化していて、かつ競合ブランドとの間の差異が明確な場合に、USPの強調などがなされる。

　第3に、「ニーズ喚起型」の表現コンセプトである。これは広告対象商品に対応した消費者ニーズを喚起することが目的となる。今までになかった新しい商品カテゴリーで先行発売する新ブランドなどで用いられる。画期的な新商品などで既存のカテゴリー（市場）に位置付けられない商品などでは、まず消費者のニーズを顕在化させることが求められる。

　第4に、「行動促進型」の表現コンセプトである。店舗やイベントへの誘客、ウェブサイトへのアクセス、フリーダイヤルへのサンプル請求、反復購買等、消費者の行動をその場で促すことに主眼がある。通信販売を目的とした広告の多くでは、広告を見て「すぐ」に行動を起こさせるよう、表現構成やインセンティブ提供の表現などにさまざまな工夫が凝らされている。

　このほかにも、FCB広告プランニング・モデルは、広告対象ブランドに

対する消費者の関与と購買動機の種類に着目して広告表現の基本方向性を示唆するものとなっている（9章広告効果と広告効果測定参照）。FCBモデルを発展させたロジター・パーシー・グリッドもよく知られている。いずれにしても、表現コンセプトは、広告目的と広告対象となる商品やサービスの特徴、ターゲットとなる消費者の心理などを勘案して検討することになる。

### 3）広告表現戦術

　広告の表現コンセプトが定まったら、次はそれを実際にどのような表現で伝えるかを考えることとなる。クリエイターにはさまざまな表現戦術を想定した中で最も効果的と思われる広告表現を選ぶ眼力が求められる。

　**広告表現戦術**は「理性型訴求」と「感情型訴求」に大別される。**理性型訴求**とは、論理的な説明によって広告オーディエンスの合理的な判断を引き出そうとするものである。一方、**感情型訴求**とは広告オーディエンスの感情に訴えかけ、感動や共感を引き起こそうとするものである。理性型訴求と感情型訴求は1つの広告表現の中で併存していることも多い。

　広告表現類型の一例を図表7-2に挙げよう。たとえば、「直接／事実訴求型」は商品やサービスに固有のベネフィットがある場合に用いられる。「デモンストレーション型」や「スライス・オブ・ライフ型」では商品やサービスを使用して得られるベネフィットが表現される。「テスティモニアル型」では商品やサービスを使った体験談が語られ、有名人が登場することも多い。「アニメーション型」や「パーソナリティ・シンボル型」は広告オーディエンスの注意を喚起する力に長ける。印象的な映像や音楽で望ましいブランド連想を強化しようとする「イメージ型」やユーモラスな表現の「ユーモア型」は感情型訴求の代表的な表現型であろう。もちろん、これらを組み合わせた「複合型」の表現も多数見られる。ほかにもさまざまな表現戦術が知られているので、自分なりに広告表現を分析してみてほしい。

　優れた広告クリエイティブは、国内外の広告賞を受賞したり業界紙誌やネットニュースなどで紹介されたりすることも多い。読者にも、優れた広告を数多く見て、それらの企画者たちがどのような考えのもとでその広告を

図表7-2　さまざまな広告表現戦術

| 直接／事実訴求型 | 商品やサービスの情報を直接的に表現する。商品やサービスに固有のベネフィットがある場合。 |
| --- | --- |
| 科学／技術証拠型 | 科学的な実験結果などを引用することで広告の主張を支える。 |
| デモンストレーション型 | 実際に使って見せて商品やサービスの利便性や品質を表現する。 |
| 比較広告型 | 競合商品との比較によって商品やサービスの優位性やポジショニングを表現する。 |
| テスティモニアル型 | 商品やサービスの使用体験談などによってその良さを表現する。有名人が登場することも。 |
| スライス・オブ・ライフ型 | 日常生活で直面する問題を商品やサービスが解決するさまを切り取って表現する。 |
| アニメーション型 | アニメーション表現によって、注意を喚起する。 |
| パーソナリティ・シンボル型 | 商品やサービスが特定できるキャラクターを開発し起用する。 |
| イメージ型 | 映像等の表現によってブランド要素の連想を強化したり、情緒に訴えかけたりする。 |
| 物語型 | 商品やサービスに関わるストーリーを語り、視聴者をドラマに引き込む。 |
| ユーモア型 | ユーモラスな表現で広告に好感を持ってもらい商品やサービスの受容を促す。 |
| 複合型 | （上記を適切に組み合わせる） |

出所：Belch, G. E. and Belch, M. A.（2012），*Advertising and Promotion: An Integrated Marketing Communication Perspective,* 9th ed., McGraw-Hill/Irwin.より作成。

作ったのか、楽しみながら考えてみてほしい。たとえば、2020年から続く日経広告研究所の広告定点観測プロジェクトでは、国内の広告実務家や研究者が注目した日本国内での広告事例が半年ごとにまとめられ分析されている（松本・五十嵐・坂井 2023）。

## 6　広告を企画制作するプロセス

テレビCMの例をもとに広告の企画制作過程を説明していこう（図表7-3）。

### 1）企　　画

オリエンテーションを受けた広告会社は、社内外からスタッフを選出して

| | 制作のプロセス | 広告主 | | 広告会社 | | CM制作会社 |
|---|---|---|---|---|---|---|
| 企画 | オリエンテーション<br>↓ | 依頼・説明 | ⇔ | 質問 | | |
| | 広告会社内スタッフの編成<br>↓ | | | 決定 | ⇔ | （決定） |
| | プランニング<br>↓ | | | 決定 | ⇔ | （協力） |
| | プレゼンテーション<br>↓ | 質問 | ⇔ | 説明 | ⇔ | （協力） |
| | 企画決定（発注／受注）<br>↓ | 発注 | ⇔ | 受注 | | |
| 制作準備 | 制作会社とスタッフの決定<br>↓ | | | 発注 | ⇔ | 受注 |
| | 演出コンテの作成<br>↓ | | | 指示・確認 | ⇔ | 作成 |
| | オールスタッフ・ミーティング<br>↓ | | | 説明・調整 | ⇔ | 質問・確認 |
| | 第1次PPM（撮影前最終確認）<br>↓ | 確認・承認 | ⇔ | 説明・調整 | ⇔ | 説明・調整 |
| 制作 | 撮影<br>↓ | 立会 | ⇔ | 管理 | ⇔ | 実行 |
| | 仮編集<br>↓ | | | 管理 | ⇔ | 実行 |
| | 第2次PPM（本編集前最終確認）<br>↓ | 確認・承認 | ⇔ | 説明・調整 | ⇔ | 説明・調整 |
| | 本編集<br>↓ | 立会 | ⇔ | 管理 | ⇔ | 実行 |
| | MA（音入れ）<br>↓ | 立会 | ⇔ | 管理 | ⇔ | 実行 |
| | 完成試写<br>↓ | 確認・承認 | ⇔ | 試写 | | |
| | 納品 | | | 受領 | ⇔ | 局納品 |

チームを編成しプランニングを行う（4章広告／マーケティング・コミュニケーションのビジネス参照）。アカウント・プランナーはクリエイティブ・ブリーフィングを行い、クリエイターはCMを企画する。CM企画案は広告主の承認が得られると、受発注が決まり制作準備が始まる。

## ２）制作準備

　広告会社は広告制作会社を決め、広告制作会社のプロデューサーらとも相談しながらCMを演出するディレクターを選ぶ。さらに技術スタッフが決められる。そして、ディレクターを中心に演出コンテが作成される。演出コン

テは企画案をもとにCM表現の詳細な演出プランが練り上げられ書き加えられたものである。その後、全スタッフが、広告目的や企画・演出の内容、制作業務の進行予定等を共有するオールスタッフ・ミーティングが行われる。

　撮影に入る直前に、制作作業の確認を行うために広告主と主要スタッフに持たれる会議を**第1次PPM**（プリ・プロダクション・ミーティング）という。第1次PPMでは関係者間で十分な意思統一をはかることが大切である。撮影には費用がかかり、撮影開始後は企画や演出の大幅な変更ができなくなるからである。

## 3）制　　作

　撮影は、第1次PPMを経た演出コンテや香盤表と呼ばれる進行表に基づいて進められる。撮影はディレクターが中心となり多くの技術スタッフが参加する。天候の都合などで撮影途中に計画変更に迫られることもままあるが、その際には広告主や広告会社のクリエイティブ・ディレクター、営業担当らも加わって十分に話し合い柔軟に対応することが求められる。適切な判断によりCMがいっそう優れたものになる可能性もある。撮影を終えた映像素材は仮編集が行われる。

　**第2次PPM**はポスト・プロダクション・ミーティングとも呼ばれる。仮編集を終えた素材から仕上がりを見通し、完成に向け最終確認を行う。

　第2次PPMでの広告主からの指摘を反映させ、本編集が行われる。本編集では映像の微細な点まで完成度を高める。さらに音楽やナレーションを加えてCMの完成である。

　完成したCMは広告主に試写を行い、最終的に広告主の了承が得られると、テレビCMはテレビ局に納品されオンエアを待つ。

　以上のように、CM制作には広告主、広告会社、広告制作会社等多くのスタッフが関わっており、広告の目的や戦略意図等がスタッフに徹底されていることが必要である。そのため制作過程でもこまめに確認が重ねられる。このことはCM制作に限らず、ビジネスの協働作業における基本であるといえるだろう。

● 参考文献

植條左洋子（2005）「広告表現」亀井昭宏・疋田聰編著『新広告論』日経広告研究所

小林保彦編著（2004）『アカウントプランニング思考』日経広告研究所

嶋村和恵監修（2006）『新しい広告』電通

嶋村和恵（2017）「表現計画」岸志津江・田中洋・嶋村和恵『現代広告論（第3版）』有斐閣

杉山恒太郎（2014）「デジタルテクノロジーは広告をどう変えたか」日経広告研究所『2015　広告コミュニケーションの総合講座』日経広告研究所

仁科貞文・田中洋・丸岡吉人（2007）『広告心理』電通

日経広告研究所編（2005）『広告用語辞典（第4版）』日本経済新聞社

松本大吾（2012）「アカウント・プランニングとコンシューマー・インサイト」　石崎徹編著『わかりやすい広告論（第2版）』八千代出版

松本大吾・五十嵐正毅・坂井直樹（2023）「広告定点観測（第6回）―2023年3月から半年間の広告をレビューする」『日経広告研究所報』331号、2-19ページ

Belch, G. E. and Belch, M. A. (2012), *Advertising and Promotion: An Integrated Marketing Communication Perspective,* 9th ed., McGraw-Hill/Irwin.

Thorson, E. and Duffy, M. (2012), *Advertising Age: The Principles of Advertising and Marketing Communication at Work,* South-Western , Cengage Learning.

Holt, D. B. (2002), "got milk?", Case History, Advertising Education Foundation. http://www.aef.com/on_campus/classroom/case_histories/3000, 2015年12月24日アクセス

.

## ● 広告人から、まだ見ぬ後輩へのメッセージ ●

　読者の中には、将来、広告やマーケティング・コミュニケーションの企画に携わりたいと考える人もいるだろう。本コラムでは、現役の広告パーソンに、自分と同じようなコミュニケーションの仕事を志す若者を念頭に置いてもらい、どのような人と一緒に働きたいかを尋ねてみた。

・自分のスタイルを決めつけずに、まずは柔軟に受け入れてみる態度を持っている人。頭でっかちにならないで、現場に足を運んでリアルを見るフットワークの軽さも大事（40代・アカウント・ディレクター）。

・いろんなことに興味を持って挑戦してみる人。勉強だけでなく、どんなことでも好奇心を持って取り組む人（40代・メディア部門リーダー）。

・やる気の熱量の見える人。かつ、周りの意見に聞く耳を持って誠実に仕事に臨む人。両方持ち合わせている人はとても少ない（40代・プランニング・ディレクター）。

・自分から動き出せる人。多少間違った方向に行っても構わないから、やってみる姿勢を持っている人。間違ってもあきらめずに悔しがってやり直せばいい（30代・コミュニケーション・デザイナー）。

・人を喜ばせることに生き甲斐を感じられる人。広告の仕事は消費者を喜ばせることによって、クライアントを喜ばせる仕事。みんなが今よりももっと便利でもっと楽しく過ごせるように、という思いを持ってくれる人（30代・マーケティング・プランナー）。

・素直な人。いわれたことを受け止めようという気持ちのある人。自分のタイプにこだわりすぎる人は困る（20代・営業）。

　広告企画の仕事は個性やアイデアが大事だと思われがちだが、際立った個性を主張する前に、周りの話によく耳を傾ける姿勢もとても大切なようである。

# 8 章

## コミュニケーション・メディア

（中野香織／井上一郎）

---

> **● キーワード ●**
>
> メディア、広告メディア、広告費、メディア・プランニング、リーチ、フリ
> クエンシー、GRP、クロスメディア、トリプルメディア、ペイドメディア、
> オウンドメディア、アーンドメディア、ペイド・パブリシティ、ステルス
> マーケティング

## 1 メディアとは何か

　現在、私たちは多くのメディアに囲まれて過ごしている。1日中手元にあるスマートフォン、学校や会社で使っているPC、家で何となくつけているテレビ、電車内で見かける交通広告、買い物に行った街で見かけるデジタルビジョンなど、24時間といってもいいほど、私たちはメディアとともに過ごしているのだ。企業はこのようなメディアを使って消費者とコミュニケーションを行っているが、そもそもメディアとは何だろうか。

　メディア（Media）はラテン語のmedium（中間の）から派生した言葉であり、「人と人、あるいは人とものごとがコミュニケーションするための『媒<sup>なかだち</sup>』のこと」と定義される（水越 2014）。二者を取り持つ働きが媒介であり、取り持つ事物そのものが**メディア（媒体）**である。

　メディアの意味は時代とともに変化しているため、捉え方の変遷を簡単に見ていきたい（図表8-1）。17世紀初頭には、メディアは介在的もしくは中間的な働きを意味していた。この頃のメディアは、現在のような「伝達」や「コミュニケーション媒体」の意味に限定されておらず、もっと広い意味で

図表8-1　メディアの捉え方の変遷

| 時期 | メディアの捉え方 |
|---|---|
| 17世紀初頭 | ・介在的もしくは中間的な働き |
| 20世紀 | ・送り手から受け手へのメッセージ伝達を媒介する手段<br>・メディアとメッセージを区別→メディアは「透明」な存在 |
| 1960年代 | ・メディアは「メッセージ」である |
| 現在 | ・メディアは「テクスト」である |

捉えられていた。

　続いて20世紀になると、「送り手から受け手へのメッセージ伝達を媒介する手段」という捉え方に変わっていった。この考え方はシャノンらに代表されるコミュニケーション・モデルに表されている。このモデルは、情報源である送り手が情報を記号化し、その情報をコミュニケーションのチャンネル（メディア）に載せ、受け手がその情報を解読するというものである（2章マーケティング・コミュニケーションの考え方参照）。そのため、メディアはあくまでもメッセージを伝達する手段であり、メディアによって伝達される情報（＝メッセージ）とは区別すべきという考え方になっていった。つまり、メディアは「透明な存在」だと捉えられるようになったのである。広告メディアも同様に、マスメディアを使って送り手から受け手へメッセージを伝達する「透明な乗り物、あるいは黒子のような目立たない存在」といわれるようになった。

　しかし、1960年代には社会学者のマクルーハンによって「メディアはメッセージである」という考えが示された。メディアそのものがメッセージに影響を与えうる存在であり、透明な存在ではないということである。たとえば、同じメッセージをスマートフォンと新聞といった異なるメディアで受け取った場合、受け手の印象は異なるであろう。

　なお、現在ではメディアはメッセージというよりも「テクスト」であるという考え方が優勢だという（吉見 2012）。テクストとは、メッセージも含めた「文より上のレベルの言語的構成体」（『大辞林（第3版）』）のことである。

　このように、メディアは透明な存在ではなく、メディアそのものも意味を

持つ存在である。コミュニケーションを行う際にどのメディアを用いるかによって、伝達効率だけでなく消費者に与えるイメージも異なる。そのため、メッセージとメディアをどのように組み合わせるかも重要になるであろう。

## 2　広告メディア

### 1）広告メディアの分類と広告費

　メディアそのものを概観したところで、広告メディアを説明していこう。電通の『日本の広告費』の分類によると、**広告メディア**は①マス広告（マスコミ四媒体広告）、②インターネット広告、③プロモーションメディア広告の3つに分けることができる。①マス広告とは、不特定多数に到達可能なマスメディアを使った広告のことで、テレビCM、ラジオCM、新聞広告、雑誌広告を指す。②インターネット広告は、インターネット広告と物販系ECプラットフォームのことである。③プロモーションメディア広告は、屋外広告、交通広告、折込チラシ、DM（ダイレクトメール）、フリーペーパー上の広告、POP広告、イベント、展示会や映像メディアを用いた広告などを指す。

　メディア（媒体）別の**広告費**（2022年）を見ると（前掲図表4-1および図表6-2）、総広告費7兆1021億円のうち、インターネットの構成比が最も多く43.5％（3兆912億円、前年比114.3％）であった。インターネット広告費は、2019年に2兆円を超えてからわずか3年後に3兆円を超えた。2021年にはマス広告費（テレビ、新聞、雑誌、ラジオ）を上回り、高い伸び率を維持し続けている。

　総広告費におけるマス広告費の構成比は33.8％、プロモーションメディア広告費は22.7％であった。なお、2022年の総広告費約7兆円は2007年の広告費と同じ規模であるが、その内訳はまったく異なっている（電通報 2023年2月24日）。2007年はインターネット広告費の構成比はわずか8.6％であるのに対し、2022年には43.5％まで増加し、インターネット広告の伸長度合いの大きさがわかる。

## 2）テ　レ　ビ

　テレビの媒体特性は、①即効性、②親近性、③訴求力の強さである。①は、テレビは情報伝達のスピードが速く、多くのオーディエンスにメッセージを届けることができることである。②は、幅広い年代に親しみやすいメディアだということである。若年層のテレビ利用は減少傾向にあり、2021年のテレビ利用（平日）は10代・20代男性が5割を下回ったとはいえ、男性40代以上および女性20代以上の7割以上は視聴している（NHK放送文化研究所）。③は、映像と音声によってインパクトのある訴求ができることである。

　テレビCMの種類には①タイムCM（番組提供CM）と②スポットCMがある。①のタイムCMは、広告主が番組を提供し、その提供番組内のCM枠内で放送される。特定の番組を提供することで、狙うターゲットに対して安定した視聴率を獲得できる。②のスポットCMは、番組提供によらず、テレビ局が設定した時間枠に放送される。出稿するタイミングやエリアについて柔軟に訴求することができるため、新商品の発売やワールドカップなどのイベントに合わせた展開が可能である。15秒での出稿が多い。

## 3）ラ　ジ　オ

　ラジオの媒体特性は、①セグメンテーションの明確さ、②ながら聴取性、③パーソナリティ効果、④イメージ醸成が挙げられる。①は、局や番組によって聴取者が明確に異なるため、ターゲットを限定しやすいことである。②は、仕事、運転、家事など、何かをしながら聴くことが多い点である。③は、番組進行役のパーソナリティの存在が大きく、特定番組と聴取者の結び付きが強いことを指している。④は、映像がなく音声のみのため、聴取者の想像力をかきたてやすいことである。

　ラジオCMの種類には、テレビCMと同様に①タイムCM（番組提供CM）と②スポットCMがある。

## 4）新　　聞

　新聞の媒体特性は、①信頼性、②情報の詳細さ、③保存性、④地域性が挙げられる。①は、新聞はマスメディアの中で最も情報の信頼度が高いため、新聞広告に対しても安心感が得られやすい点である。②は、記事はしっかりと読まれることが多いため、広告で詳しい情報を掲載することができ、理解促進につながることである。③は、読者が保存しやすく、後で確認しやすいことである。④は、全国紙と地方紙で配布地域が明確であり、特定エリア向けの展開ができることである。

　新聞広告の種類には①記事下広告と②雑報広告がある。①の記事下広告は、記事の下に掲載される広告であり、広告が占める段数と横幅によってサイズが決まる。たとえば、全15段は全ページを使った広告のことであり、半5段は紙面の約3分の1のスペースを縦半分に割った広告のことである。②の雑報広告は、記事の中に掲載される定型サイズの広告である。場所とサイズによって、題字下、記事中、突出し、挟み込みなどがある（図表8-2）。

図表8-2　新聞広告の種類

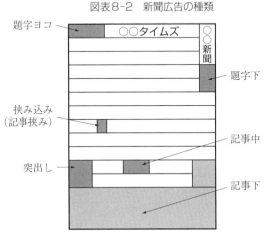

出所：日本広告業協会編（2022）『広告ビジネス入門　2022-2024』
　　　日本広告業協会、98ページ。

## 5）雑　　誌

　雑誌の媒体特性は、①セグメンテーションの明確さ、②広告との連動性、③保存性が挙げられる。①は、趣味や嗜好性が高く雑誌によって読者が明確に異なるため、ターゲットを限定しやすいことである。②は、雑誌の編集者と広告主が一緒に広告のページを制作することで、読者に受け入れられやすい訴求ができる。③は、趣味性が高いため、読者が保存することも多いことである。

　雑誌広告の種類には①特殊スペースと②記事中スペースがある。①の特殊スペースは、裏表紙である表4、表紙をめくった次のページである表2、などのことであり、注目率が高い。②の記事中スペースは、特殊スペース以外の、雑誌内の広告スペースのことである（図表8-3）。

図表8-3　雑誌広告の種類（特殊スペース）

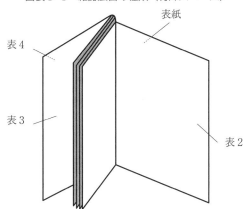

出所：日本広告業協会編（2022）『広告ビジネス入門　2022-2024』日本広告業協会、110ページを修正。

## 6）インターネット

　インターネットの媒体特性は、①インタラクティブ性、②高度なターゲティング、③広告効果測定が挙げられる。①は、ユーザーの興味を引き付けることができれば、クリックされたりタップされたりして、情報を提供できることである。②は、ユーザーの属性や閲覧履歴に合わせて、効果的にターゲティングをすることができることを指す。③は、広告掲載終了後、広告効果の詳細な情報を得ることができることである。たとえば、インプレッション数（広告が表示された回数）、ページビュー数（ページ閲覧回数）、クリック数（広告がクリックされた回数）、CTR（Click Through Rate：広告が表示された回数に対するユーザーにクリックされた回数の割合）、コンバージョン数（資料請求や会員登録などの行動に至った数）などがある。

　インターネット広告の種類を2022年の広告費の構成比順に見ると、①検索連動型広告、②ディスプレイ広告、③ビデオ（動画）広告、④成果報酬型

図表8-4　インターネット広告媒体費の広告種類別構成比

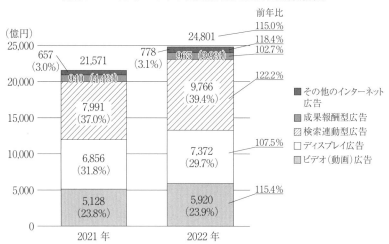

注：（　）内は、インターネット広告媒体費に占める構成費
出所：電通「2022年 日本の広告費 インターネット広告媒体費 詳細分析」
　　　ニュースリリース 2023年3月14日　https://www.dentsu.co.jp/news/
　　　release/2023/0314-010594.html

広告、⑤その他のインターネット広告、となる（電通）。①の検索連動型広告は、検索キーワードに連動して検索結果のページに表示される広告である。②のディスプレイ広告は、サイトやアプリ上の広告枠に表示される静止画やアニメーション画像の広告である。③のビデオ（動画）広告は、映像と音声を用いた動画形式の広告で、テレビCMと同じ素材やウェブCM専用の動画を配信する。④の成果報酬型広告は、広告を閲覧した人が会員登録や購入などの行動をとった場合に報酬が支払われる広告のことである。⑤のその他のインターネット広告には、メール広告、オーディオ（音声）広告、タイアップ広告が含まれている。

## 7）OOH

OOHメディアとはOut of Homeメディアの略で、自宅外で接するメディアの総称である。主に交通広告と屋外広告を指す。

交通広告とは、交通機関が管理する鉄道・バスなどの車両や、駅や空港などの施設のスペースを利用した広告の総称である。交通広告の特性は①フリクエンシー（接触頻度）、②購買直前の販売促進、③エリアターゲティングが挙げられる。①は、日常の行動導線上にあり、同じ交通機関を毎日利用する人が多いため、反復して訴求できることを意味している。②は、店舗（売場）に近いところで広告を出稿するため、広告を見てすぐに商品を買ってもらう工夫がしやすいことである。③は、路線や駅などをセグメントできるため、特定エリア向けの展開ができることである。

交通広告の種類には、①車両広告と②駅広告がある。①の車両広告には映像素材を扱う車内ビジョン、車内上部のホルダーに掲出される中吊り広告、車内の網棚上に掲出される窓上広告、戸袋や窓ガラスに貼付されるステッカー広告、吊り革部分に掲出される吊り革広告、車体の側面を広告面として利用した車体広告などがある。②の駅広告には映像や情報を発信できるデジタルサイネージ、駅構内に掲出されるポスターの駅貼り、駅ホームやコンコースから吊り下げられるフラッグ広告、駅構内の丸柱の形を活用したポスターによる柱巻き広告（アドピラー広告）などがある。

屋外広告とは街や道路といった屋外に掲出される広告の総称である。屋外広告の特性には、①インパクトの大きさ、②購買直前の販売促進、③ランドマーク機能がある。①は、大型の屋外ビジョンや、屋外広告のサイズや色によるスケール感の大きい訴求が可能なため、注目率を高めることができる点である。②は、買い物行動の直前に広告を出稿することができることを指す。③は、大きな屋外広告は街のランドマーク的な役割を果たしている。

　近年、OOHではデジタルサイネージの利用が主流になってきている。**デジタルサイネージ**とは、駅や電車、屋外、店舗、施設などにおいて映像や情報を発信するメディアである。動画広告の放映やリアルタイムでの情報発信などが可能である。

## 3　メディア・プランニング

### 1）メディア・プランニングのプロセス

　メディア・プランニングのプロセスは、①媒体目標、②媒体戦略、③予算配分、④ビークル選択と広告単位（ユニット）選択、⑤出稿パターンとスケジューリング案の作成および評価、⑥最前案の選択、⑦媒体購入、⑧広告出稿とその確認、⑨媒体計画およびキャンペーンの評価、という手順になる（岸・田中・嶋村 2017）。

　媒体目標の設定は広告キャンペーンでどれくらいの広告を出稿するのかを決めることである。広告の出稿量は、どれくらいのターゲットに、どれくらいの頻度でメッセージを届けるのかという観点から決定される。次に、媒体戦略では、媒体目標やコミュニケーションの質などを考慮したうえで、広告メディアの組み合わせを決める。その際メディアの費用対効果を考慮するために、**CPM**（**到達1000人あたりのコスト**：Cost per Mill）を用いることが多い。さらに、広告メディアの時間（タイム）や場所（スペース）を決めて購入し、実際に広告が出稿される。そして、広告が出稿された後は、計画した媒体目標が達成されたかどうか、広告がきちんと出稿されたかどうかを確認し、媒

体計画とキャンペーンの評価が行われることになる（広瀬 2012）。

## ２）媒体目標

　媒体目標を設定するうえで重要なのが、ターゲット・オーディエンスに対する広告の出稿量である。広告の出稿量を決定するための主要な概念として、リーチ（Reach：到達率）とフリクエンシー（Frequency：頻度）がある。

　**リーチ**とは、広告出稿期間に少なくとも１回は広告に接触したオーディエンスの人数あるいは割合のことである。**フリクエンシー**とは、広告出稿期間にリーチの合ったオーディエンスの平均広告接触回数のことである。

　さらに、適正な広告出稿量を判断するうえでよく用いられる指標として**GRP**（Gross Rating Point：延べ視聴率）がある。GRPは次の式で求められる。

　　　GRP$=R$（リーチ）$\times F$（フリクエンシー）

　　　$R=$GRP$\div F$

　　　$F=$GRP$\div R$

たとえば、ターゲット・オーディエンスの80％にリーチし、平均５回のフリクエンシーがあった場合、80％×５回なので、400GRP（あるいはGRP400％）となる。GRPは100％を超えて表示することができる。リーチを底面積、フリクエンシーを高さと考えると、GRPは容積あるいは体積を表すこととなり、広告出稿の規模を意味する指標ともいえる。

　同じGRPでもリーチを最大に取る（リーチマックス）か、フリクエンシーを重視するかで媒体目標が異なってくる。たとえば400GRPでも、リーチを80％取れば、フリクエンシーは５回なのに対し、フリクエンシーを10回にしたければ、リーチは40％となるといった具合である。

## 4　クロスメディア

　**クロスメディア**とは、あるメディアの広告がきっかけ（ポータル：玄関）となり、当該ブランド・サイトへ誘導する戦略である。一般的に多く使われているのは、テレビCMなどでメッセージを途中までとし、「続きはこちらへ

～」あるいは「詳しくはこちらへ～」というように、～に検索ワードを表示してそのワードで検索してもらい、ブランド・サイトにランディングさせる方法である。クロスメディアのクロスとは、掛け合わせるという意味であり、あるメディアを単独で使うより、複数のメディアを連動して使うことで掛け算の効果が出るところから名付けられている。短い秒数のテレビCMでメッセージを途中で終わらせることで、その続きをじらすようなティーザー効果が期待できたり、テレビCMのメッセージではストーリーの前半部分のみとし、後半部分をブランド・サイトに複数用意することで、オーディエンスごとの興味関心に合ったストーリー展開にすることができるなど、さまざまな活用方法がある。

## 5　広告メディアだけがメディアではない

### 1）全ての顧客接点がメディアである

　マーケティング・コミュニケーションにおけるメディアというとまずは広告メディアを想起しやすいが、実際には広告メディアだけでなく、全ての顧客接点がコミュニケーション・メディアであると捉える視点が重要である。

　企業のウェブサイトや店頭POPなどプロモーション関連メディアはいうに及ばず、特にサービス業においては、サービスを提供する従業員も重要なメディアである。たとえば、東京ディズニーランドは、園内の従業員を来場者（ゲスト）を楽しませるための「キャスト（役者、演者）」と名付けているが、キャストもゲストに東京ディズニーランドの楽しさを伝達する重要なメディアということができる。

　元来、マーケティング・ミックスの4Pにおいてはプロモーションではなくプロダクトに含まれる「製品パッケージ」もモノをいわぬセールスマンといわれるくらいコミュニケーション・メディアとしての機能を有している。マーケティングのターゲットである「消費者自身」も、また商品の情報を伝達するメディアである。特に、ソーシャルメディアが発展している昨今にお

いて、メディアとしての消費者のインパクトは増すばかりである。

　以上のように、メディア戦略を立案する際には、広告メディアだけでなく全ての顧客接点をマーケティング・コミュニケーション・メディアとして考慮すべきである。そこで、広告会社は、メディアをコンタクト・ポイント（電通）、タッチ・ポイント（博報堂）あるいは体験接点（ADK）などと名付けている。

## 2）トリプルメディア（POEM）やPESOという概念の登場

　多様化しているメディアを選定する際には、どのように整理し、捉えればよいのであろうか。

　レベリヒト（Leberecht 2009）によるメディアを3種類に分類したアイデアを紹介したい。レベリヒトは、メディアを「ペイドメディア（Paid Media）」「オウンドメディア（Owned Media）」「アーンドメディア（Earned Media）」の3種類に分けて捉えることを提唱している。

　ペイドメディアとは、広告に代表されるように企業やブランドが料金を支払うことで利用可能なメディアである。オウンドメディアは、企業のウェブサイト（ホームページ）など企業やブランドが所有する自社でコントロール可能なメディアである。そしてアーンドメディアとは、テレビ、ラジオなどの番組や新聞、雑誌そしてインターネットなどにおける記事、さらには消費者からのクチコミ（対面によるクチコミ、SNSなどインターネット上のクチコミ）も含めて企業やブランドなどについて第三者から情報発信されるメディア（評判を得るメディア）である。

　メディアを3種類に分けるレベリヒトのレポートは、今後は、ペイドメディアよりもオウンドメディア、アーンドメディアがより重要となる趣旨であったことも相まって、世界的に話題となった。たとえばフォレスター社は、3種類のメディアについて、より詳細に定義付けて自社の公式ブログで発表、日本では広告主の協会である日本アドバタイザーズ協会のウェブ広告研究会が3種類のメディアの概念について、**トリプルメディア**と名付けて紹介したことで、広告主だけでなく広告会社、PR会社でも「トリプルメディア」の

名称とともにその概念も知られることとなった。

　この3種類のメディアについての呼称であるが、欧米では、Paid Media、Owned Media、Earned Mediaの頭文字を取ったPOE MediaあるいはPOEMと呼ばれるのが一般的である。しかし日本では、ウェブ広告研究会の発表以降、トリプルメディアという用語が定着しているため、本書ではトリプルメディアを踏襲する。

　一方で、馬渕（2017）は、広報視点からはトリプルメディアに対して「PESOモデル」の有効性を紹介している。PESOモデルとは、2014年に米国のPRコンサルティング会社SPIN SUCKS社（https://spinsucks.com/）によって提唱されたモデルで、Paid Media、Earned Media、Shared Media（シェアードメディア）、Owned Mediaの頭文字をとったものである。トリプルメディアに対して、新たにシェアードメディアが追加されている。より正確には、トリプルメディアにおけるアーンドメディアに含まれている「テレビや新聞、雑誌やインターネットメディアのニュース＝ Earned Media」と「インターネット上での消費者によるクチコミ（SNS投稿や記事のシェアなど=Shared Media）」を分離させたものである。

　なお、トリプルメディアもPESOモデルも、インターネットメディアやSNSの普及を背景に構想されたものであるといえよう。実際、インターネットが普及したからこそ企業のウェブサイト（オウンドメディア）にアクセスがしやすくなり、また、ソーシャルメディアの普及があったからこそ消費者のクチコミが可視化されやすくインパクトも増したからだ。

　しかしながら、このトリプルメディアによる整理は、オンラインメディアだけでなく、全てのメディア、顧客接点に当てはめることもできる（図表8-5）。

図表8-5　トリプルメディア

| 種類 | 定義 | 主たる役割 | 分類 | 例 | 長所 | 短所 |
|---|---|---|---|---|---|---|
| ペイドメディア | 企業やブランドが料金を支払うことで利用可能なメディア | ブランドの認知拡大や維持 オウンドメディアに誘導したり、アーンドメディアを生み出したりすること | Online | ・ディスプレイ広告 ・検索連動型広告 ・タイアップなど | ・規模も時期もコントロールできる ・即効性も高い | ・競合情報が多い ・反応率が低下傾向 |
| | | | Real | ・マス広告、交通広告 ・スポンサーシップ ・サンプリング | | |
| オウンドメディア | 企業やブランドが所有するなど自社でコントロール可能なメディア | 既存顧客や見込み客との継続的な関係を構築すること 企業やブランド情報のハブとなること | Online | ・ウェブサイトやブログ ・モバイル・サイト ・X(エックス)などの公式アカウント ・メールマガジン | ・情報の量や内容をコントロールできる ・消費者とダイレクトにコンタクトできる ・ソーシャルメディアと連携しやすい | ・発見してもらう必要がある(待ちのメディア) |
| | | | Real | ・イベント ・商品パッケージ ・会員組織 ・自社社員 | | |
| アーンドメディア | 企業やブランドについて第三者が情報を発信するメディア(評判を得るメディア) | (第三者の評価結果)ブランドの評判や評価を伝達すること | Online | ・ニュース・サイトの記事 ・掲示板への投稿 ・消費者のブログ ・専門家の評価 | ・最も信頼される ・セールスに強く影響する | ・情報の量やコントロールできない ・評判は、ネガティブにもなりうる ・規模も追求できない |
| | | | Real | ・マスコミ報道 ・ユーザーのクチコミ ・販売員の自主的な推奨 | | |

出所：横山隆治 (2010)『トリプルメディアマーケティング ソーシャルメディア、自社メディア、広告の連携戦略』インプレスジャパン、26ページにおける井上一郎、太駄健司がフォレスターリサーチ社の分類をベースに作図した図を加筆修正。

## 6 トリプルメディアとは

### 1）ペイドメディア

　ペイドメディアには、テレビCM、新聞広告、交通広告あるいはインターネット上のバナー広告や検索連動型広告などの広告をはじめ、スポーツ大会などイベントの協賛あるいは商品見本を配布するなどのプロモーション（配布する人がメディア）などが含まれる。

　ペイドメディアの特徴は、目的に応じて展開メディア、展開する地区や量などを自ら選べることだ。新製品導入時や需要期に集中的にブランド認知を上げたい、特定エリアに集中投下したいなど、出稿量、出稿エリアなどをコントロールしやすいことが長所である。また、自社のウェブサイトなどオウンドメディアに誘導したり、アーンドメディア（クチコミなどの評判）を生み出すためにエンタテインメント性の高いクリエイティブを制作し展開したりすることも可能だ。

　一方で、広告は常に他社との競争環境にあるため埋没しやすく、ニュースやクチコミなど第三者からの情報（アーンドメディア）と比較して、無視されやすく、反応率が低いなどの課題がある。

### 2）オウンドメディア

　オウンドメディアには、オンラインで見た場合には、企業やブランドのウェブサイト、FacebookやX（旧ツイッター）などソーシャルメディアの中に設置した企業アカウントなども含まれる。

　ペイドメディアなど広告で伝えられる情報には限界があるため、関心を持った見込み顧客に対して、より詳細な情報を提供するウェブサイトや消費者と直接しかも気軽に関係性を築けるソーシャルメディアにおける企業やブランドのアカウントの役割は、インターネットの普及に伴いますます高まっている。

　リアルな顧客接点で見た場合には、製品パッケージや自身が運営する
ショールーム、会員組織あるいは自社の社員もまたオウンドメディアである。
特に製品のパッケージは、「モノをいわないセールスマン」と呼ばれるほど
重要なメディアである。またホテル、レストラン、娯楽施設などのサービス
業においては、接客をするスタッフのメディアとしての重要度はきわめて高
いといえよう。たとえば、前述したディズニーランドの例では、園内のス
タッフをキャストと名付けているが、ディズニーランドのキャストは、来場
者を楽しませながら要望を聞いたり、ガイドをしたりする任を負っている。
ディズニーランドというとミッキーマウスをはじめとするキャラクターや
数々のアトラクションに注目が集まりやすいが、同園での楽しい時間は、オ
ウンドメディアであるキャストからもたらされている部分も大きいのではな
いであろうか。

　オンライン接点、リアル接点にかかわらず、既存顧客や見込み顧客との継
続的な関係を構築すること、企業やブランド情報のハブとなることなどがオ
ウンドメディアの役割だといえる。

　一方で、情報の信頼性が企業の信頼性に依存すること、基本的に「待ちの
メディア」であるため消費者に発見してもらう必要があることなどが課題と
して挙げられる。

## 3）アーンドメディア

　アーンドメディアには、オンライン接点で見た場合には、ニュース・サイ
トの記事、掲示板への投稿、専門家の評価、SNSやブログなどでの消費者の
クチコミがある。ソーシャルメディアユーザーによる商品体験レビューなど
も同様に、今や消費者にとって重要なメディアとなっている。リアル接点で
は、マスコミ報道、消費者の（直接的な）クチコミ、販売員の自主的な推奨
などが挙げられる。

　アーンドメディアは企業やブランドについて第三者が自発的にニュースと
して情報を発信するため、注目されやすいし、信頼もされやすい。また新聞、
雑誌やレビュー・サイトなど文字媒体の記事であれば、情報量も多く理解度

が高まりやすい。結果として、売上に強く影響することが特徴だ。

　一方で、アーンドメディアは、マスメディアなどのリアル接点であっても
ソーシャルメディアなどのオンライン接点であっても、あくまでも第三者の
自発性に依存する。したがって、企業がプレスリリースや広告などのペイド
メディアで情報を発信したからといって、当然ながら掲載（やクチコミ）が保
証されているわけではない。情報の量も内容もコントロールができず、とも
すると情報の内容がネガティブにもなりうる。

## 4）アーンドメディア的なペイドメディア

　アーンドメディアは、信頼性は高いものの、情報の量や内容をコントロー
ルできないことは前述した通りだが、アーンドメディア的なペイドメディア
も存在する。記事体広告、**ペイド・パブリシティ**、編集タイアップなどと呼
ばれる手法だ。また、昨今は、オンライン上のニュース媒体に自然な形で溶
け込むように広告を表示する「ネイティブ広告」も増えている。

　いずれも、あくまでも広告ページや広告枠に、記事風に制作した広告を掲
載するペイドメディアである。通常は、記事の中に、「広告」「企画制作：○
○新聞社広告局」などとクレジットが入り、純粋なアーンドメディアとは区
別される。ユーザーによるブログの記事の場合であっても、広告やPR表記
など、当該企業に依頼されて書いているという関係性の明示が求められる。

　ところが、記事広告、ペイド・パブリシティでありながら広告であること
を表記せずに、あたかも純粋なパブリシティやブログ記事つまりアーンドメ
ディアを装った広告も存在している。

　ノンクレジット広告（単に略してノンクレとも呼ばれている）や**ステルスマー
ケティング**（略して単にステマとも呼ばれている）に属する手法だ。当然ながら
このような消費者をあざむく行為は、決して行われてはならない。そこで、
消費者の誤認を招かないように記事体広告、ペイド・パブリシティあるいは
ネイティブ広告などについては、「広告表記を行う」「広告主体者を明示す
る」ことが強く求められている（コラム「ステルスマーケティングは景品表示法違
反に」参照）。

● 参考文献

井上一郎（2008）「メディアニュートラル視点に基づくクロスメディアコミュニケーション」『アド・スタディーズ』vol.26、吉田秀雄記念事業財団、10-15ページ

恩蔵直人・ADK R3プロジェクト（2011）『R3コミュニケーション』宣伝会議

岸志津江・田中洋・嶋村和恵（2017）『現代広告論（第3版）』有斐閣

日本インタラクティブ広告協会（JIAA）（2018）『インターネット広告の基本実務（インターネット広告基礎用語集）2018年度版』日本インタラクティブ広告協会（JIAA）

日本広告業協会編（2022）『広告ビジネス入門　2022-2024』日本広告業協会

博報堂DYメディアパートナーズ編（2020）『広告ビジネスに関わる人のメディアガイド2020』宣伝会議

広瀬盛一（2012）「広告メディア」石崎徹編著『わかりやすい広告論（第2版）』八千代出版

馬渕邦美（2017）「『PESOモデル』から考えよう　広告主導のオウンドメディア」『月刊広報会議』2017年10月号、宣伝会議

水越伸（2014）『21世紀メディア論（改訂版）』放送大学教育振興会

横山隆治（2010）『トリプルメディアマーケティング―ソーシャルメディア、自社メディア、広告の連携戦略』インプレスジャパン

吉見俊哉（2012）『メディア文化論』有斐閣

NHK放送文化研究所「国民生活時間調査」 https://www.nhk.or.jp/bunken/yoron-jikan/media/, 2023年10月25日アクセス

電通「2022年 日本の広告費 インターネット広告媒体費 詳細分析」 ニュースリリース2023年3月14日　https://www.dentsu.co.jp/news/release/2023/0314-010594.html, 2023年10月25日アクセス）

電通「『2022年 日本の広告費』解説―過去最高を15年ぶりに更新する7兆円超え。インターネット広告は3兆円を突破」 電通報2023年02月24日　https://dentsu-ho.com/articles/8492, 2023年10月25日アクセス

中村勇介（2009）「20回WABフォーラムリポート」『日経ネットマーケティング』2009年9月30日号、日経BP社　http://itpro.nikkeibp.co.jp/article/NEWS/20090930/338176/?rt=nocnt, 2023年10月25日アクセス

Corcoran, S. (2009), "Defining Earned, Owned And Paid Media", Sean Corcoran's Blog, Forrester Research, December 16, 2009.　http://blogs.forrester.com/interactive_marketing/2009/12/defining-earned-owned-and-paid-media.html, 2023年10月25日アクセス

Leberecht, T. (2009), "Multimedia 2.0: From paid media to earned media to owned media and back". CNET. May 11, 2009.　http://www.cnet.com/news/multimedia-2-0-from-paid-media-to-earned-media-to-owned-media-and-back/, 2015年9月23日アクセス

## ● ステルスマーケティングは景品表示法違反に ●

　消費者庁は、2023年10月1日からステルスマーケティングは景品表示法違反になると告示した。2023年3月に消費者庁が公開した景表法の指定告示と運用基準によれば、ステルスマーケティングとは「一般消費者が事業者の表示であることを判別することが困難である表示」と記述されている。

　また、民間の業界団体である一般社団法人クチコミマーケティング協会（略称WOMJ）では、一般的には「広告主がいるにもかかわらず、広告主が明示されない広告」、「広告という形態をとらずに行われるマーケティング活動で、主体が明らかにされないもの」、「本来の広告主とは異なる名称の主体によって行われる、広告・マーケティング活動のこと」などがステルスマーケティングになるとしている。

　ソーシャルメディアの普及に誰しもがSNSを使う時代、気付かないうちに、言い換えれば「無知」からステルスマーケティング行為に及んでしまう可能性もある。一般社団法人クチコミマーケティング協会では、ガイドライン（2023年6月21日に更新）を公開しているので、「WOMJ ガイドライン」と検索して是非、参考にしてほしい。

＊WOMJガイドライン（2023）一般社団法人クチコミマーケティング協会（略称WOMJ）（https://womj.jp/guideline/）

## 9 章

# 広告効果と広告効果測定

（石崎　徹）

─● キーワード ●──────────

広告効果、広告効果測定、ブラックボックス・モデル、コミュニケーション効果モデル、ARF媒体評価モデル、売上反応モデル、AIDMA、広告効果階層モデル、DAGMARモデル、関与、FCB広告プランニング・モデル、精緻化見込みモデル、態度、Aad（広告への態度）、購買後行動に対する広告効果、インターネットと広告効果、エンゲージメント

## 1　広告効果と効果測定

### 1）広告効果と広告効果測定とは

　**広告効果**とは、広告活動の結果、ターゲット・オーディエンスに表れる反応と、社会・経済に対する影響の総称である。

　広告効果の範疇は、次の4つにまとめることができる。

① 　広告がターゲット・オーディエンスに及ぼす影響。

② 　広告表現の効果、広告媒体の効果、広告活動（あるいは広告キャンペーン）の効果。

③ 　どのような効果があるのか研究すること。

④ 　広義には、広告が経済、社会、文化などに及ぼす影響。

　広告効果は一般的には広告がターゲット・オーディエンスに及ぼす影響のことを指すが、さらに、広告表現の効果の部分、広告媒体の効果の部分、それに広告活動全体（あるいは広告キャンペーン）の効果の部分の3つに分けられ

る。

　たとえば、広告表現の効果では、どのようなタレントを起用すると注目率
が上がるかといったことが検討される。広告媒体の効果では、媒体への広告
投入量（GRPなど）や頻度（フリクエンシー）が検討される。広告活動全体の効
果としては、広告表現と広告媒体の総合効果、あるいはセールス・プロモー
ション（SP）やPRなどを含めたIMC効果が挙げられる。

　研究面からいうと、広告にはどういう効果があるのかを検討していくこと
も重要である。たとえば、広告に単に接触しているだけでも効果があるとし
た「単なる接触（Mere Exposure）」などは、広告効果研究の結果、発見され
た理論である。

　さらに広義では、広告が経済、社会、文化にどのような影響を及ぼしてい
るのか、ということも広告効果の範疇である。たとえば、広告の経済波及効
果、広告による新しいライフスタイルの創出などである。

　一方、**広告効果測定**とは、広告計画で設定した目標がどの程度達成された
かを調査、把握することである。つまり、具体的な広告効果の測定方法や手
法のことを指している場合が多い。

## ２）広告効果測定の意義

　広告活動を行ううえで、広告主は広告に何らかの効果を期待している。広
告効果は、広告活動を行う広告主の最大関心事であるといってもいい過ぎで
はないほど重要である。また、広告効果測定は広告マネジメント・プロセス
でいえばPlan→Do→SeeのSeeにあたり、広告マネジメントを完結させ、
次の広告計画策定にフィードバックさせていく重要な要素である。

　広告効果を測定する意義は、大きく分けると次の4つである。

① 　当該広告活動を把握して、次の広告計画をより効果的かつ効率的なも
　　のにする。

② 　広告担当部門内の目的意識を高める。

③ 　他部門から広告活動に対する理解を獲得する。

④ 　経営トップに対する当該広告活動成果の説明責任（**広告のアカウンタビ**

リティ）を果たす。

# 2　広告効果の考え方

## 1）広告効果ブラックボックス・モデルとコミュニケーション効果モデル

　広告効果の考え方には、ブラックボックス・モデルとコミュニケーション効果モデルの2つがある（図表9-1）。**ブラックボックス・モデル**とは、ターゲット・オーディエンスの広告情報処理プロセスにはあえて触れず、広告刺激（Input）に対するターゲット・オーディエンスの反応（Output）という関係で広告効果を捉えようとする立場である。この典型的な広告効果研究は、広告投入量（GRPや広告費など）と売上高や市場シェアとの関係を分析したものである。

　**コミュニケーション効果モデル**とは、広告刺激に対するターゲット・オーディエンスの広告情報処理の方法や心理的反応プロセスを検討しようという立場である。たとえば、広告を見聞きして、それがどのように記憶されるのか、あるいは広告に対して何らかの心理的な反応状態が生じて個別のブランド評価に転化していくのかといったことを考察する。つまり、最終的な購買行動に移るまでの間のプロセスを解明しようというのがコミュニケーション

図表9-1　広告効果の考え方

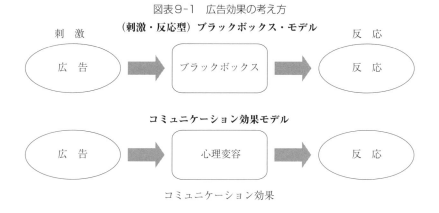

**（刺激・反応型）ブラックボックス・モデル**

刺　激　　　　　　　　　　　　　　　　　　　　　　　反　応

広　告　→　ブラックボックス　→　反　応

**コミュニケーション効果モデル**

広　告　→　心理変容　→　反　応

コミュニケーション効果

効果モデルである。

## 2）広告効果プロセス

　広告効果の考え方を、ARF（Advertising Research Foundation：米国広告調査財団）が1961年に発表した**ARF媒体評価モデル**に基づいて整理してみよう（図表9-2）。

　広告活動の大きな柱は、広告媒体戦略と広告表現戦略であり、それぞれの効果として広告媒体の効果、広告表現の効果がある。このモデルでは、媒体到達効果、広告到達効果、広告コミュニケーション効果、行動効果と大きく分けて4段階の効果がある。媒体到達効果として媒体普及、媒体露出、広告到達効果として広告露出、広告知覚、広告コミュニケーション効果として知名・理解・確信・態度変容などが一般的で、行動効果としての行動がある。

　媒体効果は、媒体普及から最後の行動まで影響している。これはテレビを使用したのか新聞を使用したのかという利用媒体の特質や、広告投入量などの影響である。

　表現効果は、広告知覚の部分から影響が出始める。これは広告表現そのものによる効果で、さらに広告コミュニケーション効果から行動効果の方まで影響してくる。

　なぜ広告媒体がプロセス全体に効果があり、広告表現が途中から効果が出てくるのかというのは、たとえばテレビを所有している、あるいはテレビを

図表9-2　広告効果の段階：媒体効果と表現効果

視聴しているからといって必ずしも広告を見ているとは限らないからである。また、媒体は広告物の乗り物であり、乗り物がなければ広告はターゲット・オーディエンスに到達しない。したがって、媒体（乗り物）が先に効果を発揮し、その媒体に広告表現が乗ってくるという考え方を取っている。

### （1）媒体到達効果

「媒体普及」の把握には、新聞や雑誌の場合、発行部数（サーキュレーション）を用いている。テレビやラジオの場合は、総普及台数や所有世帯数で捉えていく。

「媒体露出」は、どのくらいのオーディエンスが各メディアに接触しているかで捉えていく。

### （2）広告到達効果

「広告露出」は、特定媒体の広告に接触したオーディエンス総数で測定する。つまり新聞や雑誌ならば、広告が掲載されているページを見た人の総数で、テレビやラジオならば、そのCMが放送されていた時に、その放送局を視聴していた世帯あるいはオーディエンスの割合（世帯視聴率もしくは個人視聴率）でそれぞれ測定する。

「広告知覚」は、ある広告に接触した人がその広告を記憶している状態のことであり、通常は再生法（Recall）や再認法（Recognition）で測定する。再生法とは、まったくヒントを与えず、記憶の中から広告が想起されるかどうかという方法（純粋想起）と、簡単なヒントを与えて（たとえば「炭酸飲料の広告といえば○○○」）記憶の中から広告が想起されるかどうかという方法（助成想起）である。

これに対して再認法とは、実際の広告を見せて、「確かに見た」「見た記憶がある」「見た覚えがない」という質問で確認する方法である。

再生法と再認法とも広告が記憶されているかどうかを測定する手法であるが、記憶への定着度を考えると、再認法で確認される広告よりは再生法で想起されるものの方が強い。

### （3）広告コミュニケーション効果

「広告コミュニケーション効果」は、ターゲット・オーディエンスに何ら

かの心理変容を起こす段階である。広告を記憶しているだけでなく、何の製品あるいは何のブランドの広告だったか認知していて、さらに広告製品の理解、広告製品への確信、広告製品への欲求といった心理変容を扱うのが、広告コミュニケーション効果である。

### （4）行 動 効 果

「行動効果」は、購買行動ばかりでなく、店舗へ行く、インターネットで検索する、広告主やブランドのサイトへ訪問するといったあらゆる「行動」の効果を包含している。

## 3　広告効果モデル

### 1）売上反応モデル

売上反応モデルで最も単純なものは、回帰分析によるものである。回帰分析とは原因と結果の関係を分析するもので、投入広告費やGRPなどの広告投下量など量的な変数で実際の売上高や市場シェアなどの変数を説明しようという統計モデルである。その数式は、

　　　売上高 = $\beta$ × 広告費 + $e$

　　　　　ただし、$\beta$ は広告費にかける係数（パラメータ：回帰係数）、$e$ は誤差項

である。売上高と広告費はデータとしてわかっているので、この2つのデータで回帰係数を推計し、広告費（原因）と売上高（結果）の関係を分析する。

しかし、回帰分析はデータをあてはめれば計算はできるが、その推計結果には大きな問題がある。分析に使用される変数は広告費と売上高の2つだけで、セールス・プロモーションや営業力、ブランド力などの影響は全て誤差項に入れている。また、ある時期の広告費とある時期の売上高の関係しか見ていないので、広告の残存効果も考慮していないことになる。

こうした批判に対し、重回帰分析を用いて、原因の変数を広告費だけではなく、セールス・プロモーションや営業力など複数の変数で売上高を説明し

ようという試みや、広告の残存効果を考慮した**パルダ・モデル**（Palda Model）が提唱された。パルダ・モデルの基本式は、

$$S_t = \alpha + \beta A_t + \beta \lambda A_{t-1} + \beta \lambda^2 A_{t-2} + \beta \lambda^3 A_{t-3} + \beta \lambda^4 A_{t-4} + \cdots\cdots$$

ただし、$S$は売上高、$A$は広告費、$\alpha$は定数、$\beta$はパラメータ、
$\lambda$は広告の残存効果、$t$は期

である。このモデルでは当期の広告だけではなく、1期前、2期前、3期前というように以前の広告が今期の売上高に累積的に影響していると考える。しかし、以前の広告なので効果は薄くなっていると考える。その薄くなっている部分は広告の残存効果$\lambda$であり、1期前は$\lambda$分だけ、2期前は$\lambda$の2乗、3期前は$\lambda$の3乗分というように指数関数的に小さくなっていくとしている。

## 2）広告効果階層モデル

### （1）AIDMA モデル

広告コミュニケーション効果のモデルとしてわが国で有名なモデルは AIDMA（アイドマ）モデルである。**AIDMA**とは、Attention（注意）→Interest（興味）→Desire（欲求）→Memory（記憶）→Action（行為）の各段階の頭文字を取ったもので、まず広告に注目し、広告内容に興味を持ち、広告商品をほしいと思うか、それが記憶され、最終的に何らかの行為を起こすか、というプロセスにおいて広告効果が発生すると仮定したモデルである。論者によってはMemoryを省いてAIDA（アイーダ）としたり、Memoryの代わりにConviction（確信）を入れてAIDCA（アイドカ）としたりしている。このように、広告効果が一方向的なプロセスにおいて発生すると仮定したモデルは、**広告効果階層モデル**と呼ばれている。

インターネット時代の現在では、AIDMAを改良したAISAS（Attention, Interest, Search, Action, Share）やSIPS（Sympathize, Identify, Participate, Share & Spread）というモデルも提唱されている。**AISAS**のSearch（サーチ）はネットでの「検索」、Share（シェア）は検索結果や製品評価情報の「共有」であり、**SIPS**のSympathizeは「共感する」、Identifyは「確認する」、Participateは「参加する」、Share & Spreadは「共有・拡散する」である。

## (2) DAGMAR モデル

　広告のコミュニケーション効果を説明し、実際に測定できるように開発された のが**DAGMARモデル**である（Colley 1961）。DAGMARとは "*Defining Advertising Goals for Measured Advertising Results*" という本のタイトル の頭文字を取ったもので、「広告効果を測定するために広告目標を設定せよ」 ということである。

　DAGMARでは、事前に広告コミュニケーション目標を設定し、広告活動 の成果とのズレによって広告効果が測定できるという提唱を行った。また、 広告の効果を売上高で捉えるのではなく、広告に接触した受け手に与えるコ ミュニケーション効果に限定し、広告目標を数値化して測定を容易にするこ となどを主張している。

　DAGMARでは、広告の受け手が特定の商品についてまったく知らない未 知の段階から、広告露出によって認知、理解、確信という段階を経て、最終 的に行為へ一方向に至ることがモデル化され、未知から行為までの段階はコ ミュニケーション・スペクトルと名付けられている（図表9-3）。

　このモデルの利用の仕方だが、たとえば事前に「認知率〇％」と広告目標 を設定し、事後その目標を達成したかどうかで広告活動を評価すればよい。

図表9-3　DAGMARモデル

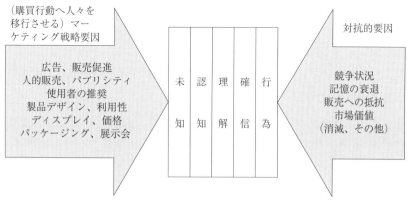

出所：Colley, R. H.(1961), Defining Advertising Goals for Measured Advertising Results, Association of National Advertisers, Inc.(八巻俊雄訳『目標による広告管理』ダイヤ モンド社、1966)訳書98ページ。

当該モデルはその明快さとわかりやすさによって広告研究や実務に大きな影響を与えてきたといわれている。

## 3）広告と関与

関与（Involvement）とは、「ある対象に対する心理的な巻き込まれ度合いが高いか低いか」と捉えることができる。また、製品関与（その製品クラスに対する関与）、広告関与（広告に対する関与）、購買関与（購買意思決定に対する関与）のように、関与の対象が何であるのかによって広告効果のモデルがタイプ分けできる。ここでは、製品関与と広告関与を扱ったモデルについて見てみよう。

### （1）FCB広告プランニング・モデル

製品関与の高低を取り入れたモデルの代表例としては、**FCB広告プラン**

図表9-4　FCB広告プランニング・モデル

思考 ———————————————→ 感情

| 高関与 | **2. 情報提供型（思考人間）**<br>　自動車・住宅・家具調度品・新製品<br><br>　モデル：学習—情動—行為<br>　　　　　　（経済的？）<br>可能な広告戦略<br>　広告効果：想起法、診断法<br>　媒体：長いコピーが可能な媒体、考えを反映することができる媒体<br>　クリエイティブ：情報提供型、実演型 | **1. 情動型（感情型人間）**<br>　宝石・化粧品・ファッション衣料・モーターサイクル<br>　モデル：情動—学習—行為<br>　　　　　　（心理的？）<br>可能な広告戦略<br>　広告効果：態度変容、情動覚醒<br>　媒体：大きなスペースの広告、イメージを高めることのできる特別番組<br>　クリエイティブ：インパクトの高いイメージ訴求 |
| 低関与 | **3. 習慣の形態（行動型人間）**<br>　食品・家庭用品<br>　モデル：行為—学習—情動<br>　　　　　　（反応的？）<br>可能な広告戦略<br>　広告効果：売上高<br>　媒体：小さなスペースの広告10秒のID、ラジオ、POP広告<br>　クリエイティブ：リマインダー広告 | **4. 自己満足型（反応型人間）**<br>　たばこ・アルコール飲料・キャンディー<br>　モデル：行為—情動—学習<br>　　　　　　（社会的？）<br>可能な広告戦略<br>　広告効果：売上高<br>　媒体：屋外広告、新聞、POP広告<br>　クリエイティブ：注目型 |

出所：Vahughn, R.（1980），"How Advertising Works: a Planning Model", *Journal of Advertising*, Vol. 20, No.5, p.361.

ニング・モデルがある（図表9-4）。これは広告会社のFCB（Foot, Cone, and Belding）社が提示した広告プランニングのためのモデルで、縦軸は高関与と低関与、横軸は思考型、感情型とし、製品を4象限に分類する。たとえば、高関与・思考型の製品としては自動車や住宅がある。こうした製品を思い付けきで購買することはほとんどないであろう。まず名称を知って、どういう製品か理解して、それから比較検討の結果、どの製品が最適かを確信して行動に移るであろう。つまり、DAGMARで想定されている心理変容を最も起こしやすい製品群であるといえる。

　ところが、低関与・思考型の製品を考えてみよう。FCBモデルでは食品や家庭用品が分類されているが、これらの多くは、必ずしも製品名を認知しなくても、あるいは完全にどういう製品なのか理解し、比較検討して確信しなくても購買していることが多い。また購買してきてから広告を見ることで、自分が何を購買したのかを後で「認知する」という状況もある。つまり、製品関与の高低をモデルに導入することで、DAGMARで想定されている一方向的な心理変容モデルは、部分的にしか広告効果を説明していないということである。

### (2) 精緻化見込みモデル

　広告関与を取り入れたモデルの代表例としては、ペティとカチオッポ（Petty and Cacioppo 1986）などによる、精緻化見込みモデル（Elaboration Likelihood Model：ELM）がある（図表9-5）。**精緻化見込みモデル**とは、広告メッセージとしての情報を精緻に処理する見込みがあるかないかということに基づいた消費者情報処理モデルである。このモデルでは、消費者が広告メッセージを受けると、その個人の情報処理能力と情報処理への動機が高いか低いかで、情報処理を行うルートが異なるということを示している。

　個人の情報処理が高いか低いかということは、広告メッセージを理性的に処理できるかどうかに関わる。そして、広告メッセージの情報処理への動機が高いか低いかによって、態度変容を起こすまでのルートが変わってくる。情報処理能力と動機が高い場合には中枢ルートによる情報処理が行われ、それらが低い場合には周辺ルートによる情報処理が行われる。

図表9-5　精緻化見込みモデル

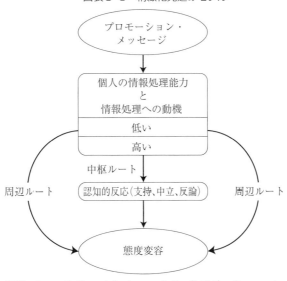

出所：Petty, R. R., and Cacioppo, J. T.（1986）, *Communication and Persuasion : Central and Peripheral Routes to Attitude Change,* Springer. より作成。

　たとえば架空のパソコンの広告を例にして考えてみよう。パソコンの広告は、マニア向けの広告と初心者向けの広告に分かれる。マニア向け広告は雑誌などに多く、パソコンのスペックを詳細に掲載している。そうした広告を読みこなすだけの能力と動機が高い人はパソコンに相当詳しい人だから、広告を見ることによって、CPU（中央演算装置）は何を使い、ハードディスク容量はどのくらいかという情報を処理することができ、広告内容を判断し（支持、中立、反論）、広告されているパソコンに対する態度を決めることができる。

　それに対して、パソコンの初心者は、そのようなマニア向け広告を見ても、パソコンのスペックは単なる数字とアルファベットの羅列情報で、まったく理解できないであろう。こうした人は情報処理の能力も動機も低いから、中枢ルートによる情報処理はできない。そうすると、同じ機種のパソコンの広告でも、タレントが出演している広告を見て、「あのパソコンにはあのタレントが出ているから何となく良さそうだ、自分でも使えそうだ」というよう

に、パソコンそのものではなく、タレントという周辺的な手がかりを用いて態度変容を起こすであろう。これは周辺ルートによる情報処理の仕方である。

## 4）広告と態度

態度（Attitude）とは、「ある対象やある種の対象に対して一貫して好意的あるいは非好意的に反応する、学習された準備状態」というオルポート（Allport, G. W.）の有名な定義があるが、要するに、良い悪いといった全体的な評価や好意（好き嫌い）のことである。

態度が形成される対象は主にブランドであるが（Attitude toward the brand：Ab）、広告を視聴して直接的にブランドへの態度が形成されるばかりでなく、いったんAad（Attitude toward the Ad：広告への態度）が形成されて、ブランドへの態度に転移することが知られている。また広告への態度形成は、広告メッセージに対する認知的反応と感情的反応から生じることもわかっている。

認知的反応とは、広告に接している時に「どう思ったか、どう考えたか」という反応である。感情的反応とは、言語的反応ではなく、「楽しい、陽気な、興奮する、かわいい」といった「どう感じたか」という反応のことである。

図表9-6　態度形成過程

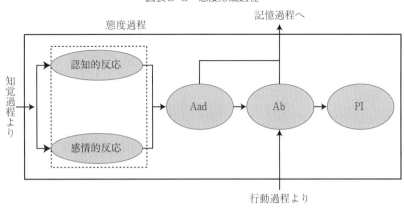

出所：仁科貞文監修、田中洋・丸岡吉人著（1991）『新広告心理』電通、38ページより作成。

認知的反応、感情的反応、Aad（広告への態度）、Ab（ブランドへの態度）、および購買意図（Purchase Intention：PI）との関連は、図表9-6のようになっている。

## 5）購買後行動に対する広告効果

　広告は消費者の購買前より購買後に強い効果があるという考え方として、フェスティンガー（Festinger, L.）による「認知的不協和の低減」理論やアーレンバーグ（Ehrenberg, A. S. C.）のATR（Attention, Trial, Reinforcement：注目、トライアル、強化）理論がある。認知的不協和の低減理論は、たとえばある人がパソコンを購買したとしよう。購買するまでにはおそらくいろいろと比較検討したことであろう。しかし、購買後、自分が購買したものとほぼ同等の価格で、自分のものよりももっと良いパソコンが販売されているのを目にしたり、購買後数日たってから、自分が購買した価格を下回って販売されているのを目にしたりした場合、人は心理的なストレス（失敗した、ほかのものにすればよかった、もっと待って購買すればよかったという反応）を感じる。これを「認知的不協和（Cognitive Dissonance）」という。そして、人はこの不協和を解消しようとする。たとえば、自分の購買したパソコンの広告ばかりを見たり、ほかのパソコンの広告は見ないようにするなどして、自分の選択を正当化する。

　ATR理論は、消費者は自分が購買した製品の広告を視聴することで、その製品に対する態度を強化（Reinforcement）するという考え方である。つまり広告は、消費者が購買した後の心理的な状況を補強したり、選択した製品に対する態度を強化したりする役割があることが知られている。顧客は製品の購買後にその製品の広告に接触することで、製品とのリレーションシップをより緊密にしていると考えられる。

　こうした広告効果の理論は古典的な考え方ではあるが、広告によるブランド・リレーションシップ構築効果を考えていくうえで重要である。

## 4 インターネットと広告効果

インターネット広告は、投下広告費とリターンの関係が非常にわかりやすいといわれている。たとえばアフィリエイト・プログラムの場合、ある人気ブログに掲載されたバナー広告からウェブサイトにクリックスルーしてきて、広告製品を購買したかどうかで課金されるので、効果の考え方が非常に明確である。検索連動型広告も基本的な考え方は同じで、検索用語に応じてどの程度ポータルサイトに広告が表示されたかで課金が決まる（詳しくは11章インターネットと広告を参照）。

しかし、インターネット上の広告効果は、こうした考え方だけでは捉えきれない。コミュニケーション効果的な指標で評価することの方が、良い場合もある。たとえば、クリエイティブ性が高いバナー広告など、必ずしも製品を購買したかどうかだけでは評価できない広告もたくさんある。

また、クロスメディア展開、たとえば、「～検索」というような表現の広告やマス広告との連動（ウェブサイトでCMの続きのストーリーが展開していくパターンのものなど）では、ウェブサイトへの訪問率は１つの指標になる。しかし、ウェブサイトのショートフィルムを見てどう感じたのか、あるいはそのブランドに対してどのような態度変容を起こしたのかは、マス広告の効果で研究されてきたコミュニケーション効果的な指標で測定していくことになるだろう。

● **参考文献**

石崎徹（2012）「広告効果」石崎徹編著『わかりやすい広告論（第2版）』八千代出版

仁科貞文監修、田中洋・丸岡吉人（1991）『新広告心理』電通

仁科貞文・田中洋・丸岡吉人（2007）『広告心理』電通

日経広告研究所編（2005）『広告用語辞典（第4版）』日本経済新聞社

Colley, R. H. (1961), *Defining Advertising Goals for Measured Advertising Results*, Association of National Advertisers, Inc.（八巻俊雄訳『目標による広告管理』ダイヤモンド社、1966）

Petty, R. R., and Cacioppo, J. T. (1986), *Communication and Persuasion: Central and Peripheral Routes to Attitude Change*, Springer.

Vahughn, R. (1980), "How Advertising Works: a Planning Model", *Journal of Advertising*, Vol.20, No.5, pp.355-368.

## ● メディア・エンゲージメントと広告効果 ●

　エンゲージメント（Engagement）はマーケティングや広告の世界でいろいろな次元や意味で使われている。比較的多く目にするのが、「関係性」（Relationship）と同義での使われ方であろう。それに対して、短期間の引き付け効果という使われ方もある。

　ARF（米国広告調査財団）によると、**エンゲージメント**とは「ブランドを取り巻く周辺のコンテクスト（文脈）によって強化されたブランド・アイデアに顧客や見込み客を引きつける」ことである。

　これまでの広告メディアの評価では、リーチ、フリクエンシー、GRPなどメディアへの広告投入量がどれくらいかという量的なものが多かった。それに対してエンゲージメントはメディアの質的な評価である。たとえば同じ広告であっても、掲載されるメディアやビークルの中のコンテンツ（番組や記事を含む）の視聴者評価が広告効果を左右するという考え方である。つまり広告を単体で見聞きした時の広告に対する態度やメッセージ関与の高低ではなく、その広告がどこに掲出されているかというバックグラウンドが広告効果に影響してくるということである。

　ある研究では、メディア・エンゲージメントが高まっていくことによって広告効果が高まるという一次的な関係があるという。この研究によると、エンゲージメントの高まりが広告へのエンゲージメント評価に影響し、さらに広告理解、広告との関わり、広告態度、ブランド態度、購買意図へと順にプラスの影響を与えていくということである（石崎・中野・松本・五十嵐・朴 2011）。

　従来はどちらかというと広告表現面でこうした効果を検討することが多かったが、エンゲージメントの考え方では、広告メディアの質的な面に注目することで、広告表現と広告メディアの相乗効果を検討する方向へ進んでいる。

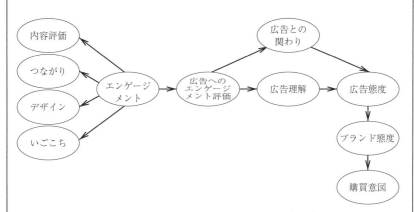

　出所：石崎徹・中野香織・松本大吾・五十嵐正毅・朴正洙（2011）「広告効果としてのメディア・エンゲージメントの測定」『広告科学』第 54 集、日本広告学会、94 ページより作成。

# 10 章

## 広告／マーケティング・コミュニケーション規制

（高畑　泰）

---

● キーワード ●
表現の自由、公共の福祉、自主規制、消費者基本法、景品表示法、公正競争
規約

---

　本章では広告およびマーケティング・コミュニケーションに関わる法規制
について概説する。どのような規制があるのかについての知識は、実際の広
告／マーケティング・コミュニケーション業務の遂行に必須であるとともに、
広告／マーケティング・コミュニケーションについてのさらなる理解にも役
立つ。なお、本章では日本における法規制についてのみ論じている。

## 1　広告／マーケティング・コミュニケーションの　　規制の目的と体系

### 1）憲法における広告／マーケティング・コミュニケーション

　マーケティング・コミュニケーション・ツールの中でも特に広告は表現活
動の側面が強いが、その点では日本においては憲法第21条（集会、結社及び表
現の自由と通信秘密の保護）において**表現の自由**が保障されている。しかしなが
ら、広告およびマーケティング・コミュニケーションは、世界のどの国にお
いても何らかの規制がなされている。これは、広告およびマーケティング・
コミュニケーションの諸活動が「経済的営利活動」であるからである。

　憲法では経済活動の自由の保障は第22条（職業選択の自由）および第29条
（財産権）においてなされているが、このそれぞれに「公共の福祉に反しない
限り」「公共の福祉に適合するように」と定められており、ある程度の制限

130

がかかることを認めている。したがって、広告およびマーケティング・コミュニケーションの諸活動もまた**公共の福祉**に反しないように規制されることになる。つまり、広告／マーケティング・コミュニケーションは経済活動の範囲内で「表現の自由」が保障されるということになる。

　ここで問題となるのは、どこまで「表現の自由」が認められるのか、という点であるが、日本では司法による判例が極端に少なく、明確な基準が確立されていないのが現状である。

## 2) 消費者政策と規制

　経済活動としての広告／マーケティング・コミュニケーションは「消費者政策」と大きな関わりを持つ。

　日本における消費者政策については、かつては「消費者の保護」を主軸とした法体系であったが、消費者基本法の制定 (2004年) や消費者庁の発足 (2009年) によって、現在は「消費者の自立の支援」を目指すものへと変わってきている。これは消費者の権利と事業者の義務とを明確にすることで、消費者がより適正な判断を可能とする環境の整備を目指すものである。こうした変革は、近年、提供される商品・サービスが複雑化し、事業者 (売り手) と消費者 (買い手) の間における取引上の情報量などの格差が広がり、「当事者間対等の原則」が崩れてしまっていることへの対応でもある。こうした流れに沿うように、広告／マーケティング・コミュニケーションの規制も変化してきている。

　もちろん、広告／マーケティング・コミュニケーションに「うそ」や「過度の誇大表現」があり、消費者がそれらに惑わされて購買したとなれば消費者に不利益が生じることになるため、こうしたことから消費者を守る必要性については不変である。また、自由競争市場においては、「公正な競争が維持」されなければならないが、他者との競争に勝つために、「うそ」や「過度の誇大表現」を用いることは「不公正な競争」につながり、社会的不利益が生じることになる。そういった意味でも虚偽・誇大表現が規制されなければならないこともまた不変である。

## 3）広告／マーケティング・コミュニケーション規制の体系

　日本における広告／マーケティング・コミュニケーションに関する規制の最大の特徴は「広告法」というような統一的な法律が存在しないことにある。広告／マーケティング・コミュニケーション活動はさまざまな関連法によって、網の目のように規制されている。

　また規制が、法規、公正競争規約、自主規制の3層構造となっている点がもう1つの大きな特徴として挙げられる。

### (1) 広告／マーケティング・コミュニケーション関連法規

　広告／マーケティング・コミュニケーション関連の法規は多数ある。ここでは主要な法規について列挙しておく。法規は一応の分類がなされているが、法規によっては、複数の分類に含まれる場合があるので注意願いたい。なお略称のあるものは略称を用いている。

- ・憲法：　第21条（表現の自由）、第22条（職業選択の自由）、第29条（財産権）。
- ・民事法：　民法、商法、製造物責任法。
- ・刑事法：　刑法、軽犯罪法。
- ・経済法：　独占禁止法、景品表示法、下請法、不正競争防止法、計量法。
- ・社会法（消費者保護／福祉・厚生）：　消費者基本法、消費者契約法、特定商取引法、薬機法、医療法、健康増進法、食品表示法など。
- ・知的財産法：　商標法、著作権法、特許法、意匠法、実用新案法。
- ・インターネット関連：　IT基本法、個人情報保護法、プロバイダー責任法、不正アクセス禁止法など。
- ・屋外広告物関連：　建築基準法、屋外広告物法および地方公共団体（都道府県）の定める屋外広告物条例、景観法など。
- ・その他：　放送法、公職選挙法、下請法（広告会社間の取引に関わる）など。

　先に述べた通り、日本においては広告／マーケティング・コミュニケーションに関係する法規は多数あるが、それらの多くは特定領域における規制であり、分野ごとにそれぞれ確認する必要がある。

　これらの法規の中で、最も直接的に広告／マーケティング・コミュニケー

ションを規制するのは景品表示法である。景品表示法については後述する。

### （2）規制の 3 層構造

　広告／マーケティング・コミュニケーションは日本においては法規によってのみ規制されているわけではない。むしろ、法規による規制よりも、自主規制による規制のウエイトが高い。

　**自主規制**とは、広告主や各関連事業者団体が倫理的な観点から自ら規制を行うものである。具体的には日本アドバタイザーズ協会などの広告主団体、日本新聞協会や日本民間放送連盟などのメディア団体、そして日本広告審査機構（JARO）などが、それぞれの基準を設けて自主規制を行っている。

　また法規と自主規制の中間ともいえる公正競争規約制度もまた、重要な役割を果たしている。公正競争規約制度については後述する。

　このように、日本の広告／マーケティング・コミュニケーション規制は、法規、公正競争規約、自主規制の 3 層構造となっているのである。

## 2　主な広告／マーケティング・コミュニケーション関連法規

　これまで述べてきた通り、広告／マーケティング・コミュニケーションは数多くの法規によって細かく規制されている。ここでは先に挙げた広告関連法規のうち、後述する景品表示法以外の主要な法規について簡単に触れておく。

### 1 ）消費者基本法

　先に触れた通り**消費者基本法**は 2004 年に「消費者保護基本法」を改正する形で施行された。改正によって「消費者の権利」と「事業者の責務」を明確にし、また消費者と事業者との間の取引の公正さを実現することにより、「消費者の自立の支援」、すなわち消費者自身が適正な判断をすることを可能とする環境作りが目的となっている。そのため、消費者教育の充実にも力点が置かれている。

## 2）民　　法

　私法（私人間の関係を規定する法律。国家を規律する公法と対をなす）において基本となる法律である。権利全般に広く関わる法律であり、広告／マーケティング・コミュニケーション関連では、広告取引、人権、商品化権、パブリシティの権利などに関わる。商法や製造物責任法は民法の特別法である。また、不正競争防止法や著作権法などの知的財産保護に関わる（すなわちクリエイティブに関わる）法規も関連法規として位置付けられる。

## 3）不正競争防止法

　独占禁止法と並ぶ公正な競争を確保するための法律。競合他社の負の風評の流布や他社商品の模倣、あるいは虚偽の表示などの不正な競争行為を禁止し、健全な競争市場を維持することを目的としている。また、知的財産権保護の側面を持っており、著作権法や商標法、意匠法などの上位に位置付けられる。

## 4）知的財産権関連法規

　マーケティング・コミュニケーションの諸ツールの中でも、特に広告はクリエイティブの要素が大きいわけだが、このクリエイティブ関連の権利保護に関わるのが知的財産権関連法規である。中心となるのは著作権法であるが、そのほかにも民法や特許法、不正競争防止法や特許法などが関連法規として挙げられる。広告／マーケティング・コミュニケーション活動周辺に発生する諸権利とその関係法については図表10-1の通りである。

## 5）屋外広告物関連法規

　屋外広告等については2つの面からの規制がなされる。1つは「良好な景観の形成および風致の維持」であり、もう1つは「公衆に対する危害の防止」である。

　美しい街並みや豊かな自然は人類の財産である。日本では良好な景観の形

図表 10-1　広告／マーケティング・コミュニケーション活動周辺に発生する諸権利と
　　　　　関連する法規

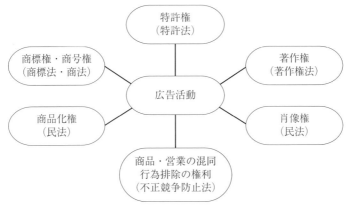

出所：岡田米蔵・梁瀬和男（2006）『広告法規（新訂第 1 版）』商事法務、166 ページより作成。

成・維持のために、景観法を主軸とし、景観法施行関係整備法、都市緑地法
（以上 3 つを合わせて**景観緑三法**と呼ぶ）、都市計画法、屋外広告物法および各自治
体の屋外広告物条例などによりさまざまな規制がされており、屋外広告物も
これらにより規制される。

　一方、屋外広告物は災害時などに落下や破損などにより被害を出す可能性
がある。こうしたことを未然に防ぐために、屋外広告物法をはじめとして、
建築基準法、道路法などで規制されている。

## 3　景品表示法

　ここでは、日本における広告／マーケティング・コミュニケーション規制
の中心となっている景品表示法（不当景品類及び不当表示防止法、景表法とも略さ
れる）について説明する。

### 1）景品表示法の目的と意義

　**景品表示法**は 1962 年に独占禁止法の特別法として制定されたもので、元々

は公正な競争の確保にその主眼が置かれていた。それが2009年に消費者庁が発足したのに合わせて、景品表示法は公正取引委員会から消費者庁に移管された。そして、その主たる目的も「一般消費者の利益を保護すること」と改定された。このような成り立ちもあり、景品表示法は経済法的側面と消費者法的側面を有している。

　現在の景品表示法は全6章41条からなり、不当な表示の禁止、過大な景品類提供の禁止、事業者が講ずべき景品類の提供及び表示の管理上の措置、公正競争規約、不当表示等に対する措置と手続きなどが規定されている。

　景品表示法は時代に合わせた改定が繰り返し行われてきたが、近年は特に違反行為に対する行政処分の強化が特徴的である。これまでも調査の結果、違反行為が認められた事業者に対しては、消費者に与えた誤認の排除や再発防止策を命じる「措置命令」を消費者庁は命じることができた（第2章第2節〔措置命令〕）が、2016年の改正時に違反事業者に対する経済的不利益をもたらす「課徴金制度」が追加導入された（第2章第3節〔課徴金〕）。この制度は景品表示法に違反した場合、不当に得たと判断された売上に対して一定の割合で課徴金を課す、というものである。一方で、違反事業者が消費者に対して返金措置を実施した場合、課徴金が減額（十分な返金があった場合は免除）される減免制度も導入されており、消費者の被害回復についても考慮されている（第9条及び第10条〔課徴金対象行為に該当する事実の報告による課徴金の額の減額〕）。これら「措置命令」と「課徴金制度」は景品表示法違反に対する強力な抑止力となっている。なお、2023年5月の改正で、罰則等がさらに強化された。

## 2）景品表示法における広告／マーケティング・コミュニケーション

　景品表示法第2条（定義）第4項では、表示を「顧客を誘引するための手段として、事業者が自己の供給する商品又は役務の内容又は取引条件その他これらの取引に関する事項について行う広告その他の表示であつて、内閣総理大臣が指定するものをいう」としており、表示には広告が含まれることが明記されている。指定（告示による）の具体的内容は以下の通りである。

　①　商品、容器又は包装による広告その他の表示及びこれらに添付した物

による広告その他の表示。

② 　見本、チラシ、パンフレット、説明書面その他これらに類似するものによる広告その他の表示（ダイレクトメール、ファクシミリ等によるものを含む。）及び口頭による広告その他の表示（電話によるものを含む。）。

③ 　ポスター、看板（プラカード及び建物又は電車、自動車等に記載されたものを含む。）、ネオン・サイン、アドバルーンその他これらに類似する物による広告及び陳列物又は実演による広告。

④ 　新聞紙、雑誌その他の出版物、放送（有線電気通信設備又は拡声器による放送を含む。）、映写、演劇又は電光による広告。

⑤ 　情報処理の用に供する機器による広告その他の表示（インターネット、パソコン通信等によるものを含む。）。

　このように、景品表示法における「表示」には広告、ラベル、包装、説明書、口頭、実演などが含まれており、広告はもちろんのこと、マーケティング・コミュニケーション諸ツールも規制の対象となりうる。なお、第5条第3号による内閣府告示によって2023年10月よりいわゆる**ステルスマーケティング**（一般消費者が事業者の表示であることを判別することが困難な表示）が直接的な規制の対象になった。

## 3）不当な表示の禁止

　景品表示法における不当な表示は、次のように規定されている（第5条〔不当な表示の禁止〕第1項1号～3号）。

　「商品又は役務の品質、規格その他の内容について、一般消費者に対し、実際のものよりも著しく優良であると示し、又は事実に相違して当該事業者と同種若しくは類似の商品若しくは役務を供給している他の事業者に係るものよりも著しく優良であると示す表示であつて、不当に顧客を誘引し、一般消費者による自主的かつ合理的な選択を阻害するおそれがあると認められるもの」（1号）。

　「商品又は役務の価格その他の取引条件について、実際のもの又は当該事業者と同種若しくは類似の商品若しくは役務を供給している他の事業者に係

るものよりも取引の相手方に著しく有利であると一般消費者に誤認される表示であつて、不当に顧客を誘引し、一般消費者による自主的かつ合理的な選択を阻害するおそれがあると認められるもの」(2号)。

「前二号に掲げるもののほか、商品又は役務の取引に関する事項について一般消費者に誤認されるおそれがある表示であつて、不当に顧客を誘引し、一般消費者による自主的かつ合理的な選択を阻害するおそれがあると認めて内閣総理大臣が指定するもの」(3号)。

ここで、「一般消費者による自主的かつ合理的な選択を阻害するおそれ」のある表示を不当な表示としているわけだが、これは要するに不当な表示の基準が「その表示によって一般消費者が誤認するかどうか」ということである。誤認とは、実際のものと表示から受ける一般消費者の印象との間に差異が生じることであり、誤認した状態では合理的な選択は不可能であると考えられるからである。

1号および2号の各号は、それぞれ「優良誤認」「有利誤認」と呼ばれる。「優良誤認」とは提供される商品・サービスの品質や規格などの、内容に関しての誤認であり、「有利誤認」とは価格やその他の取引条件に関しての誤認である。また3号は1号、2号に含まれない誤認について網羅している。

ところで、この第5条において注目すべきは「著しく」という表現が用いられている点である。これは、広告を含む「表示」がある程度誇張された表現を含むのは常であり、一般消費者も通常こうしたことを理解していると考えられるからである。したがって、社会一般に許容される範囲を超えた場合に初めて規制の対象となるのである。なお、価格が安いなどの取引上の「有利」については議論の余地は少ないが、「優良」については判断基準が確定的ではなく、問題も起こりやすい。

## 4) 不当な景品類の禁止

景品類の提供はセールス・プロモーション(SP)の主要ツールの1つであるが、景品表示法によって直接的に規制を受ける。景品類の提供はそれ自体が否定されるものではなく、一定の限度を超えた場合に制限されるものであ

る。

　景品表示法でいう景品類とは、第2条（定義）第3項により、「顧客を誘引するための手段として、その方法が直接的であるか間接的であるかを問わず、くじの方法によるかどうかを問わず、事業者が自己の供給する商品又は役務の取引（不動産に関する取引を含む。以下同じ。）に付随して相手方に提供する物品、金銭その他の経済上の利益であつて、内閣総理大臣が指定するものをいう」となっている。そして、以下のものが景品類の具体的内容として指定されている（告示による）。

① 　物品及び土地、建物その他の工作物。

② 　金銭、金券、預金証書、当せん金附証票及び公社債、株券、商品券その他の有価証券。

③ 　きよう応（映画、演劇、スポーツ、旅行その他の催物等への招待又は優待を含む。）。

④ 　便益、労務その他の役務。

（③のきょう応〔饗応・供応〕とは「もてなし」のことである）。

　第4条（景品類の制限及び禁止）は、「内閣総理大臣は、不当な顧客の誘引を防止し、一般消費者による自主的かつ合理的な選択を確保するため必要があると認めるときは、景品類の価額の最高額若しくは総額、種類若しくは提供の方法その他景品類の提供に関する事項を制限し、又は景品類の提供を禁止することができる」と定めている。景品類の具体的な金額などの制限・禁止の内容については公正取引委員会に委ねられており、これについては告示によって示されている。景品規制の対象としては、一般懸賞、共同懸賞、総付景品がある。また、いくつかの業種については、その業界の実情などを考慮し、告示によって業種別に規制されている。現在、新聞業、雑誌業、不動産業、医療用医薬品業・医療機器業・衛生検査所業の各業種について個別の規制がなされている。

　懸賞とは、商品・サービスの購買者・利用者・来店者に対してくじなどの偶然性や特定行為の優劣などによって景品類を提供することをいい、商店街など複数の事業者が参加して行う懸賞を共同懸賞、それ以外のものを一般懸

図表10-2　景品類の限度額

|  | 取引価格 | 最　高　額 | 総　　　　額 |
|---|---|---|---|
| 一般懸賞 | 5000円未満<br>5000円以上 | 取引価格の20倍<br>10万円 | 懸賞にかかる売上予定総額の2% |
| 共同懸賞 |  | 30万円 | 懸賞にかかる売上予定総額の3% |
| 総付景品 | 1000円未満<br>1000円以上 | 200円<br>取引価格の10分の2 |  |

出所：高畑泰（2012）「広告規制」石崎徹編著『わかりやすい広告論（第2版）』177 ページ。

賞という。一方、懸賞の形を取らずに商品・サービスの購買者・利用者・来店者にもれなく提供される景品類を総付景品（またはベタ付け景品）と呼ぶ。これらの景品の限度額は図表10-2のようになっている。

　なお、懸賞には上記のほかにオープン懸賞（特定商品の購買などの必要なしに、誰でも応募できる懸賞）があるが、オープン懸賞については景品類には該当しないため景品規制は適用されない。

## 5）公正競争規約制度

　**公正競争規約**とは、景品表示法第31条（協定又は規約）の規定によって、事業者または事業者団体が表示または景品類に関する事項について自主的に設定する業界内のルールのことである（それぞれ表示規約、景品規約という）。

　過度の景品類や広告・表示による競争の激化を防ぐためには、業界ごとにルールを設定した方が効率がよい。また、個別のルールであれば業界の商慣習や伝統なども考慮しやすい。さらに、公正競争規約で取り決められた自主ルールが社会一般化することにより、規約不参加事業者が規約のルールを無視することへの抑止力ともなる。なぜなら、一般化されたルールを無視することは優良誤認・有利誤認を生じさせることになるからである。

　第31条は「事業者又は事業者団体は、内閣府令で定めるところにより、景品類又は表示に関する事項について、内閣総理大臣及び公正取引委員会の認定を受けて、不当な顧客の誘引を防止し、一般消費者による自主的かつ合理的な選択及び事業者間の公正な競争を確保するための協定又は規約を締結

し、又は設定することができる」と定めている。

　通常は、事業者同士や事業者団体の競争の方法についての取り決めは独占禁止法に抵触する。しかし、公正競争規約制度では内閣総理大臣および公正取引委員会の認定を受けることで、認定された協定・規約に関しては独占禁止法の違反を問われなくなる。したがって、規約参加事業者は規定の範囲内で安心して競争することができる。また、健全な競争環境を実現させ、消費者からの信頼を得ることが可能となる。

　一般に各業界は公正競争規約の運用のために公正取引協議会を設立することになるが、2020年6月現在で79の公正取引協議会が設立されている。また、公正競争規約は全部で102件が設定されており、その内訳は表示規約が65件（食品関係35規約、酒類関係7規約、その他23規約）、景品規約が37件（食品関係11規約、酒類関係7規約、その他19規約）である。

　当然ながら公正競争規約によって公正な競争や新規参入が妨げられてはならない。そのため、公正取引委員会は公正取引協議会を監視している。

## 4　広告／マーケティング・コミュニケーション規制のこれから

　ここでは、近年の広告／マーケティング・コミュニケーション規制の枠組みの変化について触れる。

### 1）規制緩和と司法規制

　規制の緩和は世界的な潮流である。ただしこの規制緩和とは厳密には行政規制の緩和を指す。規制を緩和することで自由な経済活動を実現し、経済を活性化させることが目されている。

　消費者基本法の制定もまたこの流れに即したものである。先に述べたように、消費者基本法では「消費者の自立を支援」することが表明されているわけだが、これは消費者が自ら判断する環境を整える、ということである。消費者が自ら判断することを可能とするためには、消費者が正しい情報を自由に得られなければならない。そして消費者が不利益な状況に陥った場合、自

らその状況を打開できるような環境が必要となる。すなわち、規制が緩和される代わりに、事業者責任を追求できる手段を消費者は持たなければならない。したがって司法規制の強化、つまり万が一の被害への適切な救済が求められるのである。規制緩和は一方で司法体制の確立を必要とするのである。

## 2）表示と広告の同一化

　景品表示法では広告は表示（広義の表示）の一部と見なされているが、狭義には表示とは商品に記載されるその商品についての内容説明であり、広告とは区別される。マス媒体全盛の時代には、この表示と、マス媒体によって広く露出される広告はその役割や働きが分離していたために、区別がされやすかった。

　この（狭義の）表示と広告の区別は実は非常に重要である。なぜなら、マス広告は購買時に接触するものではない（契約成立過程の前段階に過ぎない）ため、契約的内容は有さないと解することができる。そのために多少の誇大な表現は社会的に認められると考えることができる。一方、（狭義の）表示は購買意思決定時に消費者にその商品についての詳細な情報を提供するため契約性があると考えられ、したがって（狭義の）表示の内容は正確でなければならないということになる。

　しかし、インターネットが広く普及することでインターネット上での購買が一般的なものとなったことによって状況が変わった。なぜなら、インターネット上の広告やその他のマーケティング・コミュニケーション・ツールは消費者を購買場面へとダイレクトに誘導する。これはすなわち広告／マーケティング・コミュニケーションの示す情報が購買意思決定に直接的に影響を与えうるということである。したがって広告／マーケティング・コミュニケーションに契約機能が付加されつつあると考えられるのである。そのため、広告／マーケティング・コミュニケーションの責任が問われることとなり、規制強化の必要性が生じる。これはすなわち、表示と広告の同一化といえるのである。

● **参考文献**

大元慎二編著（2017）『景品表示法（第5版）』商事法務

岡田米蔵・梁瀬和男（2006）『広告法規（新訂第1版）』商事法務

小宮路雅博（1998）「マーケティング・コミュニケーションと法規制」柏木重秋編著
　『マーケティング・コミュニケーション』同文舘出版

高畑泰（2012）「広告規制」石崎徹編著『わかりやすい広告論（第2版）』八千代出版

日本広告審査機構（2014）『広告法務Q&A　150の声をもとに解説した広告規制の基
　礎』宣伝会議

---

### ● トクホだけじゃない、「保健機能食品」 ●

　われわれ消費者にすでに馴染みとなっている「特定保健用食品」、いわゆるトクホ。トクホの認可を受ければ、その機能性を大々的にアピールすることができる。そして実際、トクホは国民の健康促進と市場の活性化に一役買っている。承認されている品目は1000品目を超え、その市場は6000億円以上の規模となっている。しかし、トクホは国の審査が必要な認可制であり、かなりハードルが高い。

　そこで、第2の制度として「健康機能食品」がある。健康機能食品はトクホと違って認可制ではなく、国が指定した栄養成分が含まれていれば、メーカーの自己責任のもとで栄養成分の機能を表示することができる。この健康機能食品もよく目にするようになった。

　そして、第3の制度として2015年から導入されたのが、「機能性表示食品」である。機能性表示食品とは、メーカーが自らの責任で科学的根拠を示せば、機能性を表示して販売することができるというものである。初年度の登録は171品目に留まっていたが、現在（2023年9月）では5000品目に迫っており、急増したといえよう。

　これらは「保健機能食品」と呼ばれるもので、国民の健康促進のための制度であるわけだが、国際マーケットを見据えた規制緩和という一面もある。また、マーケティング・コミュニケーション的には、こうした「裏書き」はとても有効であり、市場の活性化が大きく期待できる。

　一方、健康食品全般については規制強化の流れにある。健康食品の広告・表示には行き過ぎたものが多いという判断があり、問題のある健康食品の広告・表示に対しては、景品表示法と健康増進法を活かして厳しく法執行（司法規制）する流れとなっている。やはり規制緩和と規制強化はセットなのである。

# 11 章

## インターネットと広告

（峯尾　圭）

---

● キーワード ●

行動ターゲティング広告、コンバージョン、ディスプレイ広告、バナー広告、
リッチメディア広告、ネイティブ広告、リスティング広告、アドテクノロ
ジー、アドネットワーク、アドエクスチェンジ、リアルタイムビッディング、
アドフラウド

---

## 1　注目度が高まるインターネット広告

### 1）消費者のメディア接触行動の変化

　現在の若い世代は、Yahoo!ニューストピックス（Yahoo!Japan）やLINE
ニュース（LINE）などのサービスから最新のニュース知識を仕入れ、毎日の
ようにYouTubeを代表とする動画共有サイトを視聴している。一方で、長
い間メディアの代表的存在であったテレビや新聞において、「若者のテレビ
離れ」「若者の新聞離れ」という現象が取り沙汰されている。このように、
現代における消費者のメディア接触に大きな変化が起きている。

　メディアの中心的存在といっても過言ではないほど、インターネットは消
費者にとって大きな存在となっている。マスメディア中心だった時代から、
インターネット中心の時代へと完全に移り変わったといえる。インターネッ
トが一般に普及したのはMicrosoftがWindow95を発売した1995年からと考
えられており、登場以降、インターネット技術は年々急速な発展を遂げてい
る。当初利用デバイスはパソコンのみであったが、1999年にNTTドコモが

144

インターネット接続サービス「iモード」を開始し、携帯電話からもインターネットに接続することが当たり前になった。2007年にはアップル社からiPhoneが発売され、スマートフォンが普及したことにより、モバイル端末からのインターネット接続が加速した。現在ではタブレットPCなどさまざまなデバイスが生み出され、インターネットに常日頃から接触する生活が一般的になっている。

　データからも、消費者のメディア接触行動の変化がわかる。総務省が作成している『令和5年版　情報通信白書』によれば、個人でのインターネット利用率は80％を超えている（図表11-1）。そして、「主なメディアの平均利用時間」調査によると、全年代とも平日、休日ともに「テレビ（リアルタイム）視聴」および「インターネット利用」の平均利用時間が長いが、平日の利用時間では2020年にインターネット利用がテレビ（リアルタイム）視聴を上回り、休日の利用時間でも2022年にはインターネットがテレビを上回る結果となった。つまり、消費者が日頃から最も接触するメディアが、テレビからインターネットへと移り変わったことがわかる（図表11-2a, b）。

図表11-1　インターネット利用率（個人）の推移

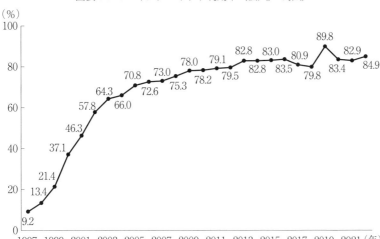

出所：総務省『令和5年版　情報通信白書』138ページより作成。

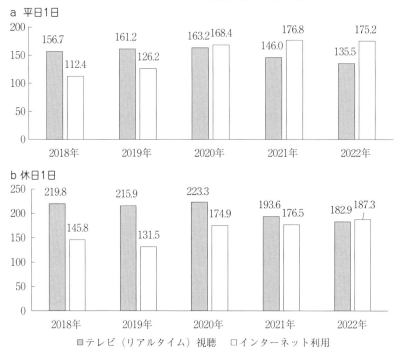

図表11-2 メディア平均利用時間（単位：分）

**a 平日1日**

| | 2018年 | 2019年 | 2020年 | 2021年 | 2022年 |
|---|---|---|---|---|---|
| テレビ（リアルタイム）視聴 | 156.7 | 161.2 | 163.2 | 146.0 | 135.5 |
| インターネット利用 | 112.4 | 126.2 | 168.4 | 176.8 | 175.2 |

**b 休日1日**

| | 2018年 | 2019年 | 2020年 | 2021年 | 2022年 |
|---|---|---|---|---|---|
| テレビ（リアルタイム）視聴 | 219.8 | 215.9 | 223.3 | 193.6 | 182.9 |
| インターネット利用 | 145.8 | 131.5 | 174.9 | 176.5 | 187.3 |

■ テレビ（リアルタイム）視聴　□ インターネット利用

出所：総務省『令和5年版　情報通信白書』144ページより作成。

　一方で、こうしたメディア環境の中で他のマスメディアも変化が求められている。消費者が1日のうちでメディア接触に費やせる時間には限りがある。急速な伸びを示しているインターネット利用時間の代わりに、他のマスメディアは軒並み利用時間を減少させている。日本新聞協会が発表しているデータによると、新聞の発行部数は2005年より年々減少している。また出版科学研究所のデータによると、雑誌も販売金額が年々減少している。そのような厳しい状況下で、各マスメディアはデジタルへと活路を見出し、電波媒体であるテレビはTVer、ラジオはradikoというサービスを開始し、新聞と雑誌はデジタル版への移行に積極的である。インターネット中心のメディア接触の中で、マスメディアはインターネットとの融合へとビジネスモデルを変化させている。

## ２）インターネット広告市場の拡大

　消費者のメディア利用時間は、メディアの広告媒体としての価値に直結している。利用時間が多いメディアほど広告の出稿先として選ばれるため、こうしたメディア接触状況の変化は、広告市場におけるメディアの広告費シェアにも表れる。電通が発表している『日本の広告費』では、インターネット広告の広告費が毎年継続的にプラス成長している。媒体別の金額では、2019年にインターネット広告費が初めてテレビメディア広告費を上回ったことが話題になった。このニュースは、広告メディア業界において、メディアの主役がテレビからインターネットへと交代したことを印象付けた。さらに、インターネット広告市場は成長を続け、2022年にはテレビ、新聞、雑誌、ラジオを合計したマスコミ四媒体の広告費を上回る規模となった。全体の構成比で見ると、2007年は全体の8.6％しか占めていなかったが、15年ぶりに同じ7兆円水準まで回復した2022年では、全体の43.5％を占めるまで成長した（図表11-3）。

　前項で述べたように、伝統的なマスコミ四媒体はインターネットとの融合を図っている。そのことを示す事実として、『日本の広告費』のインター

図表11-3　インターネット広告費の割合

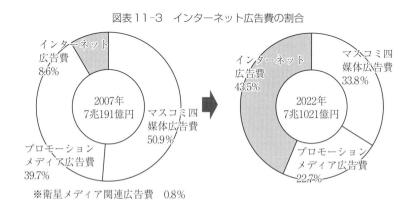

※衛星メディア関連広告費　0.8％

出所：電通（2023）「2022年　日本の広告費」　https://www.dentsu.co.jp/knowledge/ad_cost/index.html

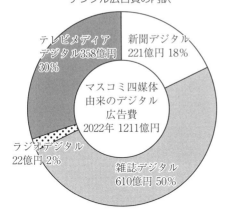

図表11-4　2022年マスコミ四媒体由来の
　　　　　 デジタル広告費の内訳

テレビメディア
デジタル358億円
30%

新聞デジタル
221億円 18%

マスコミ四媒体
由来のデジタル
広告費
2022年 1211億円

ラジオデジタル
22億円 2%

雑誌デジタル
610億円 50%

出所：電通（2023）「2022年 日本の広告費」
　　　より作成。

ネット広告費の中に「マスコミ四媒体由来のデジタル広告費」という費目が追加され、2018年より推定が開始された。こちらも推定開始以来成長を続けており、2021年には初めて1000億円を超えた（図表11-4）。2022年の「マスコミ四媒体由来のデジタル広告費」の中でも特に市場が大きいのは雑誌デジタルで、全体の1211億円のうち約半分の610億円を占めている。堅調な伸びを見せるインターネット広告費がマスコミ四媒体を上回り、今後も差をさらに広げていく傾向は続いていくと予想できる。そして、マスコミ四媒体もますますインターネットとの融合に迫られていくだろう。

## 2　インターネット広告の特徴

### 1）インターネット広告の媒体特性

　インターネット広告の媒体特性については、コミュニケーション・メディアの章を参照されたい（8章コミュニケーション・メディア参照）。他のメディアと比較した際のインターネットの媒体特性は、インタラクティブ性、高度なターゲティング、広告効果測定が挙げられる。

#### （1）インタラクティブ性

　インターネットは、テレビやラジオと比べて、新聞や雑誌などのように能動的に利用されるメディアである。また新聞や雑誌とは異なり、検索やクリックによって、さらなる深い情報取得が可能なメディアである。ただ見せ

るだけではなく、その先にある会員登録や資料請求に結び付けやすい点に他のマスメディアと比較して優位性がある。また、ソーシャルメディアの発達によって、他の消費者への共有が容易である点が特徴である。

**(2) 高度なターゲティング**

インターネット広告では、消費者の人口統計学的情報、位置情報、オンライン上の検索・閲覧・購買の履歴、およびアプリケーションの使用履歴といった個人情報を収集し、消費者の興味関心に合わせた高度なターゲティング広告が出稿できる（竹内 2020）。このような広告をパーソナライズ（ド）広告（Personalized Ads）と呼ぶ。消費者に配信された広告が消費者自身の興味関心に合っていると知覚すると、広告に対する抵抗感が低減され、回避行動が抑制されると言われている（Baek and Morimoto 2012）。

パーソナライズ広告の代表的な方法として、インターネット広告では、クッキー（Cookie）データをもとにユーザーの行動を分析して最適な広告を配信する**行動ターゲティング広告**（BTA：Behavioral Targeting Advertising）がある（広瀬 2016）。クッキーとは、ウェブサイトを訪問した際に利用者のコンピューター上に保存される小さなファイルのことで、利用者の会員情報や接続情報から、ショッピングサイトなどで購入する商品を一時的に保管する買い物かごの情報などを記録しておくことができる。この情報を使用して、利用者の属性や趣味嗜好に合わせた広告が配信できる。行動ターゲティング広告の一例にリターゲティング（アド）がある。広告主のウェブサイトに訪問した消費者が他のサイトを訪れた際に、当該の広告主の広告を表示するという仕組みである。たとえば、EC サイトの商品ページを閲覧した後に訪れたウェブサイト上に、その商品ページの広告が表示される。商品ページを訪れた消費者は、その広告主の商品に興味関心を持っている確率が高いため、再度広告に接触することでその広告から購入につながりやすい。

**(3) 広告効果測定**

インターネット広告は、**広告効果測定**が容易である。クライアントである広告主に対して、どのくらいの広告費が投じられた結果、どれくらいの効果が生まれたかを説明する責任が生じる。このコスト効率を示す指標に ROAS

（Return on Ad Spend）やROI（Return on Investment）がある。投じられた広告費に対して、どれだけ売上が得られたかの指標がROAS、どれだけ利益を生み出したかがROIである。マスメディアの広告効果測定では、どのくらい効果に結び付いたかを明確に説明することが難しい。一方で、インターネット広告ではアクセス解析が可能なため、どのくらいの数の広告が消費者に表示され、表示された中からどのくらいの数がクリックされ、資料請求や会員登録につながったかが数値として測定できる。

　インターネット広告の広告効果測定には、さまざまな指標が用いられる。広告が配信された総回数をインプレッションと呼ぶ。ウェブサイトに訪れたユーザーの数をページビュー（PV）としてインプレッションと区別している。インターネット広告では、一度でも広告が配信された人数をリーチ、平均何回配信されたかをフリークエンシーとして考える（8章コミュニケーション・メディア3-2）「媒体目標」参照）。また、広告が何回クリックされたかを測定する指標がクリック数である。クリック数は、消費者が広告に対して能動的に情報取得を行った指標として測定される。次に、クリックより進んだ段階での行動変容として**コンバージョン**という指標が用いられる。コンバージョンとは、広告を通じた製品・サービスの購入、見積もり請求や会員登録などのユーザー行動につながった回数である。そのため、コンバージョンはマーケティングにおける達成指標として重視されている。

## 2）インターネット広告の種類

### （1）広告のフォーマットによる分類

　インターネット広告は、インターネット技術の発達によって新しいフォーマットや配信形態が日々登場している。広告主はそれらの広告の種類を把握し、広告目的に合わせた媒体戦略を立案しなければならない。以下でインターネット広告の分類方法について、いくつか紹介する。

　広告のフォーマットによる分類で代表的なものに、**ディスプレイ広告**がある。ディスプレイ広告とは、「ウェブサイトやアプリ上の広告枠に配信する画像や動画、テキストなどの形式の広告」と定義される（日本インタラクティ

ブ広告協会『インターネット広告基礎用語集』）。さらに、画像形式を画像広告、映像と音声で構成される動画広告、文字（テキスト）で表現されるものをテキスト広告など、細かく分類することもある。静止画やアニメーションを含む旗（Banner）型の**バナー広告**や、ユーザーがポインターを合わせると、広告枠が拡張したり、動画やゲームが動作したりする**リッチメディア広告**などが含まれる。

　他には、radikoに代表されるインターネット上でラジオを聴取できるサービスや、Spotifyなどの音楽配信サービス上で流れる、音声で表現される形式のオーディオ広告がある。また、テキスト広告の一種でもあるが、電子メールを通じて配信されるメール広告があり、広告主からダイレクトメールとして送られる形式やメールマガジン内に挿入される形式がある。

　他には、ニュースサイトの掲載記事の体裁やSNS内のタイムライン上に他者の投稿のような体裁で出稿する**ネイティブ広告**がある。ネイティブ広告は、「（編集）コンテンツのデザインやフォーマット、形式に準拠して作られており、その自然な機能を妨げず、コンテンツに溶け込む」（田部 2019、p.40）という特徴を持つ広告である。雑誌広告や新聞広告にもあるような媒体社側に制作・編集を依頼する、記事の体裁を取る広告であるタイアップ広告や、SNSのフィード内に配置し、タイアップ広告へ誘導する目的で出稿するインフィード広告などがネイティブネ広告に含まれる。通常の広告であれば邪魔であると認識される広告でも、コンテンツの形式に溶け込む形で掲載することによって、消費者にストレスを感じさせずに広告に接触させることができる。一方で、広告と認識しないまま接触するユーザーも存在するため、倫理的懸念も指摘されている。

### （2）広告の取引形態による分類

　インターネット広告は取引形態によって、予約型広告と運用型広告の2つに分類できる。取引形態の違いとは、あらかじめどのサイトの配信面に配信されるかが決まっている広告か、広告が出稿される度に最適なウェブサイトに配信される広告かの違いである。

　予約型広告とは、「掲載金額、期間、出稿内容（掲載面、配信量、掲載内容等）

が、あらかじめ定められている広告」と定義される（日本インタラクティブ広告協会『インターネット広告基礎用語集』）。純広告とも呼ばれ、伝統的なマスメディアと同様に、媒体社が設定した広告枠へ出稿する権利を購入し、その枠に予約しておいた広告を出稿する方法である。この取引形態から、枠売り広告とも呼ばれる。掲載期間やインプレッション数で価格が決定し、当該のウェブサイトにアクセスするユーザーの属性やアクセスするユーザー数をもとに出稿先を決定し、なるべく多くのユーザーからのアクセスが見込めるウェブサイトの広告枠に出稿する。あらかじめ掲載されるウェブサイトが判明しているため、ブランドイメージを毀損する危険性が低い。予約型広告は、ディスプレイ広告やネイティブ広告などの形式で配信される。

　運用型広告とは、「膨大なデータを処理するアドテクノロジーを活用したプラットフォームにより、広告の最適化を自動的にもしくは即時的に支援するような広告」と定義される（日本インタラクティブ広告協会『インターネット広告基礎用語集』）。つまり、複数の広告枠を管理するアドテクノロジーを利用し、最適な広告をユーザーの広告面に表示させる仕組みである。入札形式で取引するため、入札金額と表示された回数から価格が決定し、運用状況を見ながら調整が可能である点がメリットである。一方で、掲載されるウェブサイトが選べないため、信用性の低いウェブサイトに掲載された場合、出稿している広告主のブランドイメージを傷付けてしまう可能性がある。

　予約型のディスプレイ広告と区別して、ディスプレイ広告の中でも広告配信にアドテクノロジーを活用したディスプレイ広告を運用型ディスプレイ広告と呼ぶ。ユーザーの性別、年齢などのデモグラフィックやインターネット上の行動履歴をもとに広告を配信するタイプや、ウェブページのコンテンツの内容やキーワードを指定して、関連のある広告を表示させるコンテンツ連動型広告と呼ばれるタイプがある。

　また代表的な運用型広告として、**リスティング（検索連動型）広告**と呼ばれる、GoogleやYahoo!などの検索エンジンの検索結果画面に、検索ワードと関連した広告を表示させるテキスト型広告がある。検索ワードごとに広告を購入する方法が採用されており、検索ワードごとにオークション形式で入札

され、多くのユーザーに検索されるワードや商品購入につながりやすいワードが高い価格で落札される。表示順は、この入札金額に加え、クリック率などをもとにした品質スコアと呼ばれる指標を加味して決定される。

　Google広告（Google）がリスティング広告では有名である。他の検索結果と同様の形式で、テキスト広告が検索結果の上部に表示される。リスティング広告として出稿されている広告には「広告」や「スポンサー」と表示され、純粋な検索結果と区別されている。純粋な検索結果は、オーガニック（自然）検索と呼ばれ、検索ワードの関連性はもちろん、アクセス数など検索エンジンが設定している複雑なアルゴリズムに基づいた順番で表示される。検索結果は上段であればあるほどクリック数は多く、次のページになると大幅にクリック数が下がるといわれる。そのため、企業は検索結果の上位に自社のウェブサイトを表示されるように対策する。SEO（Search Engine Optimization：検索エンジン最適化）と呼ばれ、ウェブサイトに含まれるワードやコンテンツを工夫する施策や、外部サイトから貼られているリンクの数や質を上げる施策を考える。オーガニック検索は信頼性が高く、SEOで上位表示されるウェブサイトはリスティング広告よりも費用対効果が高いともいわれており、リスティング広告と同様にSEOも重視されている。

## 3）インターネット広告の出稿料金

　インターネット広告の特徴でも述べた通り、インターネットはマスメディアと異なりアクセス解析が可能であるため、さまざまな指標が測定可能である。インターネット広告の出稿にかかる費用も、これらの指標をもとに決定されるため、出稿方式や広告の目的に応じて選択することができる。インターネット広告の出稿料金の決定方法には、課金型と保証型の2つのタイプが存在している。課金型とは、当該のインターネット指標1単位当たりの料金をあらかじめ定め、その指標が1件発生するたびに費用が発生し、最終的な回数に応じて出稿料が支払われる形式である。一方で、保証型とは、事前に出稿料を決めて、当該指標があらかじめ設定した回数に到達するまで掲載を続ける形式である。

インプレッションの指標がベースとなっている掲載方法では、広告の表示回数（インプレッション数）を保証する、つまり設定したインプレッション数に到達するまで広告を掲載するタイプのインプレッション保証型がある。また、伝統的な屋外広告のように、広告の表示される期間を保証する期間保証型がある。ユーザー側からのインタラクションである、クリックの指標がベースとなっている掲載方法では、広告がクリックされる数（クリック数）を保証する、つまり設定したクリック数に到達するまで掲載し続けるクリック保証型と、1クリック当たりの料金が設定されており、クリックされるたびに料金が発生するクリック課金型が存在する。ユーザーが実際の行動に移った数であるコンバージョンを指標とする掲載方法では、広告掲載がどれくらいの数のコンバージョンにつながったかを基に、コンバージョン1件当たりの金額から支払われる成果報酬型がある。

# 3　インターネット広告の配信技術

　前述の通り、インターネット広告は消費者のデータを利用した高度なターゲティングが特徴である。つまり、消費者のモバイル端末やパソコンの広告画面に、個々にパーソナライズ化された広告が配信される。そのような広告配信が可能になったのは、**アドテクノロジー**と呼ばれるインターネット広告の広告配信を効率化する技術のおかげである。アドテクノロジーは広告を意味する「アド」と技術を意味する「テクノロジー」を掛け合わせた言葉だが、特にインターネット広告の配信技術を指して使われる言葉である。

　インターネット広告のサービスが登場したのは、1996年にYahoo!JAPANが始めたサービスが最初だといわれている。サービス開始当初は、従来のマスメディアと同様に、決まった広告枠に対して枠を購入する純広告が主体であった。しかし、マスメディアと違い、インターネットのウェブサイトは無数に存在している。また、自らでアクセス数の多いウェブサイトを見つけて、広告掲載を依頼しなければならないなど、広告主側の負担が重かった。一方で、媒体社側も広告を入れ替える際に、1回1回ウェブサイトを手作業で修

正し、入れ替える手間があった。

　その後、インターネット技術が発達し、媒体社アドサーバーと呼ばれる技術によって広告枠の外部化が可能となった。媒体社アドサーバーとは、広告配信を管理するサーバーのことである。あらかじめ出稿する予定の広告物をサーバー上にアップロードしておき、ウェブサイトに設置された広告枠に対して、サーバーから配信するという仕組みである。サーバーによって広告ごとのインプレッション数やクリック数が把握できるようになり、掲載期間に応じて課金する期間保証型であった出稿方法から、インプレッション数に基づいたインプレッション課金型やインプレッション保証型での掲載が可能となった。

　媒体社アドサーバーが進化した結果、**アドネットワーク**が登場した。アドネットワークとは、複数のウェブサイトが登録されており、アドサーバーから適切な広告が配信される仕組みのことである。つまり、複数のウェブサイトを管理することができるアドサーバーのことである。媒体社アドサーバーはウェブサイトごとに所有する形式であったが、アドネットワークは複数の別のウェブサイトが1つのアドサーバーに登録できる仕組みである。そのため、広告主はアドネットワークに出稿することで、一括で多数のウェブサイトに広告を配信できるようになった。さらに、複数のウェブサイトを管理するアドネットワークの登場によって、前述のようにクッキーを使って、ネットワークに含まれるウェブサイトの中から最適な広告を選んで配信できるようになった。

　さらに発展した形として、複数のアドネットワークを束ねる**アドエクスチェンジ**が登場した。アドエクスチェンジとは、広告枠をインプレッションベースで取引する市場である。アドネットワークでは複数のウェブサイトを同じ課金形態で統一できていたが、アドネットワークごとで異なる課金形態を持っていた。それをひとまとめにし、インプレッション1000回ごとに広告費が発生するCPM（Cost Per Mille）課金型（広告枠単位）に統一したのがアドエクスチェンジである。

　アドエクスチェンジでは**リアルタイムビディング**（RTB: Real-Time

出所：佐藤和明（2020）「最近のネット広告のしくみ」『国民生活7』
ウェブ版、No.95, 4ページより作成。

Bidding）という取引方式が採用されており、広告枠にユーザーからのインプ
レッションが発生すると、都度広告主に対して入札が実施され、最も高い金
額を付けた広告主の広告が配信されるという仕組みである。この仕組みに
よって、より効率的な広告配信が可能となった。

## 4　インターネット広告と倫理問題

　インターネットは、他の伝統的なマスメディアと比べて新しい媒体である。
また、日々インターネット技術は進歩しており、次々に新しい技術が登場し
ている。しかし、こうした進化の過程で、今までにはなかったような、イン
ターネット広告ならではの社会的かつ倫理的問題が顕在化している。広告業
界はこうした問題に対して、業界の自主規制や関連する既存の法律で対応し
ているが、その急激な変化に規制が追い付いていない現状も見逃せない。

### 1）インターネット広告とプライバシー問題

　インターネット広告の高い利便性から利用が高まっている一方で、個人

データの利用に関する懸念も増大している。インターネットは高度なターゲ
ティングが可能であるが、通信業者はクッキーなどの消費者の個人情報を利
用しなければならない。その個人情報利用について、消費者はプライバシー
に対する懸念（Privacy Concern）を抱いている。

　この問題に対する解決策として、消費者が個人情報の使用を選択できる仕
組みが存在する。ユーザーが情報を受け取る際に、自らの個人情報を利用さ
れることについて許諾の意思を示す行為をオプトイン（Opt-in）と呼ぶ。反
対に許諾しない意思を示す行為をオプトアウト（Opt-out）と呼ぶ。ユーザー
はオプトアウトを選択することにより、行動ターゲティング広告などへの自
らの個人情報のデータ利用を停止するように選べる。オプトアウトする方法
の１つに、日本インタラクティブ広告協会（JIAA）が提唱するガイドライン
を遵守している事業者が利用可能な JIAA インフォメーションアイコンプロ
グラムがある。このプログラムでは、業界共通のインフォメーションアイコ
ンという「i」の文字が四角の枠内に書かれているマークが行動ターゲティ
ング広告に表示され、そこで消費者はオプトアウトするかを選択できる。

　また、消費者のプライバシー保護を目的とした法規制の動きが見られる。
2022 年 4 月に施行された改正個人情報保護法では、クッキーの情報が個人
関連情報に含まれると考え、ユーザーに取得目的を知らせ、取得の可否の同
意を取る義務が課されるようになった。また、閲覧履歴などの情報をユー
ザーの同意なく利用することは、プライバシーの侵害に当たるという議論か
ら、クッキーを用いてターゲティングする手法について法規制が始まった。
政府は 2023 年 6 月、改正電気通信事業法によって、電気通信事業者に対し
て利用者情報を外部へ通信することに関し規制を行い、クッキー情報の共有
先や目的などを消費者へ情報開示することを義務付けた。海外と比較すると
規制が遅れているが、今後よりいっそう進んでいくことが考えられる。

　一方で、プライバシー・パラドックス（Privacy Paradox）というプライバ
シーに対する懸念に相対する消費者行動の存在も指摘されている（Barth and
De Jong 2017）。プライバシー・パラドックスとは、個人がプライバシーに関
する懸念を表明しながらも、実際はプライバシーに関する情報を共有する傾

向がある現象のことである。個人のプライバシーに関する意識と実際の行動に乖離が存在している。その要因として、現代の消費者は個人情報を提供することによって受けられるサービスの利便性とプライバシーのリスクを天秤にかけて、利便性を追求した結果の合理的な判断として個人情報を提供すると説明されている。また、現代のデジタル環境下において、個人情報を提供することに一種の慣れのようなものを感じており、利便性を過大評価し、プライバシーのリスクを過小評価するとも指摘されている。

## ２）インターネット広告の広告ビジネスに関する倫理問題

　インターネット広告はマスメディアと比べて広告出稿にかかる費用が少ないという特徴もある。さらに狙ったターゲットに対して効率的に広告が配信できるため、費用対効果が高いというメリットがある。そのため、大企業に限らず、中小企業でも比較的低い予算で出稿できる。安価で出稿できるのは、中小企業や新興企業にとって魅力的である。しかし、マスメディアは広告費が支払えるかが企業の信頼性の基準になっていたともいえる。どのような企業でも出稿できることが、新たな問題につながっている側面がある。さらに、マスメディアと比べて、インターネット広告は広告主や広告表現に対する審査が緩い。また、クリックが指標であるため、とにかくクリックを促すために過激な表現が問題になることも多い。近年では、コンプレックス広告などのような問題も指摘されている。

　コンプレックス広告とは、消費者の身体的コンプレックスをあおるような表現を用いた広告のことで、動画配信サイトなどの広告において、漫画形式で描かれることが多い。「ムダ毛が生えていると嫌われる」などの表現を用いて脱毛サービスを促したり、「太っているとモテない」などの表現を用いてダイエットサプリやエステを促したりする広告がある。広告に接触した消費者を不快にさせるだけでなく、価値観の定まっていない青少年への悪影響も指摘されている。

　インターネット広告における広告取引に関する倫理問題には、**アドフラウド**（Ad Fraud）と呼ぶ事例が近年問題となっている。フラウドとは詐欺とい

う意味があり、インターネット広告における詐欺行為を指す言葉である。イ
ンターネット広告はインプレッション数やクリック数に応じて広告費が支払
われる仕組みが多い。そのため、広告枠を設置するウェブサイトは多くの
ユーザーにアクセスしてもらい、インプレッションやクリックの数を稼ぐこ
とで収入を得ることができる。この仕組みを悪用し、インターネット上の操
作を自動化したプログラムによって、不正クリックを大量に作り出すことで
広告主に広告費を水増しして請求する事例が増えている。このような詐欺行
為に対して、不審なアクセスを検知して配信を制御する対策ツールの導入が
急がれている。また、デジタル広告品質認証機構（JICDAQ）という広告関連
の業界団体は、クリック数の水増しなどを防ぐ体制を整備しているサイト運
営会社や広告代理店の認証を始めている。JICDAQ認証を取得すると、安
心・安全な広告配信が可能な「品質認証事業者」としてアピールすることが
できる。

　以上のように、インターネットビジネスの複雑さから、マスメディアには
なかったような新たな問題が生じている。業界団体はそれらの問題に対し、
解決策を提示するため日々努力を重ねているが、規制が追い付いていないの
が現状である。今後も技術の進歩とともに、新たな問題が発生する可能性が
ある。広告主はインターネットの利便性を享受するだけではなく、これらの
問題に立ち向かっていく必要があるだろう。

● 参考文献
竹内亮介（2020）「パーソナライズ広告に対する消費者の知覚の多様性」『マーケティ
　ングジャーナル』第40巻第1号、日本マーケティング学会、43-55ページ
田部渓哉（2019）「インターネット利用の現状とネイティブ広告の認識に関する考察」
　『城西大学大学院経営学研究科紀要』第14巻第1号、27-43ページ
日本インタラクティブ広告協会（JIAA）（2019）『必携 インターネット広告—プロが
　押さえておきたい新常識』インプレス
日本広告業協会（2022）『広告ビジネス入門2022-2024』日本広告業協会
広瀬信輔（2016）『アドテクノロジーの教科書—デジタルマーケティング実践指南』
　翔泳社
Baek, T. H. and Morimoto, M.（2012）, Stay Away from Me. *Journal of Advertising*,
　41(1), 59-76.
Barth, S. and De Jong, M. D.（2017）, The Privacy Paradox–Investigating

Discrepancies between Expressed Privacy Concerns and Actual Online Behavior–A Systematic Literature Review. *Telematics and informatics*, 34(7), 1038-1058.

「個人情報保護法（3）クッキー情報、同意義務も（法改正のイロハ）」日本経済新聞2022年6月6日付朝刊

「広告、閲覧水増し詐欺拡大　自動クリックで　国内、昨年1300億円被害」日本経済新聞2023年3月5日付朝刊（大林広樹筆）

「クッキー、共有先開示8割、主要100社サイト、本社調査、分かりやすさに課題も」日本経済新聞2023年7月9日付朝刊

佐藤和明（2020）「最近のネット広告の仕組み」『国民生活7』ウェブ版、No.95 https://www.kokusen.go.jp/pdf_dl/wko/wko-202007.pdf, 2023年12月3日アクセス

出版科学研究所ONLINE「雑誌販売額」 https://shuppankagaku.com/statistics/mook/, 2023年12月3日アクセス

総務省「Cookieの仕組み」『国民のための情報セキュリティサイト』 https://www.soumu.go.jp/main_sosiki/joho_tsusin/security_previous/kiso/k01_cookie.htm, 2023年11月12日アクセス

総務省『令和5年版　情報通信白書』 https://www.soumu.go.jp/johotsusintokei/whitepaper/ja/r05/pdf/index.html, 2023年12月3日アクセス

電通（2023）「2022年　日本の広告費」 https://www.dentsu.co.jp/knowledge/ad_cost/index.html, 2023年12月3日アクセス

日経マーケティングポータル（2022）「予約型と運用型　インターネット広告の取引方法について（コラム・告知）」 https://marketing.nikkei.com/column/web/detail/001100.html, 2023年12月3日アクセス

日本インタラクティブ広告協会（JIAA）「インターネット広告基礎用語集」 https://www.jiaa.org/katudo/yogo/yogoshu/, 2023年11月12日アクセス

日本インタラクティブ広告協会（JIAA）「JIAAインフォメーションアイコンプログラムのご案内」 https://www.jiaa.org/nintei/i-icon/i-icon_annai/, 2023年11月12日アクセス

日本新聞協会ウェブサイト「新聞の発行部数と世帯数の推移」 https://www.pressnet.or.jp/data/circulation/circulation01.php, 2023年11月12日アクセス

## ● メディアレップってなに？ ●

　インターネット広告の取引には、「メディアレップ」と呼ばれる業態の会社が大きな役割を果たしている。メディアレップとはMedia Representativesの略で、「広告会社に対して、媒体社の広告スペース販売を代行する企業の総称」（インターネット広告基礎用語集）と定義される。本来の定義では、マスメディアなども含むあらゆる媒体社の広告枠の販売を代理で行う事業者を指す。しかし、日本ではインターネット広告の広告枠を販売する業者を指して、メディアレップと呼ぶ場合が多い。

　インターネット広告の媒体社との取引を一挙にまとめて買い受け、広告会社やインターネット広告会社に販売する卸売のような役割を果たす。インターネット広告では、マスメディアと比べて、媒体社が無数に存在する。また、広告配信に関わる技術（アドテクノロジー）に専門性を要する。そのため、マスメディアのメディアバイイングのように広告会社の媒体部門が担うよりも、メディアレップの方が効率的に取引を行うことが可能である。

　メディアレップの主な業務は、広告主・広告会社に提供するサービスとして、インターネット広告のメディアプランニングとメディアバイイング、広告効果測定、媒体社に提供するサービスとして、広告枠の営業・販売代理である。電通グループに属するCARTA COMMUNICATIONS（CCI）や博報堂DYグループに属するデジタル・アドバタイジング・コンソーシアム（DAC）などが代表的なメディアレップである。

　近年、メディアレップは「脱メディアレップ」を掲げ、インターネット広告取引の代理をメインとしたビジネスモデルから脱却を図っている。総合広告会社やインターネット専業広告会社と共にデジタルマーケティング全般を請け負い、企業のデジタルトランスフォーメーション（DX）推進へのニーズに対応したサービスを展開している。博報堂DYホールディングスは、2018年に博報堂DYデジタルとDACを統合した。メディアレップであるDACにインターネット広告の広告制作に強みを持つ博報堂DYデジタルを経営統合することによって、インターネット広告の制作から配信までのデジタルマーケティング会社としてソリューションの幅を広げた。さらに、博報堂・博報堂ＤＹメディアパートナーズ・DACは2021年に「マーケティングDXとメディアDXの統合」を掲げ、3社横断戦略組織として「HAKUHODO DX_UNITED」を発足した。その一角として、DACの戦略組織として博報堂デジタルイニシアティブを組織し、デジタルだけではなく、マスメディアと組み合わせたトータルプロデュースの色を強めている。

＊宣伝会議書籍編集部（2023）『広告界就職ガイド2025』宣伝会議
　日経産業新聞　2019年2月6日「ネット広告2社統合、博報堂ＤＹの子会社」
　「メディアレップ」『インターネット広告基礎用語集』日本インタラクティブ広告協会（JIAA）　https://www.jiaa.org/katudo/yogo/yogoshu/
　博報堂デジタルイニシアティブHP　https://hdi.dac.co.jp/
　HAKUHODO DX_UNITED HP　https://hakuhodo-dxu.com/

# 12 章

## BtoB広告／マーケティング・コミュニケーション

（石崎　徹）

---

● キーワード ●
BtoBマーケティング、ビジネス財、BtoBマーケティング・コミュニケーション、BtoB広告、組織購買行動、購買センター、BtoBブランディング

---

## 1　BtoB マーケティングと BtoB 広告／マーケティング・コミュニケーション

### 1）BtoBマーケティング

　BtoBマーケティングのBtoBとはBusiness to Businessの略であり、企業・組織が企業・組織に向けて行うマーケティングという意味である。BtoBマーケティングは、生産財マーケティング、産業マーケティング、ビジネス・マーケティングと呼ばれることもある。また、語呂合わせで"B2B"と表記されることもある。

　BtoBマーケティングで対象となる財のことを生産財、産業財、あるいはビジネス財と呼んでいる。本書ではビジネス財と呼ぶことにする。

　**ビジネス財**は企業の生産活動や組織の業務遂行のために使用される財を指す。具体的なビジネス財には、設備器具、原材料（たとえば鉄鉱石のような基礎材料と、それに加工を施した鉄鋼品である製造材料に分けられる）、自動車や機械類などの組立部品、保守・修繕・業務用消耗品（メンテナンス用消耗品、修繕用消耗品、鉛筆やボールペンなど）、さらにはサービス（業務用サービス、専門サービス）が含まれる。なお、サービスの中の業務用サービスは、たとえば機械の保守・点検サービス、コンピュータ・ネットワーク関係のソリューション・ビジネス

などがある。これらのサービスはアウトソーシングされることが多く、ビジネス財市場における業務用サービスのウエイトが高まってきている。一方、専門サービスは、弁護士、税理士、公認会計士、あるいは経営コンサルタントなどの専門職が提供するサービスである。なお、調味料のように、ほとんど同じ品質のものでも、ビジネス・マーケットに向けられる場合はビジネス財、一般消費者に向けられる場合には消費財となる（宮澤 1999、高嶋・南 2006）。

## 2）BtoB広告／マーケティング・コミュニケーション

　BtoBマーケティング・コミュニケーションの構成要素は、消費者向けマーケティング・コミュニケーションの構成要素と同様である。BtoBマーケティング・コミュニケーションでは、特に営業・人的販売の役割が重要になるが、BtoB広告やセールス・プロモーションは、営業・人的販売を支援することが期待される。

　BtoB広告とは、「広告の対象による分類。広告の送り手と受け手の双方が事業者の広告」のことである（日経広告研究所 2005）。

　BtoB広告には、生産財広告、産業広告、流通広告、専門広告、農業広告などの分野がある。生産財広告ないし産業広告とは、企業や組織に向けたビジネス財の広告のことである。流通広告とは、卸売業者や小売業者などの流通業者に向けた広告のことである。専門広告とは、医者や弁護士などの専門職を対象とした広告のことである。農業広告とは、農業従事者（あるいは農林水産業も含めることがある）向け製品・サービスの広告のことである。

　これらの分野のうち、BtoB広告の主たる対象はビジネス財の広告である生産財広告ないし産業広告であるが、その広告の一部として流通広告、専門広告、農業広告を扱うこともある。

　広告メディアとしては、経済紙誌、工業紙誌、業界紙誌が頻繁に用いられる。また、マスメディアについては、業界紙誌だけでなく、一般紙誌やテレビなどでの広告展開も一部の広告主の間で積極的に行われている。これは企業ブランド構築のために、最終消費者もターゲットにした広告が展開されて

いたり、テレビCMを活用することでBtoBブランディングを目的とする広告活動が増えているからである。

BtoBセールス・プロモーションでは、消費者プロモーションと同じような手法が用いられるが、特にメーカーが流通業者向けに行うセールス・プロモーションはトレード・プロモーションと呼ばれている。トレード・プロモーションとしては、一定条件の仕入れを流通業者が行った場合にその代金の一部を払い戻す手法であるリベート、流通業者による販売支援を促すために用いられる協賛金としてのアローワンス、メーカーが自社商品の安定供給を目的として、小売業者に対して行う販売援助活動であるディーラー・ヘルプスなどがある。また、薬剤メーカーがよく用いているが、医療従事者向けに自社薬品ブランド名の入ったボールペン、メモ帳、スケジュール表などのノベルティと呼ばれる小物を配ることも行われている。

通常のPR戦略や、専門紙誌を用いたパブリシティ活動も盛んであり、オウンドメディアを用いたダイレクト・マーケティングもよく利用されている。ダイレクト・マーケティングとしてのBtoB広告では、カタログの機能とコミュニケーション・メディアの機能を合わせた展開が顕著である。

また、BtoBマーケティング・コミュニケーションならではの展開として、広い意味ではオウンドメディアによるBtoB広告の範疇に入るカタログ類、展示会、見本市、トレード・ショー、イベントなども頻繁に活用されている。カタログ類は、製品・サービスの提示・説明から、営業ツール、さらには直接販売のできる機会である展示会、見本市、トレード・ショー、イベントなどは、ビジネス顧客に製品・サービス特性を直接詳細に説明できるチャンスである。

BtoBマーケティング・コミュニケーションで活用されるメディアは、図表12-1のように分類できる。

図表12-1　BtoBマーケティング・コミュニケーションで活用されるメディア

| 大分類 | 中分類 | 具体例 |
|---|---|---|
| マスメディア | 新聞 | 工業紙、経済紙、業界紙、一般紙、スポーツ紙、夕刊紙 |
| | 雑誌 | 工業誌、経済誌、業界誌、一般誌、女性誌 |
| | ラジオ | ラジオ全般 |
| | テレビ | テレビ全般 |
| SPメディア | ダイレクトメディア | DM、折込、チラシ、ノベルティ、電話、FAX、電子メール、SNS |
| | 定置メディア | 屋外広告、交通広告、店頭広告、店内広告、POP（シーリング、カウンター、ウォール、フロア） |
| | スペースメディア | 展示会・見本市・博覧会（トレード・ショー）、イベント、ショールーム、関連する映像 |
| デジタルメディア | 通信・放送系メディア | インターネット、SNS、オウンドメディア、3K・4K放送、文字放送、CS、BS、CATV |
| | パッケージ系メディア | DVD、blue-ray、ビデオマガジン |
| 広報メディア | 販促広報 | 新製品発表、ペイド・パブ、タイアップ広告、PR誌 |
| | 情報提供 | 広報誌、ニュース・リリース、プレス・キット、プレス・セミナー、CSRレポート、会社概要、工場見学、株主総会 |
| | 文化活動 | 文化活動、社会貢献活動 |
| 営業支援メディア | 営業支援メディア | ビジネス・カタログ、ビジネス・マニュアル、営業会議、営業研修、商談会、工場招致、謝恩会、クチコミ |

出所：岡田米蔵・原口惠次・亀田俊(1999)『ビジネス広告ガイドブック』日刊工業新聞社を加筆修正して作成。


# 2　組織購買行動と　BtoB広告／マーケティング・コミュニケーション

## 1）組織購買行動

　BtoB広告／マーケティング・コミュニケーションが消費者広告／マーケティング・コミュニケーションと異なるところは、訴求対象が組織であるという点である。したがって、消費者広告／マーケティング・コミュニケー

ションが消費者行動プロセスに影響を及ぼすのに対し、BtoB広告／マーケティング・コミュニケーションは、**購買センター**（Buying Center）の組織購買行動プロセスに影響を及ぼすということができる。そこで、BtoB広告／マーケティング・コミュニケーションの展開にあたっては、組織購買行動プロセスを理解しておく必要がある。

　ここで購買センターとは、組織の購買意思決定において何らかの役割を果たす個人やグループのことで、直接的な購買担当者はもとより、購買の責任者、購買への影響者、ユーザー、購買決定の承認者、ゲートキーパー（製品情報の窓口になる、外から入ってくる情報をコントロールする役割の人。購買担当者である場合が多い）からなる。

　この購買センターによる**組織購買行動**プロセスは、図表12-2の通りである。まず購買目的（製品・サービスを発注する理由）があり、社内要求がかけられる。その間、BtoB広告などのさまざまな情報源から情報収集が行われる。その後、審査を経て、比較的安価な製品・サービスや、あるいは習慣的に購買される製品・サービスの場合にはすぐに発注されるが、高額なもの、見積り、比較評価、条件折衝が必要なものなどは、さらに詳細なプロセスを経る（図表12-2下部のプロセス）。このように組織購買行動プロセスでは、多くの人が関与したり、複雑な意思決定プロセスを踏むことが多く、BtoB広告などのさまざまな情報源が重要な役割を果たしている。

　また、BtoB広告などからの情報収集および購買意思決定に最も大きく関与するのは購買センターである。したがって、BtoBマーケティング・コミュニケーションが主としてターゲットとすべき対象は、購買センターであると

図表12-2　組織購買プロセス

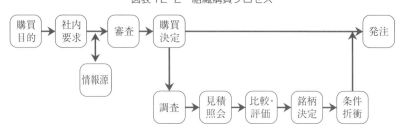

いえる。

## 2）BtoB広告／マーケティング・コミュニケーションの役割

　BtoB広告／マーケティング・コミュニケーションは購買センターを中心に働きかけることによって、どのような役割を果たしているのだろうか。BtoB広告／マーケティング・コミュニケーションの役割は、次のような4つに整理できる（宮澤 1999を参考）。

### （1）営業・人的販売への支援

　BtoBマーケティングでは、営業担当者が媒介役になって情報を提供し、顧客と交渉し、説得して、最後に受注するという形が取られることが多い。つまりビジネス財は、購買の専門家が販売対象であることから、営業担当者による活動にウエイトが置かれる。そこでBtoB広告やBtoBマーケティング・コミュニケーションは、営業活動をサポートする役割を担うことになる。特に、事前に広告がされていて、営業担当者が顧客との商談に入りやすくなる効果を「オープン・ザ・ドア効果」という。

### （2）購買影響者への到達

　ビジネス財でも安価な消耗品は別にして、原子力発電装置、ジェット機などのように、技術的に複雑で高額なものは、「購買センター」が形成され、そこでいろいろ評価がなされ、最終的には責任者が決裁して、購買がなされるのが普通である。この購買センターに属する購買影響者にメッセージを到達させることが重要である。

### （3）派生需要の刺激

　ビジネス財メーカーが、あえて最終消費者向けに広告を行うことで、結果的に自分たちの製品への需要を高めることである。たとえば、缶メーカーが、缶入りドリンクの広告を消費者向けに行い、ソフトドリンクの需要を高めることによって、結果的に缶の需要も高めるようなことである。

### （4）企業ブランド、商品ブランド力の向上

　消費財でもビジネス財でも、品質、価格、配送条件などが同じであったり、技術的あるいは品質的に複雑過ぎて購買者が正確に判断できない場合には、

企業イメージやブランド・イメージといったブランド力が役割を発揮する。

## 3）BtoB広告／マーケティング・コミュニケーションの営業支援効果

　BtoB広告／マーケティング・コミュニケーションの役割のうち、最も重要な機能は、営業活動（ないし人的販売）の支援である。BtoB広告／マーケティング・コミュニケーションは営業活動を補完するうえで重要であるといわれている。なぜならば、次の3つの理由が、BtoBマーケティングにおける営業活動を阻害する要因となっているためである（高嶋・南 2006）。

① 顧客側の選択的な対応行動　企業の営業担当者が潜在顧客の担当者に接触しようとしても、相手が忙しくて会ってくれなかったり、接触する企業の営業担当者を選別すること。

② 需要者リストの不完全性　営業活動で相手からの需要情報を収集できるが、接触する以前に製品に対する関心の高さを知ることができないこと。

③ 接触困難な部門・階層の存在　売り手企業の営業担当者が接触できるのは、購買担当部門の担当者などの限られた範囲であること。

　こうした営業活動阻害要因に対して、BtoB広告を中心としてBtoBマーケティング・コミュニケーションは次のような3つの営業支援効果を有している。

① 事前効果（オープン・ザ・ドア効果）　潜在顧客の選択的な対応行動に基づく営業活動への抵抗を広告によって和らげる効果。

② 問い合わせ効果　広告を通じて広く潜在需要者に問題解決策を認知させ、彼らからの資料請求などの問い合わせを発生させることで、有望な顧客を発見して、需要者リストの不完全性を補う効果。

③ コンセンサス効果　営業担当者が接触しにくい部門や上層部に広告を通じて情報提供することによって、購買決定のコンセンサス形成のための組織的な環境を作る効果。

## 3　BtoB ブランディング

### 1）BtoB ブランディングの重要性

　BtoB 取引では、原材料や部品調達といった経済合理性に基づいて行われることが多く、価格や機能の優劣が合理的に判断されるため、ブランド・イメージや感情的判断などの心理的要因が入り込む余地はほとんどないと長い間考えられてきた。このことが、BtoB の分野でブランディングが軽視されてきた背景である。

　一方、最近では、BtoB の分野でもブランディングに注目が集まってきている。その理由は、製品・サービスがきわめて複雑化し、それらの本来的な品質による評価が困難になってきているからである。たとえば、コンピュータ関係のソリューション・ビジネスの場合、どの企業のソリューションがいいのか、購買センターが果たして十分に理解してから購買意思決定できるのであろうか。

　BtoB 広告の対象は組織であるが、組織を構成しているのは人間であり、組織購買意思決定とはいっても、やはり最終的には人間の判断による。そこには「好き、嫌い」「有名、無名」「デザインが良い、悪い」といった主観的かつ感情的な評価も入ってくるであろう。特に、BtoB 取引において、ソリューション・ビジネスに代表されるように、正確かつ経済合理的な判断が難しい製品・サービスが増えてきたことによって、消費財と同様、BtoB の分野でも、従来以上にブランド・イメージなどのブランド力が重要となってきている。

### 2）BtoB ブランディングの対象

　BtoB ブランディングの対象としては、(1) 顧客企業に向けたブランディング、(2) 流通チャネルや最終消費者に向けたブランディング、(3) 幅広いステークホルダーに向けたブランディングがある（余田・首藤 2006）。

### （1）顧客企業に向けたブランディング

直接の買い手である「顧客企業」に向けたブランディングである。これは、取引接点を強化するために、あるいは営業効率を向上させるために行われる。

### （2）流通チャネルや最終消費者に向けたブランディング

顧客企業の顧客、すなわち流通チャネルや最終消費者に向けたブランディングである。これは流通経路の川下からの需要を発生させるために行われる。最終消費者のほか、流通業者向けのブランディングも含まれる。

### （3）幅広いステークホルダーに向けたブランディング

「幅広いステークホルダー」に向けて、企業の社会性などの訴求を目的としたブランディングである。ここでいうステークホルダーとは、顧客はもとより、従業員や将来の従業員、投資家、納入業者、企業活動に強い影響を及ぼす社会などが含まれる。

## 3）BtoBブランディングのための広告活動

BtoBブランディングの対象別に、BtoBブランディングに対する広告の役割を見てみよう。

### （1）顧客企業に向けたブランディング

顧客企業に向けたブランディングでは、購買担当者の製品・サービス選択を容易にするため、さらには営業活動を支援するためのBtoBブランディング広告が志向される。特に、個別商品ブランド力を高めるためのBtoB広告、技術力ブランディングを目指した企業の技術力を訴求するBtoB広告などが有効である。また消費者広告のように、主観的かつ感情的な心理的判断を前提とする、抽象的なブランド・イメージ構築を目指した感情型あるいはイメージ型訴求のBtoB広告を行うことも増加している。

### （2）流通チャネルや最終消費者に向けたブランディング

このブランディングの事例としては、部品メーカーなどが行う成分ブランディングを目指した広告活動が挙げられる。成分ブランディングとは、部品や原材料などがブランドとして確立し、ブランド化された部品や原材料を使用することで、完成品のブランド力を高めることである。

### (3) 幅広いステークホルダーに向けたブランディング

企業の技術力、安定性、社会性、環境への取り組みを、企業広告やIR広告を通じて幅広いステークホルダーへ向けて訴求することで、企業ブランドを構築しようとする活動である。効果としては、従業員の帰属意識、モラールの向上、リクルーティング効果、投資家による投資意欲の向上、社会的および環境への取り組み評価の向上などが挙げられる。

## 4）BtoB広告クリエイティブにおける理性型訴求

BtoB広告では、広告製品自体を説明する**理性型訴求**が多く見られる。たとえば、工作機械の広告の場合、ブランド・イメージなどよりは、その製品がどのようなパフォーマンスを発揮するのかをストレートに訴求するものが好まれる傾向にある。また、ユーザー側も消費財と比較して、製品知識が豊富な場合が多く、広告を見る時の注目点では、品質、機能、使用目的、用途、価格に高いウエイトが置かれているので、イメージよりは製品の中身を詳細に解説した広告を要求することが多い。

つまり、消費者広告と比較すると、感情型訴求の広告よりは理性型訴求の広告が多く、ブランド・イメージを喚起する広告よりは、製品・サービス内容を説明する広告が多いのが特徴である。

また、理性型広告が多くなるのは、BtoB広告の重要な機能である「営業支援」とも深い関係がある。営業トークと連動するように広告コピーも製品のセールス・ポイントを説明することが多い。

## 5）BtoB広告クリエイティブにおける感情型訴求

BtoBブランディングを意識することにより、ブランド・イメージの向上を目的とした**感情型訴求**による広告表現や、理性型訴求でありながら、感情型訴求の要素も上手にミックスさせた、広告表現の質の高い作品が増えている。BtoBの分野では製品・サービスがより複雑になっており、専門知識を有しているとはいっても、ユーザー側が理性型の広告内容を的確に判断できるほど容易ではなくなってきている。そのため、製品選択の手がかりとして

ブランドの重要性が高まっている。さらには競合の広告との差別化、多数の広告がひしめきあうクラッター状態の中で広告認知を獲得するための方策として、感情型訴求や、理性型訴求と感情型訴求をミックスした作品としての質の高い広告表現が増加している。

● **参考文献**

石崎徹（2012）「BtoB広告」石崎徹編著『わかりやすい広告論（第2版）』八千代出版

岡田米蔵・原口惠次・亀田俊（1999）『ビジネス広告ガイドブック』日刊工業新聞社

高嶋克義・南知惠子（2006）『生産財マーケティング』有斐閣

日経広告研究所編（2005）『広告用語辞典（第4版）』日本経済新聞社

宮澤永光（1999）「現代のビジネス広告」日経広告研究所編『広告に携わる人の総合講座（平成11年版）』日経広告研究所

余田拓郎・首藤明敏編（2006）『B2Bブランディング』日本経済新聞社

## ● BtoB コミュニケーション大学と BMC 資格 ●

　（一社）日本BtoB広告協会が実施している「BtoBコミュニケーション大学」と「BMC広告マスター」を紹介しよう。

　日本BtoB広告協会とは、企業間のコミュニケーション活動の一翼を担う産業広告の振興をはかることが社会的使命であるとの見地から、わが国唯一の産業広告（以下BtoB広告）に関する協会として1969年に設立された。この協会は、BtoB広告の振興を目指し、品質や制作技術の向上、関連する知識の習得、人材育成などさまざまな施策を展開していて、BtoB広告の教育と資格もその主たる活動である。

　「BtoBコミュニケーション大学」（旧・産業広告大学、BtoB広告大学）は、1992年以来、毎年開校していて、BtoBマーケティング・コミュニケーションを実践するうえで必要な広範な理論を体系的に習得できる集中講座である。講座内容はBtoBコミュニケーション概論、メディア、展示会、カタログ、ソーシャルメディア、BtoBブランディング、マーケティング・リサーチ、広告効果論、グローバル、法令など21講座のカリキュラムで構成され、それぞれ専門分野の第一線で活躍している講師陣が講義を担当している

　「BMC広告マスター」（BMCはBusiness Marketing Communicationの意味）は、日本BtoB広告協会による資格認定制度で、同協会が力を入れている人材育成事業の一環である。特に、広告の仕事をしてみたいと考えている人、あるいは広告の実務に携わっている人で自分の実力がどのくらいなのか、自分の能力が十分に評価されているのかを把握したい人に最適の資格認定試験である。

　BMC広告マスター資格認定試験は、「BtoBコミュニケーション大学」の講師陣や同協会のBMC委員会、BtoBアカデミーのメンバーなどが出題を担当している。問題の範囲は「BtoBコミュニケーション大学」のカリキュラムに準拠し、21のジャンルから出題される。出題領域は、（1）BtoBコミュニケーション概論、（2）BtoBコミュニケーションとクロスメディア、（3）新聞広告と雑誌広告、（4）ASICAモデルと企業購買システム、（5）売りに結びつくBtoBカタログ、（6）展示会マーケティング、（7）効果的なWebサイト構築とマーケティング、（8）BtoBデジタルマーケティングの実際、（9）アクセス解析、（10）企業におけるソーシャルメディア活用、（11）組織の中の人間行動とマーケティング、（12）広告（コミュニケーション）効果と効果測定、（13）効果的なクリエイティブを導くオリエンテーション、（14）見込み客の発掘と関係部門を納得させるプレゼン手法、（15）BtoBブランディング、（16）ESG活動とコーポレートコミュニケーション、（17）マーケティング・リサーチ、（18）海外広告、（19）BtoBコミュニケーションとステークホルダー・マネジメント、（20）情報法令と広告責任・広告の危機管理、（21）企業における広報とコーポレートコミュニケーション戦略、などである。

　受験資格は、BtoB広告に関心のある社会人・学生で、広く門戸が開かれているので、積極的に挑戦してみたい資格である。

＊日本BtoB広告協会ウェブサイト　http://www.bbaa.or.jp/, 2023年10月30日アクセス

# 13 章

## グローバル広告／マーケティング・コミュニケーション

---

● キーワード ●
BOP、環境分析、標準化、現地化、グローバル戦略、インターネット

---

　複数の国、さらにいえば世界規模でビジネスを展開する企業は多い。こうした複数の国でビジネスを展開する企業をグローバル企業といい、複数の国でのマーケティングをグローバル・マーケティング、複数の国で展開される広告をグローバル広告、そして複数の国で展開されるマーケティング・コミュニケーションをグローバル・マーケティング・コミュニケーションと呼ぶ。本章ではこのグローバル広告／マーケティング・コミュニケーションについて解説する。

## 1　グローバル化への動き

### 1）海外市場への進出

　1990年代、つまり20世紀最後の10年に**市場**のグローバル化は急速に進展した。そしてさらに時代が進むに従い、世界レベルでの事業展開はますます重要になってきている。先進国、特に北米、西ヨーロッパ、そして日本などでは、人口増加率の鈍化、市場の成熟化、熾烈な競争環境などの理由で、すでに大きな成長が見込めない。そのため、これら諸国の企業にとって、海外市場、しかも今後成長が見込める国々への進出は最重要経営課題の1つとなっている。実際、すでに自国での販売を超える販売量を他の国々で得てい

るグローバル企業も多い。

　企業の海外進出には、国内市場の停滞以外にもいくつかの理由がある。た
とえば、国外市場の方が国内市場よりも収益率が高いと考えられる場合は、
海外への進出が選択肢となる。また、規模の経済性を追求する場合にも、複
数の市場に参入することで顧客ベースを拡大できるため、海外進出は有効で
ある場合が多い。さらに、1つの市場への依存には潜在的なリスクがあるた
め、複数の市場に参入することによって、リスクを軽減させることがある。

　日本に目を向けると、日本の国内市場は、他の先進国と比較しても非常に
厳しい状況にある。特に中小の企業にとっては、これまでにない厳しい状況
が続いている。そのため、大手企業はもちろんのこと、これまで国内専門で
あった中小の企業にとっても、海外への進出は選択肢の1つとなっている。

## 2）中国の台頭と次世代の国々

　中国が世界第2位の経済大国に成長した結果、その影響力は非常に大きな
ものとなった。そのため多くのグローバル企業が中国市場に参入している。
ただ中国では都市部と農村部でその状況は大きく異なり、都市間でもその特
性は異なっている。したがって、政治システムの問題を含めて、海外からの
参入は容易ではない。また中国市場の成長は鈍化しつつあるともいわれる。
しかしながら、少なくともまだしばらくはその重要性に変わりはないだろう。

　一方、別の国に目を向けると、ブラジル、インド、ロシアはかつてほどの
成長は見られないものの、その市場規模は十分に潜在力がある。また、まだ
まだ規模は小さいものの、東南アジアやアフリカなどに次のチャンスを見出
す企業も多い。そして、年間所得が購買力平価3000ドル以下の低所得層で
あるBOP（Base of the Pyramid）層へのアプローチも本格化してきており、多
様性という意味ではますます深化しているといえる。

## 3）広告／マーケティング・コミュニケーションのグローバル化

　ビジネスのグローバル化はマーケティングのグローバル化を必要とし、
マーケティングのグローバル化は、当然のように広告／マーケティング・コ

ミュニケーションのグローバル化を要請する。グローバル企業が進出先の国でビジネスを成功させようとする時、マーケティングの、そして広告／マーケティング・コミュニケーションの果たす役割は非常に大きい。新たな国、新たな市場への参入には、広告／マーケティング・コミュニケーションの「広く知らしめる力」「購買に結び付ける力」が必要不可欠なのである。

## 2　環 境 分 析

　広告およびマーケティング・コミュニケーションをグローバルに展開する時、第1に検討しなければならないのがそれぞれの国の環境の違いである。環境といってもさまざまな側面が考えられるが、ここで考慮しなければならない主な環境には、経済的環境、人口統計的環境、社会・文化的環境、政治・法的環境が挙げられる（図表13-1）。

### 1）経済的環境

　一国の経済状況は潜在的な消費の力をもって示される。人口が多くても、その製品やサービスを購買できる能力、つまり購買力が人々になければ、市

図表13-1　グローバル環境の要素

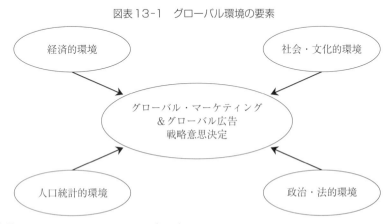

出所：Belch, G. E. and Belch, M. A.(2007), *Advertising and Promotion: An Integrated Marketing Communications Perspective*, 7th ed., McGraw-Hill, p.639. より作成。

場が大きいとはいえない。人々の購買力はその国の経済に左右され、経済の状況は国によって大きく異なる。また、経済は生き物であり、経済状況は常に変化する。

　社会経済的なインフラが整備されているかという点も経済的環境の重要な要素である。人々の移動手段や流通システムが十分に整備されているか、金融システムは発展しているか、そして情報コミュニケーション網は十分に発達しているか。これらのインフラが十分に整備されていなければ、それ相応の対応手段を考えなければならない。

　たとえば広告に関していえば、広告メディアの発達の程度は大変重要である。テレビCMキャンペーンを全世界的に展開するにしても、テレビ受像機の普及が低い国ではその効果を求めることは難しいだろう。

## 2）人口統計的環境

　人口統計的環境の違いも、それぞれの市場の形成に大きな影響を与える。その国の所得レベルやその分布、年齢分布や平均的な家族構成、教育レベル、識字率、就業率などが人口統計的環境の主な変数である。

　また、人口統計的データを分析することによって、その国の生活水準やライフ・スタイルを推測することもできる。そしてそこからその国、その市場に適した広告／マーケティング・コミュニケーション戦略を策定することが可能となる。

## 3）社会・文化的環境

　それぞれの国の社会や文化は大きく異なっている。たとえば、日本と韓国は隣同士の国であり、世界の他の国の人々からすれば、ほとんど同じように見えるかもしれない。しかし、実際には日本文化と韓国文化が異なることを私たちは知っている。同様に、私たち日本人からすればほとんど同じ文化を持っているように見える2つの国の文化が、実際には大きく異なることはよくあることである。世界の国々はその1つひとつが個別の文化を持っているということを十分に理解しなければならない。

社会・文化的環境の要素としては、言語、慣習、価値観、道徳観、ライフ・スタイル、細かいところでは味覚など、さまざまなものが挙げられる。社会・文化的環境が広告／マーケティング・コミュニケーション戦略に与える影響は非常に大きい。広告／マーケティング・コミュニケーション活動をグローバルに展開しようとする時に直面する問題の多くは、社会・文化的環境の違いから生じるともいえる。たとえば言語や音楽、色彩などについての感覚の違いは、クリエイティブに直接影響を与える。

　文化的な価値観の違いもまた問題になることが多い。文化的価値観とは、人生の目標やその社会での行動様式の理想などのことである。たとえば、日本を含むアジアではコミュニティ内での関係を重視する傾向があるのに対して、米国では個人主義的傾向があるというのは、文化的価値観の違いの代表的な例である。

## 4）政治・法的環境

　それぞれの国の政治・法的環境もまた、グローバルに広告／マーケティング・コミュニケーションを展開する時に考慮しなければならない重要な要素である。国の経済政策はその国の市場環境に影響を及ぼすわけだが、国によって政府の経済政策は異なっており、また政策の修正や転換もよく行われるため、常にその国の政治を注視している必要がある。

　法的環境は、より直接的に広告／マーケティング・コミュニケーションに影響を与える。国によって広告／マーケティング・コミュニケーションの規制の仕方・内容は異なるため、それぞれの国の法規制について十分に検討する必要がある。規制の内容の例としては以下のようなものが挙げられる。

　・広告が許される製品・サービスの種類。
　・使用可能な広告表現。
　・使用可能なメディアの種類。
　・景品や懸賞の金額や総量。
　・表示に関するもの。
　・流通に関するもの。

・ローカルな広告会社等外部協力企業の利用。

　国によって規制内容が大きく異なる分野の例としては医薬品や金融などがあり、こうした分野では特にそれぞれの国の規制内容を詳細に分析しなければならない。また、タバコや酒類に関する規制は世界的に厳しく、広告はもちろんのこと、冠イベントが禁止されている場合もある。

　世界的に見て、広告／マーケティング・コミュニケーションの規制は緩和と強化が同時進行している。規制の緩和は市場の活性化や競争原理の確立を目指すものであり、一方の規制の強化は消費者保護や自然環境の保全を確立するために必要となっている。

## 3　標準化と現地化

　グローバルな展開を考える時、全世界共通の戦略を用いる**標準化**（Standardization）は基本的な考え方である。一方で、これまで見てきた通り、広告／マーケティング・コミュニケーションを取り巻く環境は国によって大きく異なる。したがって、広告／マーケティング・コミュニケーション戦略は各国の環境に合わせた個別のプログラムが用意されなければならない場合が多い。このような戦略を**現地化**（Localization）という。

　したがって、グローバル広告／マーケティング・コミュニケーション戦略は標準化と現地化のバランスの取り方が問題となる。

### 1）ビジネスのグローバル化と標準化

　アパレル、自動車、食品、外食など、世界的な企業ブランド、製品ブランドには枚挙にいとまがない。そして世界全体がそれらのグローバル・ブランドを受け入れている。

　広告メディア1つを取り上げてみても、グローバル化の波は確実に押し寄せている。たとえば衛星放送やケーブルテレビ（CATV）の普及によって、テレビが多チャンネル化される一方で、コンテンツの絶対量が十分でないこともあり、さまざまなコンテンツの共有化、すなわち国境を越えて同じ番組

が放送されるようになった。そのため世界を視野に入れた番組が制作されるようになり、コンテンツのグローバル化が急速に進んでいる。こうした流れの中、広告自体のグローバル化も進むこととなる。

　また、さまざまな方面に影響を及ぼしている世界的なインターネットの普及は、ビジネスのグローバル化という点でも大きなインパクトを与えている。本質的にインターネットはグローバルな環境であり、したがってインターネット上の広告／マーケティング・コミュニケーション活動もまたグローバルなものとなる。

　このような環境下においては、世界市場の類似性を見出し、全世界的に通用する標準化を行うことができれば、そのメリットは大きい。世界共通の製品・ブランドを世界共通の広告／マーケティング・コミュニケーション戦略によって展開できれば、生産と流通に規模の経済が働いて生産性が高まり、また単純化された戦略はコストを低減させることになる。

## 2）標準化の限界

　世界の距離は時間的・空間的に大きく縮まってきている。同じものを着て、同じものを見て、同じものを食べる、といったことは世界的に見られる傾向である。しかしながら、それが全てというわけでもない。依然として国によって環境は多様であり、これからも各国・各地域の特性は残っていくであろう。

　たとえば世界的な規模の自動車メーカーは、いくつかの車種をほぼ世界共通で販売しているが、細かい部分を見れば、国や地域に合わせた変更を行っている。デザインの細かい部分を変えたり、寒冷地仕様や砂漠仕様などの特別仕様を用意したりすることで各地域のニーズに合わせている。また、同一車種であっても、国によって車名を変えることもあるし、市場によってそのポジショニングが異なる場合もある（ある国では大衆車という位置付けの車種が別の国では高級車として位置付けられるなど）。

　国による環境の違いは、広告／マーケティング・コミュニケーション戦略ではさらに大きな影響を受ける。「標準化」は大変魅力的な戦略ではあるが、

最終的には各国・各地域に合わせた広告／マーケティング・コミュニケーション戦略が必要となるのが実際である。たとえばセールス・プロモーションは流通システムと深く関係する場合が多いが、流通システムは国によって大きく異なるため、現地化が基本となる。またたとえば、インターネット上でのダイレクト・マーケティング、いわゆるネット・ショップでの販売は、全世界をターゲットにすることが技術的には可能であるが、実際にはローカライズ、すなわち主要各国ごとにショップを開くのが普通である。

## 3）広告／マーケティング・コミュニケーションの標準化が可能になる条件

　一方で、条件が整えば広告／マーケティング・コミュニケーションの世界レベルでの標準化を推し進めることができる。標準化を最大限に実現することは**グローバル戦略**の基本であり、それは広告／マーケティング・コミュニケーション戦略においても同様である。

　たとえばビジュアルは言語的なメッセージよりも標準化がしやすい。これは視覚的な情報の方が共通認識を得やすいからである。画面いっぱいに広がる青い海・青い空・白い砂浜は誰もがあこがれるものであり、美しくそびえる高層ビル群には、多くの人が近代化や先進性を感じることができるだろう。

　また、文化が異なったとしても普遍的な魅力を持つ製品・サービスについては、広告／マーケティング・コミュニケーションの標準化がしやすい。宝石や貴金属、化粧品などは、世界的に見て普遍的な価値を有している。こうした製品では世界共通のイメージを訴求することができる。

　「この製品カテゴリーならこの国のものが優れている」という世界規模の社会的認識がある場合もまた、標準化された広告／マーケティング・コミュニケーション・キャンペーンを展開しやすい。北欧の家具、イタリアのファッション、スイスの時計など、その国の文化と伝統が生み出したものであり、世界的な地位を築いている。こうした世界的な共通認識を得られているケースでは、標準化されたステレオタイプ的な訴求が有効となる。

## 4）グローバル化の実際

　概念上は「標準化か現地化か」という命題があるものの、実際にはグローバル企業のほとんどが、標準化と現地化の中間的なアプローチを取っている。その基本的な方法は、標準化された製品、標準化されたマーケティング戦略、そして現地化された広告／マーケティング・コミュニケーション戦略である。

　広告／マーケティング・コミュニケーションの現地化の基本は、その国の言語や市場環境に合わせたメッセージの変更である。さらに、ビジュアルやテーマを変更することもある。また反対に、世界共通のメッセージを設定しておいて、それぞれの国の環境に合わせたクリエイティブをデザインする場合もある。ただし、いずれにしてもグローバル戦略の基本ラインに沿った変更となる。広告以外のマーケティング・コミュニケーション・ツールについては広告よりもさらに各国に合わせた戦略を用意しなければならないわけだが、それでもグローバル戦略の標準化された部分を無視してはいけない。

# 4　グローバル広告／マーケティング・コミュニケーションにおける意思決定

## 1）グローバル展開のための組織

　グローバルな展開を行おうとする場合、当然ながらグローバルな活動を管理するための組織が必要となる。グローバルな組織形態には3つの形がある。1つは中央集権型、1つは分散型、そしてもう1つはこれらの中間型である。

　本社からすると、中央集権型の組織は魅力的である。なぜなら、本社にマーケティング・コミュニケーション機能を集中的に置くことで、直接的なコントロールが可能になり、管理しやすいからである。またコスト的にも有利となる場合が多い。中央集権型の組織は、海外進出の規模が小さい場合や、市場環境が似ている国にのみ進出している場合に適している。

　分散型の組織では、各国の責任者がそれぞれの予算を組み、広告会社等外部協力企業を選定し、広告／マーケティング・コミュニケーション戦略の意

思決定を行う。各国の責任者は担当する市場の特性をつかみ、その市場に最も適した戦略を組み立てなければならない。分散型の組織は、対象の市場規模が小さい場合や、市場環境が特殊な場合に特に有効である。

　実際にはグローバル企業の多くが、中央集権型と分散型の中間の形を模索している。その多くは、グローバル広告／マーケティング・コミュニケーションの統括責任者を本社に置き、基本的なグローバル戦略は本社で策定する。一方、各国の責任者にはある程度の権限が与えられ、本社の統括責任者の認可を取りつつ、各国の状況に合わせた形に戦略を適応させる。これには、各国の環境に合わせなければならない部分は調整するが、世界共通のブランド・イメージを確立させたい、という企業の思惑が現れている。

## 2）広告会社等外部協力企業の選定

　自社組織の設計と同様、広告会社等外部協力企業の選定も重要である。世界共通のブランド・イメージの確立のためには、グローバルに展開している世界的な広告会社グループと組むことが第1オプションであるが、国ごとにそれぞれの有力広告会社と組むという方法もある。

　広告主の組織が分散型の場合には、各国の責任者に権限が移譲されるため、国別に広告会社を選定することになる。また、マーケティング・コミュニケーションの他のツール、セールス・プロモーションやPRなどについては、国や地域ごとにパートナーを選定する必要がある。

## 3）グローバル展開におけるその他の意思決定

　ここでは、グローバル展開に必要なその他の意思決定について、その主要なものについて挙げておく。

　（1）クリエイティブ

　広告クリエイティブに関していえば、グローバル広告のクリエイティブは世界に通用するものでなければならない。そして基本的には標準化されるべきであり、細部については必要に応じて現地化を行うということになる。

　ブランド・ロゴやマークといったものは、全世界共通で展開できることが

望ましい。全ての国の社会・文化で受け入れられ、かつ強力なブランド・ロゴを創造するのは大変困難な作業ではあるが、ひとたびブランド・イメージが確立されれば、それはその企業にとってのかけがえのない財産となる。

### (2) メディア・プランニング

メディア・プランニングは現地での対応が基本である。先に指摘した通り、国によってメディアの環境は大きく異なる。したがって、メディア・プランニングについては、各国の状況によって変えていかなければならない。媒体環境が似ているのであれば出稿量のバランス調整などで済むかもしれないが、多くの場合、メディア・プランニングはそれぞれの国に合わせた独自のものとなる。そしてさらに、メディア環境が大きく異なるのであれば、クリエイティブもまたそれに合わせて変更しなければならない。電波媒体をメインにする場合と印刷媒体をメインにする場合では、当然ながらクリエイティブも変わってくるからである。

### (3) セールス・プロモーション

先にも述べたが、セールス・プロモーションについては、特に流通環境が国によって大きく変わるために、それぞれの国ごとに合わせたセールス・プロモーション手法の開発と活用が大変重要になる。大規模な流通企業の有無やコールド・チェーンを含めた物流インフラの充実度、商慣習や小売店舗環境など、考慮すべき点は数多い。また、値引き（二重価格）や景品類については法規制にも留意しなければならない。

### (4) PR

PRについては、本社が管理する部分と各国対応の部分に分けられる。たとえば全世界に向けて新製品を発表する場合や、その企業の自然環境へのスタンスをグローバルにアピールする場合などは本社が管理すべきである。一方で、ローカルな地域貢献や特定の国での危機管理などについては国ごとにマネジメントされる必要がある。

### (5) インターネット上での諸活動

今や、**インターネット**は社会基盤の1つである。そして、インターネットはその本質がグローバルである。しかしながら、ウェブ広告については現在

ではターゲッティング技術が進んでおり、これはむしろローカライズが進んでいるともいえる。また、グローバル企業のウェブサイトもまた各国に対応させたローカライズ版を用意することが多くなっている。ネット・ショップについても既述の通り同様である。もちろん、全世界共通の広告やネット・ショップの展開も可能であり、ここでも標準化と現地化（そしてあるいはその中間）の選択が迫られることになる。

　インターネットの普及によって企業が抱えることとなった課題の1つは危機管理の問題である。かつてないほどに情報の伝播が速くかつ広くなった結果、グローバル企業に問題が生じた時は、その情報はあっという間に世界中に伝わる。ひとたびこうしたことが発生した場合の危機管理はグローバル企業にとっては大きな課題となりつつある。

● 参考文献

高畑泰（2012）「グローバル広告」石崎徹編著『わかりやすい広告論（第2版）』八千代出版

Belch, G. E. and Belch, M. A. (2007), *Advertising and Promotion: An Integrated Marketing Communications Perspective*, 7th ed., McGraw-Hill.

Kotler, P. and Keller, K. L. (2012), *Marketing Management*, 15th ed., Prentice-Hall.

## ● 国による違いあれこれ ●

　世界で用いられてる言語は多種多様である。7000から8000もの言語が世界中で用いられているともいわれる。ここで、ある言語から別の言語へは基本的には翻訳が可能である。しかしながら、2つの言語間で訳せないような微妙な表現や、その言語特有の言い回しというものが必ず存在する。そして、たとえば広告のキャッチ・コピーに、そうした微妙な表現が意図的に用いられることは少なくないし、そのようなキャッチ・コピーだからこそ優れていると評される場合も多い。だからこそ、ある言語で考えられた優れたキャッチ・コピーが他の国では使用できない、ということはよくあることである。

　また、メッセージに用いられるサインやシンボルなども国によってその意味合いが異なる場合がある。たとえば手の親指を立てるサイン、いわゆるサムズ・アップは英語圏や日本では肯定的な「good（良い）」などの意味合いを持つが、中東や西アフリカ、南米の一部の国では侮辱的な表現となる。あるいは同様の手の動きで、手のひらを下にして手先を振る動作は日本では人を招く意味となるが、米国などではこの動作は「向こうへ行け」という意味になってしまう。

　色もまた国によってその意味が異なる。それぞれの文化において、色は何らかの意味を持つことが多い。たとえば日本や中国では赤は祝いの色であるが、西洋では濃い赤は悪魔の色である。また黄色はインドや中国、マレーシアなどではロイヤル・カラーであり、イスラム教では緑が聖なる色である。

　一方、文化的価値観も多様である。文化的価値観はたとえば外国製製品やサービスに対する態度に影響を及ぼす。たとえば、アジア諸国の一部のように西洋の製品やサービスに憧れを持つ傾向がある場合もあれば、フランスのように外国製製品やサービスに対して否定的な傾向を持つ国もある。また、中国では同等のレベルの製品であれば自国のものを好むという調査もある。まさに、所変われば品変わるといったところなのだ。

# 14 章
## ソーシャル・マーケティングと
## 広告／マーケティング・コミュニケーション

---

― ● キーワード ● ―
ソーシャル・マーケティング、非営利組織のマーケティング、社会志向のマーケティング、コーズ・リレーテッド・マーケティング、ソーシャルグッド

## 1　非営利組織のマーケティングと
　　　社会志向のマーケティング

　ソーシャル・マーケティングあるいは社会的マーケティングには、同じ用語でありながら、まったく異なる2種類のマーケティング・カテゴリーが存在している。1つは「非営利組織のマーケティング」であり、もう1つは「社会志向のマーケティング」である。

　**非営利組織のマーケティング**とは、企業の戦略として開発されてきたマーケティングの考え方や技法を、非営利組織である病院やNPO団体、あるいは大学などにも適用しようというものである。

　一方で、**社会志向のマーケティング**とは、企業が個々の顧客ニーズを理解し対応することで、経済的利益を高めていこうとするマーケティングが、必ずしも社会を幸福にするとは限らない、むしろ公害問題など社会利益を損なうのではないかという問題意識と反省から、社会的ニーズにも対応し、社会の幸福、社会的利益にも貢献していこうというものである。

## 2　非営利組織のマーケティングと
　　　広告／マーケティング・コミュニケーション

　病院や大学といった非営利組織であっても、患者あるいは学生が集まらな

ければ経営は成り立たない。したがって、非営利組織が、マーケティング戦略を考えることは必然ともいえる。では、非営利組織の広告／マーケティング・コミュニケーションには、どのようなものがあるだろうか。広瀬（2006）は、広告テーマを営利と非営利に分類している。

　非営利組織の営利を目的とした広告コミュニケーションは、大学を例にするとわかりやすいかもしれない。

　大学は、入試の時期が近づけば、入学試験の受験者数を増やすための入試広報を活発化させている。また、少子化の昨今においては、大学の競争は激化しており、企業が企業認知や競合差別化のためにブランディングに力を入れるのと同様に、大学が教育理念やビジョン、スクールロゴの訴求に代表される大学ブランディングに力を入れることも当然のことといえよう。

　大学だけでなく、国レベルでも、たとえば、外国からの観光客を増やすためのマーケティング（**インバウンド・マーケティング**）やマーケティング・コミュニケーションが積極的に行われている。

　一方で、非営利組織が行う非営利をテーマにした広告コミュニケーションには、どういうものがあるであろうか。

　代表的なものとして、ACジャパンが行っている公共広告が挙げられる。**公共広告**とは、環境、福祉、教育、人権など社会的・公共的な問題についての理解や解決を目的とする広告である（芳賀 2012）。

　**ACジャパン**は「公共のための広告活動を通じて国民の公共意識の高揚を図り、もって社会の進歩と公共の福祉に寄与することを目的」（ACジャパン定款より）に1971年に設立された非営利団体である。広告主、媒体社、広告会社、経済文化団体など1000を超える正会員から組織されており、その会費で運営されている。ACジャパンの広告は、会員社である広告会社、制作会社が企画制作するという形で協力し、会員社である媒体社は広告スペースを提供するという形で協力するなどして、発信される。

　テーマは、「公共マナー」「環境問題」「親子のコミュニケーション」といった時代を超えた普遍的なテーマ、「子どもの自殺防止」「いじめ」など時代の世相を反映したテーマ、公共福祉活動に取り組んでいる団体を支援する

キャンペーン、阪神淡路大震災・東日本大震災など大災害が発生した時の臨時キャンペーン、米国・韓国との共同キャンペーンのように国境を越えたテーマなど、社会がその時最も必要としているメッセージを発信し続けている（ACジャパンウェブサイトより）。

# 3　社会志向のマーケティングの変遷と広告／マーケティング・コミュニケーション

## 1）社会的責任と社会貢献

　近年、さまざまな環境問題や消費者の社会意識の高まりから、「社会志向のマーケティング」への関心は実務・学術両面において高まっている。まずは、その変遷を見てみよう。

　1960年後半から問題提起された社会志向のマーケティングは、当初、自動車の排気ガスなど環境負荷の問題などに代表されるような企業の社会的責任論が中心であった。いかにして環境に配慮し、社会的に公正に企業活動を行うのか。そして、いかにしてそれらについて積極的な情報開示を行うのかなどが主たるテーマだ。

　その後、1990年前後から、社会志向のマーケティングの新たな展開として、メセナやフィランソロピーなど企業の社会貢献活動が注目されるようになってきた。日本でも1990年に社団法人企業メセナ協議会（2011年に公益社団法人に移行）が設立されている。メセナとは、「社会貢献の一環として行う芸術文化支援」である。芸術文化支援を意味するフランス語で、古代ローマ時代の皇帝アウグストゥスに仕え、詩人や芸術家を手厚く庇護した高官マエケナス（Maecenas）の名に由来しているという。

## 2）社会志向のマーケティングの新たな展開

　近年、社会的責任論、（見返りを求めない）社会貢献論は新たな展開を迎えている。

　芳賀・井上（2014）は、企業の社会貢献活動が、企業イメージ、ブランド・

イメージ、ブランド・ロイヤルティ、ブランド態度、購買意向などマーケティングの成果指標に及ぼす影響を焦点にしていると指摘している。

　たとえば、前述した企業メセナ協議会の機関紙にも「新たなメセナの展開に向けて—リーダーたちのメッセージ」と題して、会長の髙嶋達佳氏の次のようなメッセージが掲載されている（同協議会機関紙『メセナnote』80号〔2014年3月発行〕。傍点は筆者によるもの）。

　「メセナはクリエイティブな行為です。クリエイティビティが重要な広告も原点は『人の心を動かす』こと。メセナを通じて企業イメージやブランドが向上する、地域とのよい関係が培われるというのも、人の心を動かしていくからです。（中略）メセナの地道な取り組みが、いずれ大きな影響を社会や地域、企業にもたらすことを実感していただけるよう、協議会活動に取り組みたいと思います」。

　企業メセナ協議会のトップメッセージからも、メセナに企業イメージやブランド・イメージの向上というマーケティング成果が意識されていることが見て取れる。

### 3）社会貢献とマーケティング成果の両立を目指す　　マーケティング・コミュニケーション手法

　社会貢献とマーケティング成果の両立を目指すマーケティング・コミュニケーション手法には、①企業が特定の非営利組織に協賛企業として協力し、その社会活動と企業名を結び付けて訴求するケースや、②自ら社会性の高い事業を主導的に主催、提供、協賛するケース、あるいは③自社の製品を消費者が購買するごとに、その売上の一部が非営利組織などに寄付されるといったケースなどがある。なお、このように社会的課題の支援と自社製品の販売が組み合わされたマーケティング手法を**コーズ・リレーテッド・マーケティング**という。

### 4）ケース①～2020年東京五輪・パラリンピック

　非営利組織に企業が協賛する代表的な事例としては、オリンピック・パラ

リンピックのマーケティング・プログラムが挙げられよう。2020 年に開催が予定されていた東京 2020 オリンピック、パラリンピック競技大会（以下、東京 2020）は、新型コロナウイルスの影響により開催が 1 年延期されたが、その収支が東京都オリンピック・パラリンピック競技大会ホームページに掲載されている（2023 年 10 月 31 日アクセス）。

　収支の最終報告によると組織委員会の主な収入は、IOC 負担金 868 億円、TOP スポンサー（オリンピックワールドワイドスポンサー）569 億円、国内スポンサー（東京 2020 スポンサー）3761 億円、大会の延期に伴う保険金 500 億円となっている。

　企業が、オリンピック・パラリンピックに協賛する意義には、「オリンピックを通じて、人類が共に栄え、文化を高め、世界平和の火を永遠に灯し続ける」という社会性の高い理念の実現への貢献と同時に、広告などで、「オリンピックを応援している」といえる呼称権や広告や製品のパンフレットにオリンピックを象徴する五輪がデザインされたマークを使用できる権利（上位レベルの協賛プログラムのみ）が付与されるなどマーケティング成果が期待できるという経済的意義がある。

　そのため、企業協賛プログラムは、協賛企業の販促効果（競合差別性）を担保するために、1 業種 1 社に限定されることが一般的だ。前述した東京 2020 国内最高位の「ゴールドパートナー」には「みずほフィナンシャルグループ」と「三井住友フィナンシャルグループ」などのように同業者の企業名も並ぶが、これは異例といえよう。両フィナンシャルグループの社長は、共同会見も行っているが、その内容によると、日本開催ということで「日本の成長に大きなインパクトがあるイベント」であることから協賛を決断したという。

## 5）ケース②〜三井ゴールデン・グラブ賞、三井ゴールデン匠賞

　企業が社会性の高い事業を支援する方法としては、オリンピック・パラリンピックのように複数企業による協賛もあれば、単独の企業や企業グループで支援する方法もある。

たとえば、三井グループ24社が加盟している三井広報委員会では、1972年よりプロ野球の優秀な守備のベストナインを表彰する三井ゴールデン・グラブ賞を提供している（2010年からは受賞した元プロ野球選手による指導者のための野球教室も開催）。なぜ、三井広報委員会がプロ野球の守備の選手を表彰する事業を長く実施しているのか不思議に思う人も多いだろう。

　実は、この背景には、「人の三井」として「人を大切にし、多様な個性と価値を尊重することで社会を豊かにしたい」、だから注目の集まりやすい攻撃陣だけでなく、野球の土台ともいえる守備陣にも光を当てたいという想いがある（投手も投球ではなく守備が評価される）。

　また、同委員会では、同じ目的から2015年より、日本の伝統工芸文化を継承しながらも、革新的アイデアを積極的に取り入れることで伝統工芸をさらに発展させている担い手を表彰する「三井ゴールデン匠賞」もスタートさせている。この背景には、昨今、文化というとアニメなどポップカルチャーに注目が集まっているが、後継者不足などの課題もある日本の伝統工芸分野にも着目し、「伝統×イノベーション」を実現している担い手に、注目と評価が集まる機会を創出していきたいという想いがある（図表14-1）。

　ブランド・イメージの向上などマーケティング成果を期待する場合には、

図表14-1　三井広報委員会の社会貢献活動

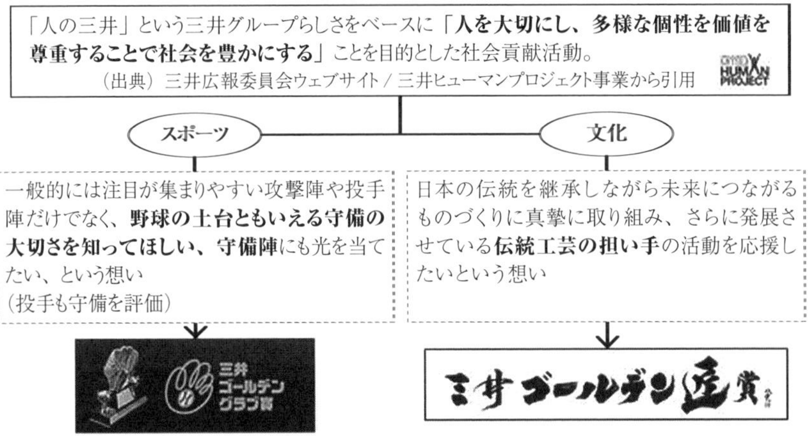

「人の三井」という三井グループらしさをベースに「**人を大切にし、多様な個性を価値を尊重することで社会を豊かにする**」ことを目的とした社会貢献活動。
（出典）三井広報委員会ウェブサイト／三井ヒューマンプロジェクト事業から引用

スポーツ　　　　　　　　　文化

一般的には注目が集まりやすい攻撃陣や投手陣だけでなく、**野球の土台ともいえる守備の大切さを知ってほしい、守備陣**にも光を当てたい、という想い
（投手も守備を評価）

日本の伝統を継承しながら未来につながるものづくりに真摯に取り組み、さらに発展させている**伝統工芸の担い手**の活動を応援したいという想い

当該事業の社会的重要度だけでなく、なぜその企業が当該社会貢献事業を行うのか、納得性と共感を得られるテーマ設定を行うことが重要だ。

　たとえば、自動車会社が交通安全をテーマにする、飲料会社が水分補給をテーマにするというのは、事業との連動性から消費者にとっても理解しやすいであろう。一方で、必ずしも直接的には事業との関連性がなくとも、前述の三井広報委員会のように、企業としての理念や想いとの合致性からテーマを設定することも可能だ。ただし、その場合には、消費者にその合致性についての連想が可能であることが前提になる。そうでない場合には、当該企業と当該社会貢献事業とを関連付ける理念・想いの認知を向上させるためのコミュニケーションを同時に行うことが必要だ（芳賀・井上 2014、井上 2015）。

## 6）ケース③〜売上の一部が社会貢献活動の支援に寄付されるケース

　自社の製品を消費者が購買するごとに、その売上の一部が社会貢献活動の支援に寄付されるマーケティング・コミュニケーション手法は、すでに定着しているといえよう。

　たとえば、森永製菓株式会社が、2008年から行っている「1チョコ for 1スマイル」キャンペーン（ガーナチョコレートなど商品の売上の一部を、カカオ生産国の子ども支援として寄付）やコーセー（雪肌精）が2009年から続けている“SAVE the BLUE”（SeaSeedを通してサンゴの育成活動を支援）などが挙げられる。

　いずれも、商品を購入することで、売上などの一部が寄付される仕組みであり、企業と消費者との共働によって社会貢献活動が行われることが特徴だ。

　このような活動の元祖ともいえる事例にアメリカン・エキスプレスによる自由の女神修復キャンペーンがある。

　アメリカン・エキスプレスは、1850年に創業されて以来、歴史的建造物の保全や修復を積極的に行ってきており、その根底には、「世界で最も尊敬されるサービス・ブランドとなる」という企業ビジョンと「良き企業市民であること」という思想があるという。

　1983年に行われたこのプロジェクトでは、クレジットカードを利用すると1回につき1セントが、自由の女神の修復のために寄付された。寄付は、

クレジットカードの利用だけでなく、トラベラーズチェックの利用や、旅行パッケージの販売など、同社が持つ製品を横断して行われたという。

結果的に、3ヶ月で総額170万ドルの寄付金を集め、自由の女神の修復に向けて多大な貢献を実現し、同時に、カードの利用額が前年比28％の増加、新規カードの申込数が前年比45％の増加と大きなマーケティング成果を得ることにも成功したという。

さて、このように説明すると、違和感を覚えられる方もいるかもしれない。社会貢献活動が、利益を生み出すための手段であると捉えることもできるからだ。確かに、企業利益という目的のために、社会課題の解決を手段として用いるとは主客逆転ではないかという指摘はもっともである。

しかし、経済価値が伴っているからこそ、社会性の高い活動が直接的に持続可能になるともいえる。

とはいえ、戦略的な発想は、誤解を受けやすく、批判も受けやすい。だからこそ、社会貢献とマーケティング成果の両立を目指すマーケティング・コミュニケーション活動を行う企業は、共感性の高い社会的理念（ソーシャルグッドな理念）を掲げ、その理念の浸透と理念に基づく誠実な企業姿勢が問われることは間違いないといえよう。

## 7）ソーシャルグッドとソーシャルメディア

ソーシャルグッドなキャンペーンが展開しやすくなった背景には、ITの進歩やソーシャルメディアの普及があることも忘れてはならない。

たとえばカンヌ史上初5部門でグランプリを獲得したメルボルン鉄道の企画 “DUMB WAYS to DIE”。同社は、キモカワなアニメキャラたちが、鉄道の安全ルールを守らないことが、いかにバカバカしい死につながるかをシュールに訴求しながら歌い上げる動画を制作。ソーシャルメディア上で配信し大きな話題を獲得したが、同時にこれまで交通安全ルールに対して無頓着であった若者たちに、交通ルールを守ることをインターネット上で宣言させる仕組みも構築したのだ。同社のカンヌライオンズの審査用資料によると、事故件数を前年比21％と大幅に減らすことに成功したという。

　あるいは、"Open Happiness"（ハッピーをあけよう、ハッピーをシェアしよう）をテーマに掲げるコカ・コーラがインドとパキスタンの間で60年にもわたり紛争によって分断が続いている状況に一石を投じた"Small World Machines"（世界を小さくする自動販売機）がある。同社は、インドとパキスタンの両国のショッピングモールのような場所に、1台ずつインターネットによって接続されたカメラとスクリーンを取り付けた特殊な自販機を設置。

　インドとパキスタンの人たちが、そのスクリーンを通して互いに相手国の人々とジェスチャーやゲームなどで直接交流できるようにしたのだ。スクリーンには、「一緒に手を合わせなさい」「一緒に踊りなさい」などのさまざまな指令が映し出され、双方がクリアすれば、双方の自販機から無料でコカ・コーラが出てくる仕組みだ。隣国でありながら、この特殊な自販機のおかげで初めて隣人と交流できた人も多かったのではないだろうか。これらの自販機は各1台ずつ設置されたに過ぎないが、両国の人々が楽しく交流する様子が動画に収められ、YouTubeなどのソーシャルメディアを通して世界中に配信され、コカ・コーラのOpen Happinessを拡散するのに寄与したといえる。

　また、日本では2021年にP&Gのシャンプーブランド「パンテーン」の「＃この髪どうしてダメですか」というキャンペーンが話題になった。当時、頭髪が生まれつき茶色系の高校生が、学校から髪を黒く染めるように強制され、不登校になったことが背景にあるという。パンテーンはシャンプーなどといったヘアケア商品のブランドであるが、「あなたらしい髪の美しさを通じて、すべての人の前向きな一歩をサポートする」というソーシャルグッドな理念、パーパスを有していたことから、生まれつきの茶色い髪を黒く染めることを強制する事実を問題提起するメッセージに共感が集まり、SNS上でも話題になったのだと考えられる。

　まさに、ITの進歩はこれらの企画を実現させ、ソーシャルメディアが消費者間における認知拡大と話題化に貢献している。特にソーシャルメディアの普及・発展が、これらソーシャルグッドなキャンペーンのマーケティング・コミュニケーション投資としての費用対効果を押し上げ、これらソー

シャルグッドなキャンペーンを持続可能としているといえよう。

## 8）ソーシャルグッド・キャンペーンの
## 　　コミュニケーション・プランニング上の位置付け

　いうまでもなくソーシャルメディアやITを活用すればソーシャルグッド
なキャンペーンが成功するということではない。企業が行うソーシャルグッ
ドな企画を成功させるためにはいくつかポイントがあるはずであるが、最も
重要なことは、コミュニケーション戦略全体の中でのソーシャルグッド・
キャンペーンの位置付けをしっかり決めることだ。

　コミュニケーションの目的には、幅広い認知の獲得を目指すものもあれば、
特定の層との関係性の維持や強化を目的としたものもある。特定の層との良
好な関係の構築の結果、自発的なクチコミやソーシャルメディアでの推奨な
どの評判コミュニケーションも生み出される。このことからコミュニケー
ションの設計は、従来の企業と消費者の二者間関係ではなく、図表14-2の
ように三角形で捉えるべきである（井上 2010、恩蔵・ADK R3プロジェクト 2011）。

　ソーシャルグッド・コミュニケーションは、この三角形の右辺である特定

図表14-2　コミュニケーション戦略におけるソーシャルグッド・コミュニケーション

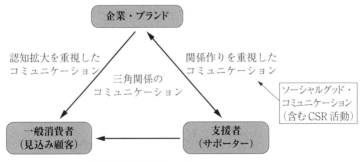

出所：井上一郎（2010）「顧客接点が多様化する現状におけるコミュニケーショ
　　　ンプランニング手法の整理—実務の現場からの試案」『第 41 回日本広告
　　　学会全国大会報告要旨集』42-45 ページ、恩蔵直人・ADK R3 プロジェク
　　　ト（2011）『R3 コミュニケーション』宣伝会議より作成。

の層との関係構築に位置付けることができる。そのことで、ソーシャルグッ
ド・コミュニケーションは（CSR活動自体も）、自社と消費者との関係をより
良くすることを目的とし、さらには、そのコミュニケーションや活動を通し
て、自発的な評判を発生させるという戦略的な目的をも内包させることがで
きるからだ。

● **参考文献**

井上一郎（2010）「顧客接点が多様化する現状におけるコミュニケーションプランニ
　　ング手法の整理―実務の現場からの試案」『第41回日本広告学会全国大会　報告要
　　旨集』42-45ページ

恩蔵直人・ADK R3プロジェクト（2011）『R3コミュニケーション』宣伝会議

芳賀康浩（1998）「非営利組織マーケティングの領域と企業の社会貢献の領域」『季刊
　　マーケティングジャーナル』第70号、日本マーケティング学会、4-15ページ

芳賀康浩（2012）「社会的コミュニケーション手段としての広告」石崎徹編著『わか
　　りやすい広告論（第2版）』八千代出版

芳賀康浩・井上一郎（2014）「Social Good キャンペーンの成果に影響を及ぼす要因の
　　検討『マーケティングジャーナル』第34巻第1号（通巻第133号）2014SUMMER、
　　日本マーケティング学会、35-53ページ

広瀬盛一（2006）「広告と公共的コミュニケーション」嶋村和恵監修『新しい広告』
　　電通

三浦俊彦（2012）「ソーシャル・マーケティング」和田充夫・恩蔵直人・三浦俊彦
　　『マーケティング戦略（第4版）』有斐閣

Kotler, P. and Andreasen, A. R.（2005）, *Strategic Marketing for Non-Profit
　　Organizations*, 6th ed., Pearson Education Inc.（井関利明監訳、新日本監査法人公
　　会計本部翻訳『非営利組織のマーケティング戦略（第6版）』第一法規、2005）

Kotler, P., Kartajaya, H. and Setiawan, I.（2010）, *Marketing 3.0:From Products to
　　Customers to the Human Spirit*, John Wiley & Sons.（恩蔵直人監訳、藤井清美訳
　　『コトラーのマーケティング3.0』朝日新聞出版、2010）

Porter, M. E. and Kramer, M. R.（2002）, "The competitive advantage of corporate
　　philanthropy", *Harvard business review* Dec 2002, pp.27-64.（ハーバード・ビジ
　　ネス・レビュー編集部訳「競争優位のフィランソロピー―社会貢献コストは戦略的
　　投資である」『Harvard Business Review March 2003』ダイヤモンド社、2003）

Porter, M. E. and Kramer, M. R.（2006）, "Strategy and Society：The Link between
　　Competitive Advantage and Corporate Social Responsibility", *Harvard Business
　　Review*, Dec 2006, pp.78-92.（ハーバード・ビジネス・レビュー編集部訳「競争優
　　位のCSR戦略」『Harvard Business Review Jan 2008』ダイヤモンド社、2008）

Porter, M. E. and Kramer, M. R.（2011）, "Creating Shared Value", *Harvard
　　Business Review*, Jan/Feb 2011, pp.62-77.（ハーバード・ビジネス・レビュー編
　　集部訳「Creating Shared Value―経済的価値と社会的価値を同時実現する共通価
　　値の戦略」『Harvard Business Review June 2011』ダイヤモンド社、2011）

井上一郎（2015）「ソート・リーダーシップ」『広告朝日マーケティング・キーワード』朝日新聞広告局ウェブサイト
　https://adv.asahi.com/marketing/keyword/11053380, 2023年10月31日アクセス
公益財団法人東京オリンピック・パラリンピック競技大会組織委員会ウェブサイト
　https://tokyo2020.org/jp/, 2018年11月16日アクセス
坂牧政彦「東京オリンピック・パラリンピック（東京2020）とマーケティング『スポーツというビジネス #0（電通報告）』　http://dentsu-ho.com/articles/1275, 2015年10月10日アクセス
東京都オリンピック・パラリンピック競技大会ウェブサイト　https://www.2020games.metro.tokyo.lg.jp/special/watching/tokyo2020/organising-committee/budgets/, 2023年10月31日アクセス

## ● 社会志向のマーケティングとマーケティング成果を関連付ける理論 ●

　これまでに見てきたマーケティング成果と社会貢献の両立を目指すキャンペーンの企画を学術的に見た場合、ポーターとクラマー（Porter and Kramer 2002、2006、2011）やコトラーら（Kotler, Kartajaya and Setiawan 2010）のアプローチが挙げられる。

　コトラーらは、2010年に「世界（社会）をよりよい場所にすること」を目的に掲げた書籍『Marketing3.0』を上梓、ポーターとクラマーは翌年の2011年「経済的価値と社会的価値を同時実現する」コンセプトを提案する論文 "Creating Shared Value"（以降CSV）を発表している。

　ポーターらは、2002年にはすでに、「社会貢献コストは戦略的投資である」との副題で、社会貢献の在り方について問題提起し、2006年には、論文 "Strategy and Society（競争優位のCSR戦略)" の中ですでにCSVの概念について提示している。

　そのため2011年における社会的価値と経済的価値の同時実現、社会課題の中にビジネスチャンスがあることを示すこの論文は3部作の集大成といえる。この過程で、利益の還元を主眼に置いた善行という概念の従来型CSRとの対比が学術、実務の双方で大きな話題となったことを考えても、2010年以降に増えた、マーケティング成果を目的としたソーシャルグッド・キャンペーンの背景には、CSVの論文があるともいえよう。

　もっともポーターが、自社のイメージ向上ばかりに関心が向き、社会にインパクトを与えて実際に社会を変えることを真剣に考えていない企業のCSR活動では効果は得られないと警鐘を鳴らしていることも忘れてはならない。

# 15 章

## セールス・プロモーション

（松本　大吾）

---

● キーワード ●

セールス・プロモーション、販売促進、消費者プロモーション、消費者プロモーションの分類、トレード・プロモーション、消費者プロモーションの長期的効果

---

　応募シールを集めると抽選で景品がもらえる懸賞、スマートフォンから入手可能なクーポン、お店でもらえるポイントカード、店頭での試食や試飲、折込チラシや店頭のPOP広告。一見するとどれも違う形をしているが、これらは全てセールス・プロモーションと呼ばれる活動である。

　セールス・プロモーション活動は日常生活の中に多様な形で存在している。その一方で消費者の目には触れない店舗の裏側で行われているものもある。本章を通じてセールス・プロモーションの全体像を捉えよう。

## 1　セールス・プロモーションとは何か

### 1）セールス・プロモーションの定義

　セールス・プロモーションは、広告、人的販売、パブリシティとともにマーケティング・コミュニケーションの一手段として位置付けられる（図表15-1）。**セールス・プロモーション**とは、商品やサービスの試用や継続的な購買、購買量の増加といった、消費者の行動を直接的に動機付けるために、限定された期間に行われる、消費者あるいは流通業者を対象としたマーケティング・コミュニケーション活動である。セールス・プロモーションは英

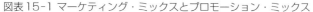
図表15-1 マーケティング・ミックスとプロモーション・ミックス

出所：嶋村和恵監修（2006）『新しい広告』電通、51 ページ 3-1 図より作成。

語でSales Promotion と表記する。そのため、頭文字を取ってSP（エスピー）と呼んだりもする。また日本語では**販売促進**といい、販促とも呼ばれる。実務においては単にプロモーションと呼ぶこともある。定義に基づきながらセールス・プロモーションの特徴を1つずつ確認しよう。

　まず、セールス・プロモーションの目的は「消費者の行動に対する直接的な動機付け」である。ここでいう行動は主に購買行動を指す。たとえば、新規顧客に対しては商品やサービスを試してもらうことが、既存顧客に対してはもっと多く買ってもらうことが該当する。

　セールス・プロモーションは、自社にとって望ましい行動をするように消費者を刺激付けるのだが、その効果はすぐに生じることが期待される。言い換えれば、セールス・プロモーション活動は即効性のある活動である。そのため、長期にわたって展開するというよりも、短期（＝限定された期間）のキャンペーンという形を採ることが多い。

　セールス・プロモーションの対象はもちろん消費者である。ただし、メーカーの場合、小売業者に代表される流通業者を対象とすることもある。消費

者に対して実際に商品を販売するのはメーカーではなく小売業者だからである。流通業者に自社商品を扱ってもらうこと、さらに取引量を増やしてもらうことは重要である。なぜなら、自社商品の扱いがなかったり、扱う量が少なかったりすれば、商品が店頭に並ぶ機会がなくなってしまうためである。したがって、メーカーは流通業者を通じて、間接的に消費者に働きかけるという構図となる。

　セールス・プロモーションの領域は広く、多様な手法がある点も特徴である。純粋なメッセージのみで消費者の行動を刺激付けるのではなく、景品のようなモノによる刺激、会員限定サービスによる刺激、キャッシュバックのような金銭による刺激など、さまざまな要素やその組み合わせで展開される。

　その分、領域を明確に分けることが難しく、他のマーケティング・コミュニケーションの領域と重なる部分もある。たとえば、セールス・プロモーションの具体的な手法の1つであるデモンストレーション（実演販売）は、セールス・プロモーションと人的販売の特徴を併せ持つ。こうした手法については後ほど詳しく説明する。

## 2）セールス・プロモーションと広告の違い

　セールス・プロモーションの特徴を理解するには、同じマーケティング・コミュニケーションの要素である広告と比較するとわかりやすい。

　広告の目的は、消費者に企業の「メッセージを伝える」ことである。メッセージを通じて、商品やサービスの認知やイメージといった消費者の心理的評価を高める。通常、人の気持ちはすぐに変化せず、一度作られた好意的な気持ちは長く続く。広告には長期的効果が期待されているのだ。

　一方、セールス・プロモーションの目的は、消費者に企業にとって「望ましい行動（＝購買行動）を働きかける」ことである。刺激に対する行動の変化はすぐに表れる。その効果が売上という数字の変化で測定できるため目に見えやすい。セールス・プロモーションには短期的効果が期待されているのだ。

## 3）プロモーションとセールス・プロモーション

セールス・プロモーションは実務において単にプロモーションと呼ばれることもある。ただし、プロモーションという言葉は、学術的には広義（＝広い意味）と狭義（＝狭い意味）の2つの意味を持つ（2章マーケティング・コミュニケーションの考え方参照）。

広義のプロモーションとは、マーケティングの4P、すなわち「製品（Product）」「価格（Price）」「流通（Place）」「プロモーション（Promotion）」の1つに位置付けられる言葉だ。

一方、狭義のプロモーションとは、広義のプロモーションの構成要素である「セールス・プロモーション（Sales Promotion）」と同義である。

両者の関係は図表15-1を見るとわかりやすい。プロモーションという言葉を聞いた際には、どちらの意味で使用しているのか気を付ける必要がある。

## 4）主体と対象によるセールス・プロモーションの分類

セールス・プロモーションは、その主体と対象によって分類をすることができる（図表14-2）。

消費者を対象にしたセールス・プロモーションのことを**消費者プロモーション**と呼ぶ。消費者を対象にしたセールス・プロモーションを行うのはメーカーやサービス企業、小売業者である。ただし、一般に自社店舗を持つサービス企業や小売業者と、自社店舗を持たないメーカーでは使用できる手段に違いがある。店舗があれば消費者と直接接することができるが、店舗がないと間接的な働きかけしかできないためである。

メーカーによる流通業者を対象にしたセールス・プロモーションのことをトレード・プロモーションと呼ぶ。メーカーの場合、一般に自社商品の販売を卸売業者や小売業者を通じて行う。たとえば、小売業者は特定メーカーの商品だけでなく、その他複数のメーカーの商品も店頭で販売する。どのメーカーの商品に注力するかは小売業者に主導権がある。メーカーはできる限り自社商品に注力してもらうために小売業者に働きかける必要がある。卸売業

図表15-2　主体と対象によるセールス・プロモーションの分類

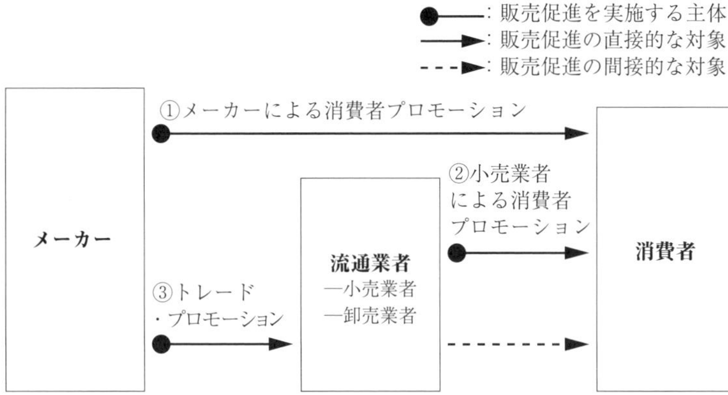

出所：武井寿・岡本慶一編著（2006）『現代マーケティング論』実教出版、95 ページと渡辺隆之・守口剛（2011）『セールス・プロモーションの実際』日本経済新聞出版社、103 ページより作成。

者は小売業者が商品を仕入れる先である。メーカーはやはり卸売業者に働きかけ、自社商品の流通を増やすよう促す必要がある。

　そのほかに、自社の営業部門を対象にした活動をセールス・プロモーションの一種と考える場合もある。厳密にはセールス・プロモーションとはいえないが、消費者や流通業者への働きかけを担当する彼らの努力は売上を左右する。営業部門への働きかけはセールス・プロモーション的な活動といえる。

## 2　消費者プロモーション

### 1）消費者プロモーションの分類

　セールス・プロモーションの対象の中で消費者は最も重要である。流通業者や自社営業部門を対象にしたセールス・プロモーションも、最終的にはそれらを通じた消費者への働きかけを意図しているからだ。消費者プロモーションはまさにセールス・プロモーションの中心に位置付けられる。

　消費者プロモーションには多様なツールがある。図表15-3は本節で紹介

図表15-3　消費者を対象としたセールス・プロモーションツール

| 価格訴求型 | インセンティブ提供型 | 制度型 | 体験型 | 情報提供型 |
|---|---|---|---|---|
| キャッシュバック<br>値引き<br>クーポン<br>バンドリング<br>増量パック | 〈購入すれば必ずもらえる〉<br>総付プレミアム<br>プレミアム容器<br>応募もれなく<br>　進呈プレミアム<br>自己精算式プレミアム<br><br>〈抽選で当たる〉<br>オープン懸賞<br>クローズド懸賞<br>その場当たりプレミアム | ポイントプログラ<br>ム<br>会員制度<br>サービス制度 | サンプリング<br>モニタリング<br>デモンストレーション | 交通広告<br>屋外広告<br>ダイレクトメール<br>折込広告<br>POP広告<br>特別陳列<br>イベント |

出所：上田隆穂・守口剛編（2004）『価格・プロモーション戦略―現代のマーケティング戦略②』有斐閣、23ページと渡辺隆之・守口剛（2011）『セールス・プロモーションの実際』日本経済新聞出版社、112ページより作成。

するツールの一覧である。消費者プロモーションのツールは訴求ポイントによって5つに分類することができる。①価格訴求型のセールス・プロモーション、②インセンティブ提供型のセールス・プロモーション、③制度型のセールス・プロモーション、④体験型のセールス・プロモーション、⑤情報提供型のセールス・プロモーションである。

## 2）価格訴求型のセールス・プロモーション

　価格訴求型のセールス・プロモーションとは、商品の価格を一時的に値引きするという、金銭的刺激によって消費者の購買行動を促す活動である。商品の価格は購買行動に直接的な影響力を持つため、シンプルな方法だが、早く強い効果がある。ただし、マイナスの副作用も大きい。頻繁に行うと消費者が値引きに慣れ、通常価格では買わなくなってしまうからだ。値引きのやり方にはそれぞれ名前がある。

### （1）キャッシュバック（リファンド）

　メーカーが消費者に対して購入代金の一部を返金することである。リファンドとも呼ばれる。対象商品についているバーコードやシリアルナンバー、レシートなど購入を証明するものを添付、メーカーに送付すると現金が戻ってくるという仕組みである。

## （2）値引き（ディスカウント）

通常の店頭価格よりも安い価格で販売することである。店頭での価格を直接管理可能な小売業者によって使用される。値引きされた商品は目玉商品とかお買い得商品などと呼ばれる。専門的にはこれをロス・リーダーと呼ぶ。小売業者はロス・リーダーによって店舗に消費者を集めようとする。一方、お買い得品ばかりを買っていく消費者も存在する。こうした消費者をチェリー・ピッカーと呼ぶ。美味しいところだけ取っていく、という意味である。

## （3）クーポン

購買時に提示すると対象商品に一定額の値引きがされる券のことである。メーカー、小売業者を問わずよく使われる手段である。配布方法は多様である。伝統的には新聞広告、雑誌広告、折込広告（いわゆるチラシ）、フリーペーパー・フリーマガジンへの印刷、商品への添付、あるいは商品パッケージへの印刷、自宅への郵送、店頭での手渡しといったものがある。最近では、パソコンやスマートフォンからインターネットを経由して配布することも一般的である。情報技術が発展していく中で、スマートフォンを中心にさまざまな配布方法が登場するだろう。

　以上で紹介したものは販売価格への直接的な値引きであったが、これから紹介する2つは量を増やすことによって実質的な値引きになる手法である。

## （4）バンドリング（バンドル）

複数の商品をまとめて販売することである。バンドルともいう。バンドル（Bundle）とは「束」の意味を持つ。販売価格を個数で割ると、1個あたりの価格が通常より安くなるよう設定されている。同じ商品を2個、3個という具合にまとめる場合もあれば、シャンプーとコンディショナーをセットにするといった関連商品をまとめる場合もある。メーカー、小売業者ともに使用できる手法である。

## （5）増量パック（ボーナスパック）

パッケージ自体を通常よりも大きくすることである。通常サイズよりも大きいのに価格が据え置かれているといった具合に、割安になるよう価格設定される。一目見て割安だとわかるように「今だけ10％増量中」などといっ

たコピーが商品パッケージに書かれていることが多い。増量パックを行うにはパッケージの変更を伴うため製造段階から検討する必要がある。したがって、メーカーによって用いられる手法である。

## 3）インセンティブ提供型のセールス・プロモーション

インセンティブ提供型のセールス・プロモーションとは、景品やおまけの魅力によって消費者の購買行動を動機付けようとする活動である。景品やおまけのことを専門的にはプレミアムと呼ぶ。景品の付け方は2つに大別できる。購入すれば必ずもらえるという手法と、抽選で当たればもらえるという手法である。

購入すれば必ずもらえるという手法には、総付プレミアム、プレミアム容器、応募もれなく進呈プレミアム、自己精算式プレミアムがある。これらの手法は主にメーカーによって用いられる。

### （1）総付プレミアム（ベタ付けプレミアム、封入プレミアム）

商品を買えば必ず景品がもらえるという手法である。ベタ付けプレミアム、封入プレミアムとも呼ぶ。景品の付け方にはいくつかの方法がある。商品パッケージの中に入れる方法をインパック・プレミアムと呼ぶ。商品パッケージの外側に取り付ける方法をオンパック・プレミアムと呼ぶ。

商品パッケージに景品を取り付けにくい場合、商品の近くに置き消費者に自分で取ってもらったり、店員に手渡してもらったりすることも可能だ。これらはニアパック・プレミアム（あるいはオフパック・プレミアム）と呼ぶ。

### （2）プレミアム容器（プレミアムパッケージ）

商品パッケージ自体が景品としての価値を持つものである。たとえば、お菓子をペンケースのような容れ物に入れるといった具合である。

### （3）応募もれなく進呈プレミアム

商品購入後、購入を証明するもの（バーコード、シリアルナンバー、シール、商品パッケージの一部など）を添付して申し込むことで景品がもらえるという手法である。一度の購入でよいものもあれば、複数回の購入を条件とするものもある。

## （4）　自己精算式プレミアム（セルフ・リキデイション）

　商品購入後、その購入証明に加えて、指定された金額を送ることで景品がもらえる手法である。景品の代金の一部を消費者が負担することになるが、その分、価値のある景品がもらえる。一度の購入でよいものもあれば、複数回の購入を条件とするものもある。

　抽選で当たるという手法とは、いわゆる懸賞と呼ばれる手法である。これはオープン懸賞とクローズド懸賞の2つがある。

　①　オープン懸賞（スイープ・ステークス）　　対象商品の購入を条件とせず、応募し抽選で当たれば景品がもらえるという手法である。スイープ・ステークス（Sweep Stakes）とも呼ばれる。オープン懸賞にはクイズ・タイプ、アンケート・タイプ、コンテスト・タイプなどがある。

　クイズ・タイプでは、虫食いの文章が出題され、その答えを書いて応募する。答えのほとんどはブランド名や商品特性といった容易に解答可能なものである。アンケート・タイプでは、商品に対するアンケートに答えることが応募の条件となる。コンテスト・タイプでは、新ブランドの名前、キャッチ・コピーなどの課題に答えることが応募条件となる。審査の結果、優秀だと認められたものに景品を与えたり、応募者の中から抽選で参加賞の景品を与えたりする。近年では、特定のハッシュタグを付けて投稿することなどを応募条件とするような、SNSを活用したタイプも見られる。

　購入を条件としないことから、他のセールス・プロモーション手法と比べて消費者に対する購買動機付けの力は弱い。基本的にはメーカーが対象商品の認知向上を目指して用いる手法である。

　②　クローズド懸賞　　応募もれなく進呈プレミアムや自己精算式プレミアムと同様に商品購入を条件に応募ができ、抽選で当たれば景品がもらえるという手法である。応募の際には対象商品を購入したという証明を一緒に送付する必要がある。一度の購入でよいものもあれば、複数回の購入を条件とするものもある。

　③　その場当たりプレミアム（インスタント・ウィン、スピードくじ）　　購入時に店舗においてスピードくじを引いてもらい、当たりが出たら景品がもら

図表15-4　景品表示法による景品類の制限

| 景品や懸賞の種類 | | 取引価格 | 景品類の最高額 |
|---|---|---|---|
| 総付景品<br>（ベタ付け） | 商品を買ったり、来店した人にもれなく提供する景品 | 1,000円未満 | 200円 |
| | | 1,000円以上 | 取引価格の2/10 |
| 一般懸賞<br>（クローズド懸賞） | 商品やサービスを利用した人に対し、くじなどで景品類を提供すること | 5,000円未満 | 取引価格の20倍 |
| | | 5,000円以上 | 10万円 |
| オープン懸賞 | 誰でも応募できる懸賞 | | 上限なし<br>※ただしそれぞれの業界の自主規制がある場合はそれを遵守 |

出所：亀井昭宏・ルディー和子編著（2009）『新マーケティング・コミュニケーション戦略論』日経広告研究所、85ページより作成。

えるという手法である。店舗で行うことから主に小売業者によって用いられる手法である。インスタント・ウィン、スピードくじとも呼ばれる。

　なお、景品類の提供は**景品表示法**（不当景品類及び不当表示防止法）によって制限されている。主な規制内容をまとめたものが図表15-4である。

　たとえば、総付プレミアムの場合、商品の取引価格（販売価格）が1000円未満の場合、景品類の最高額は200円までに制限されている。この200円という景品類の価格は、その景品類を通常購入する時の価格、つまり市販されている価格と考えればよい（消費者庁資料「景品類の価額の算定基準について」参照）。同様に、クローズド懸賞も販売価格によって提供可能な景品類の最高額が決められている。

　オープン懸賞は、過去には上限額が1000万円までとされていたが、2006年にその規制が撤廃された。現在は法律上の上限額はなく、1000万円を超えるような高額な景品を付けてもよい。とはいえ、行き過ぎた競争にならないよう各業界で自主規制がある場合も多い（10章広告／マーケティング・コミュニケーション規制参照）。

## 4）制度型のセールス・プロモーション

　繰り返し購買したくなるような販売制度を展開することによって消費者の

行動を動機付ける手法である。他のセールス・プロモーション手法が短期的な消費者の行動変化に目を向けているのに対して、より長期的視点に立った手法といえる。

この手法は消費者との直接的なやりとりが多くなる。そのため、消費者との接点を管理できるメーカーや、消費者が訪れる店舗を持つ小売業者に適した手法といえる。

(1) **ポイントプログラム**（フリクエンシー・プログラム）

商品を購入するたびに、購入価格の一定割合がポイントとして付与される手法である。ポイントは一定量が貯まると景品との交換や、購入代金の一部への充当ができる。航空会社のマイレージカードや小売店でのポイントカードなどがこれにあたる。複数企業でポイントに互換性を持たせた仕組みも構築されている。電子マネーの普及とともに疑似通貨としての存在感が増している。

ポイントプログラムはポイントを貯めることが、消費者の繰り返し購買の動機付けとなる。ポイントがキャッシュバックやプレミアムとしての役割を担っている。

(2) **会員制度、サービス制度**

会員限定で、ないしは条件を満たした顧客に対して、特別な情報やサービスを提供することで、消費者の繰り返し購買を動機付ける手法である。会員制度とは会員のみの特別な情報を提供する仕組みのことである。サービス制度とは一定額以上を購入した消費者に対して特別なサービスを提供する仕組みのことである。たとえば、自宅までの無料配送や設置、定期点検などのアフター・サービスが挙げられる。

ポイントプログラムもポイントカードを作成する場合、消費者に個人情報を聞き、それによって一種の会員組織を作る。ここでは別のツールとして分類したが、実際には会員への情報提供と購入の際のポイント付与、さらにサービス提供の全てを制度に組み込んで実施することが多い。

## 5) 体験型のセールス・プロモーション

　商品を実際に体験する機会を提供することで、消費者の購買行動を動機付けるセールス・プロモーション手法である。実際に体験することから、商品の特徴を理解しやすい。消費者が実際に感じた商品の魅力によって購買が動機付けられる。

### (1) サンプリング

　商品のサンプル（試供品）を消費者に配布する手法である。食品や飲料などその場ですぐに試せるもの、ある程度安価なものでよく使用される。配布にはいくつかの方法がある。ターゲット層が多く住む地域の家庭に集中的に配布する方法、ターゲット層に郵送する方法、店舗内で配布する方法、別の商品に添付する方法、広告でサンプルに興味のある消費者を募集する方法、ターゲット層が多く集まる場所で配布する方法などである。

### (2) モニタリング

　条件付きでサンプルを配布する手法である。条件とは、使用後の返却、使用後のアンケートへの回答などである。その場ですぐに試しにくい家電製品などで使用される。こうした方法でサンプルを試用する消費者をモニターと呼ぶ。モニターの選び方にはいくつかの方法がある。広告で募集し先着順ないしは抽選で選ぶ方法、コンテスト（課題への回答）で選別する方法、購買見込みが高い人や周囲への影響力が強い人に依頼する方法、特別価格で購入できることを告知し募る方法などである。

### (3) デモンストレーション（実演販売）

　商品の使い方や魅力を目の前で実演する手法である。店舗内での実演販売などが代表例である。会場を借りたイベント開催、人の多く集まる場所（たとえば、街頭やショッピングモール内）にイベント・ブースを設置した形もある。一見すると使い方がわかりにくい商品、今までにない新しい商品などに適した手法である。

　デモンストレーションでは店舗スタッフやイベントスタッフが商品の使い方を実演することから、人的販売の一種でもある。マーケティング・コミュ

ニケーションの主要領域であるセールス・プロモーションと人的販売の両方の特徴を持つ活動といえる。

## 6）情報提供型のセールス・プロモーション（プロモーションメディア広告）

　商品に関する情報、他のセールス・プロモーション活動に関する情報などをターゲット層に知らせる手法である。情報を知らせるという広告のような役割を果たすことから、プロモーションメディア広告あるいはSP広告とも呼ばれる。

　店舗の外で展開する主な手法には、駅貼りポスターや電車内の中吊りなどの交通広告、ビルの屋上の広告板やネオンサインなどの屋外広告、消費者に直接郵送するダイレクトメール、新聞に折り込まれているいわゆるチラシを意味する折込広告がある。自宅や外出先で商品情報に接触することで、買いたい気持ちを高めたり、店舗への来店動機を高めたりする。

　店舗内で展開する主な手法に、店内の棚で商品を目立たせたり商品情報を伝えたりするPOP広告がある。POPとはPoint of Purchaseの略で「購買時点」という意味である。まさに購買行動のさなかに商品情報を提示することで買いたい気持ちを刺激付ける。店舗ではPOP広告とともに来店客の目の付きやすいところに商品を大量陳列し露出を高める特別陳列という手法も行われる。そのほかに、新商品などのデモンストレーションを目的としたイベント・ブースを設置することもある。広いスペースを必要とするため、ショッピングモール内でよく見かける。

　プロモーションメディア広告の特徴は、マス広告のように広く伝えるというよりも、個別のターゲットに対して詳細な情報を伝えることである。POP広告のように、実際に消費者が購買する状況に近いところに存在している点が強みである。

　プロモーションメディア広告はあくまで情報提供が役割であるため、他のセールス・プロモーション手段に比べれば直接的な購買動機付けの力は弱い。セールス・プロモーションの他の手段と組み合わせて使われることが多く、どちらかといえば、他のセールス・プロモーションの支援ツールとして捉え

ることが正しい理解である。

## 3　消費者プロモーションの特性と課題

### 1）消費者プロモーションのメリットとデメリット

　消費者プロモーションのメリットは、まず即効性にある。セールス・プロモーションは消費者の購買行動を直接動機付けるため、すぐに売上が増加する。また、効果測定のしやすさもある。消費者の購買行動の変化は売上という数値の変化に現れるため把握しやすい。広告の場合、認知や理解、好意といった心理的変化で効果を測定するため、成果が不明確になる。加えて、さまざまな状況に対する柔軟性がある。手法が多様であるためターゲットや予算、地域などの状況に合わせて柔軟に組み合わせが可能である。

　一方でデメリットもある。それは長期的視点に欠けやすいことである。近年、マーケティングではブランドを長期的に構築していくことが重視される傾向にある。それに対して、セールス・プロモーションは短期的な効果を重視しているためブランド育成の視点に欠けやすい。

　特に、価格訴求型のセールス・プロモーションは注意が必要である。値引きを繰り返し行えば、通常の価格では売れなくなってしまう。いつでも安売りされているといったブランド・イメージの低下にもつながってしまう。

　とはいえ、活用の仕方を間違えなければ、セールス・プロモーションにもブランド構築に役立つコミュニケーション効果は存在する。ポイントは「その商品を買うことに決めた理由は何か」という問いである。言い換えれば、購買意思決定の理由こそセールス・プロモーションが長期的効果（＝ブランド構築の効果）を持つかの鍵になる。

### 2）セールス・プロモーションが長期的効果を生むメカニズム

　セールス・プロモーションの長期的効果とは何か。簡単にいえば、セールス・プロモーションが2回目以降の購買にも影響を及ぼすことである。長期

的効果が生じるかの鍵を握るのが、過去のセールス・プロモーションによって影響を受けた消費者の心理状態である。セールス・プロモーションの長期的効果とは消費者の心理状態にセールス・プロモーションがどのような影響を与えているかを考えることである。

　セールス・プロモーションの消費者心理への影響を説明する理論はいくつかあるが、それらを簡単にまとめると「その商品を買うことを決めた理由は何か」という問いに集約される。つまり、消費者が購買意思決定をした理由によって、セールス・プロモーションが長期的効果を持つかが決まる。

　結論からいえば、セールス・プロモーションを通じて、製品自体に魅力を感じたから購買したのだと消費者が認識することで、長期的効果が生まれる。

　2つの簡単な例を挙げよう。値引きされている商品を見て、お買い得だと感じたために購買した場合、購買理由は「安さ」である。次回の購買も同様に値引きされれば生じるかもしれない。

　一方、サンプリングでもらったお菓子を試食し、味が美味しかったために購買した場合、購買理由は「美味しさ」である。次回の購買は商品自体の魅力＝美味しかったという理由だけで生じる可能性がある。

　2つの例を比較すると、前者（値引き）は次回購買時にもセールス・プロモーションを必要とする。言い換えれば、短期的効果しかない。後者（サンプリング）はセールス・プロモーションを必要としない。言い換えれば、長期的効果が生じている。

## 3）長期的効果から見た各種ツールの役割

　長期的効果という視点から各ツールを考えてみよう。

　価格訴求型のセールス・プロモーションが刺激する購買動機は「値下げ」である。製品価値とは結び付きにくく、逆に値下げの理由を品質の悪さ、人気のなさだと思われてしまう可能性もある。長期的効果を生みにくいツールといえる。

　長期的効果に結び付けるには、値下げをする正当な理由付けが重要である。また期間を限定することも重要である。その期間にも意味があるとなおよい。

たとえば、期間限定の「お試しキャンペーン」や「製品発売〇周年記念」などが挙げられる。値下げによって商品購入のハードルを下げ、商品を試してもらうきっかけにするのであれば、サンプリングなど体験型のセールス・プロモーションのように商品自体の魅力を知る機会を作ることができる。

　インセンティブ提供型のセールス・プロモーションが刺激する購買動機は「景品の魅力」である。景品がないと製品を買わないのでは困るため、やはり景品に意味付けをするとよい。たとえば、ビールの場合、普通のグラスよりも美味しく飲むことのできるグラスや、缶ビールにも使えるビアサーバーなど、製品の特徴やブランドのコンセプトと関連するようなものを提供できるとよい。こうした景品は何度も使用できるものであれば、銘柄の指名買いにもつながりやすい。

　制度型のセールス・プロモーションが刺激する購買動機は「ポイント」であり、価格訴求型のセールス・プロモーションと同様、商品自体の魅力ではなく、金銭的価値が購買理由になりやすい。他社がより有利なポイント制度を作れば消費者はスイッチする可能性が高い。会員限定の特別な情報提供、会員限定サービス、会員組織に対する愛着の醸成など会員制度やサービス制度の充実をはかるべきである。

　体験型のセールス・プロモーションが刺激する購買動機は「商品の魅力」である。また、情報提供型のセールス・プロモーションが刺激する購買動機も「商品情報」である。これらは商品の価値にフォーカスしており、他のツールに比べると、もともと長期的効果を生みやすいツールである。

　どのセールス・プロモーション手段であっても、活用の仕方を間違えなければ、短期的効果とともに長期的効果を得ることが可能である。ブランド構築が現在のマーケティングにおいて最重要課題であることを考えると、両方の効果を意識することが重要である。

# 4　トレード・プロモーション

## 1）トレード・プロモーションが必要な理由

　トレード・プロモーションとは、メーカーが流通業者に対して行うセール
ス・プロモーションのことである。流通業者には最終消費者に対して販売活
動を行う小売業者と、その小売業者が商品を仕入れる卸売業者がある。

　メーカーは一般的に、卸売業者、小売業者を通じて商品の販売を行う。た
とえば、卸売業者が多くの商品をメーカーから仕入れてくれれば市場に出回
る商品量が増え、多くの消費者の手元に届く。また、消費者に対して直接働
きかけるのは、店舗を持つ小売業者である。小売業者が自社製品の販売に力
を入れてくれれば、やはり多くの消費者の購買につながる。

　多くのメーカーは流通業者に販売を委託しており、流通業者の努力によっ
て商品の売れ行きは変化する。一方、流通業者は複数のメーカーと取引をし
ている。どのメーカーの商品に注力するかは流通業者が決めるのであり、必
ずしも自社製品に注力してもらえるかはわからない（このような流通業者の立場
のことを「商業の中立性」という）。

　そこで、メーカーは流通業者に対して自社商品の販売に注力してもらうべ
く働きかけるのである。そうした働きかけは、単に自社商品の販売増につな
がるだけではない。流通業者とコミュニケーションを取ることで、自社商品
の適正な価格での販売（過剰な値下げをさせない）や、適正な販売方法（保管や
陳列）の維持にもつながる。すなわち、長期的に見れば、商品ブランド・イ
メージの管理にもつながる。これが、トレード・プロモーションを行う理由
である。

## 2）トレード・プロモーションの代表的な手段

　トレード・プロモーションの主要な手段には、金銭的な動機付けを目的と
するリベート、特別出荷、アローワンスがある。それ以外に、流通業者との

コミュニケーションを重視した手段もある。コンテスト、販促資材の提供などである。

#### (1) リベート

一定条件の仕入れを流通業者が行った場合にその代金の一部を払い戻す手法のことである。たとえば、特定商品の仕入れ、特定時期の仕入れ、一定量以上の仕入れなどを行った際に支払われる。ただし、不透明な取引につながりやすいことから、近年では廃止が進んでいる。

#### (2) 特別出荷

プロモーション期間中の仕入れに対して一定割合で増量することである。たとえば、10ケース仕入れたら、1ケースを無料で進呈するという具合である。仕入れ量を上乗せする場合（10ケースの代金で11ケースに割り増し）と、仕入れ価格から差し引く場合（10ケースの仕入れに対して9ケース分の代金に値引き）がある。

#### (3) アローワンス

アローワンスとは流通業者に支払う協賛金のことである。流通業者による販売支援を促すために用いられる。たとえば、メーカーが用意したPOP広告を店内に掲出すること、小売業者がチラシを作成する際、メーカー指定の方法で商品情報を掲出することは、メーカーに対して小売業者が販売支援を行ったことになる。こうした支援を受けた際に、メーカーは小売業者に対してアローワンス＝協賛金を支払うのである。

ちなみに、チラシなど広告に関連するアローワンスのことを広告アローワンスと呼ぶ。店舗内でメーカー指定の方法で商品を特別陳列した場合に支払われる協賛金を陳列アローワンスあるいはスペース・アローワンスと呼ぶ。

メーカーが流通業者との関係を構築するために、コミュニケーションを重視したセールス・プロモーション活動も行われている。具体的な手法としてはコンテストや販促資材の提供などが挙げられる。

#### (4) コンテスト

インストア・プロモーションの活性化につなげるため、小売業者を対象に行う。販売数量によって表彰したり、商品陳列の優劣を競ったりする。

## (5) 販売助成（販促資材の提供）

　店舗内での自社商品のセールス・プロモーションに使用してもらうためPOP広告や陳列ラックなどの資材を提供することである。

　その他にも、新商品などの情報提供や店舗における売り方の提案などが挙げられる。いずれも流通業者の売上向上にも資する有用な情報となる。自社だけでなく流通業者にもメリットのあるウィン-ウィン（Win-Win）の関係を意識的に構築することが大切である。こうしたコミュニケーション重視の手法が今後ますます重要となる。

　市場が成熟した日本では、マーケティング活動はブランド構築を目的とした長期的視点を重視する傾向にある。**消費者プロモーションの長期的効果**と同様に、金銭的なメリットだけでは、より有利な取引条件を提示した他社メーカーにすぐに取って代わられてしまうからだ。

　メーカーは単に流通業者に対して金銭的なメリットを提供するだけでなく、流通業者を巻き込んでいくような、緊密なコミュニケーションの場を設定し、協力体制を構築することが大切である。

● **参考文献**

五十嵐正毅（2009）「販売戦略としてのプレミアム手法とクーポン手法」亀井昭宏・ルディー和子編著『新マーケティング・コミュニケーション戦略論』日経広告研究所

上田隆穂・守口剛編（2004）『価格・プロモーション戦略―現代のマーケティング戦略②』有斐閣

恩蔵直人・守口剛（1994）『セールス・プロモーション―その理論、分析手法、戦略』同文舘出版

嶋村和恵監修（2006）『新しい広告』電通

土橋治子（2004）「セールス・プロモーションと消費者行動―低関与型ルートと超低関与型ルート」和田充夫・新倉貴士編『マーケティング・リボリューション―理論と実践のフロンティア』有斐閣

日本POP広告協会編（2006）『プロモーショナル・マーケティング』宣伝会議

日本プロモーショナル・マーケティング協会編（2019）『プロモーショナル・マーケティング ベーシック―プロモーショナル・マーケター認証資格試験［公式テキスト］』宣伝会議

広瀬盛一（2006）「セールス・プロモーション論」武井寿・岡本慶一編著『現代マーケティング論』実教出版

松本大吾（2009）「販売促進戦略」亀井昭宏・ルディー和子編著『新マーケティング・コミュニケーション戦略論』日経広告研究所

渡辺隆之・守口剛（2011）『セールス・プロモーションの実際』日本経済新聞出版社
消費者庁ウェブサイト　https://www.caa.go.jp/, 2018年12月27日アクセス

## ● 「国民投票」キャンペーンの可能性 ●

　2013年の亀田製菓による「亀田の柿の種 比率 国民投票」キャンペーンは新聞記事に取り上げられるなど話題を呼んだ。「亀田の柿の種」の購入を条件に応募すると景品が当たるというクローズド懸賞であるが、その内容が変わっていた。柿の種とピーナツの理想の混合比率を、消費者に投票してもらったのである。通常の比率は柿の種6に対してピーナツ4である。これは亀田製菓が導き出した理想的比率である。それを「国民」に「投票」で問おうとしたのだ。結果は柿の種7に対してピーナツ3を選んだ人が最も多く28.5%であった。亀田製菓の理想と異なる結果になったのだ。

　実はこの年、類似したキャンペーンがあった。日本コカ・コーラのブレンド茶飲料「爽健美茶」による「国民投票」キャンペーンである。現行の味に加えて、新しい味の商品を開発。どちらの味の販売を継続すべきかを国民に投票で決めてもらうという内容だ。結果、新しい味が選ばれた。

　2つの事例に共通することは、商品そのものの在り方を消費者に直接尋ねた点にある。国民投票という形で、投票数とともにわかりやすく結果を提示した。これらの事例の優れている点は2つある。まず、普通は社内で決める商品の根幹部分について消費者の意見を集めたことである。社内で熟慮し、表にまず出ないであろう情報をキャンペーンの肝に据えた点はもともとのファンだけでなく世の中全体の話題にもなる。それは同時に、商品開発のプロセスに消費者が関わることを意味する。消費者は投票結果を知ることで自分の意見が商品に反映される可能性を実感する。

　話題性があるから投票したい気持ちを高め、販売を促す。投票した消費者は商品とのつながりを感じる。結果を知ることで商品開発に関わったことを実感する。一時的な販売増加に留まらず、商品へのつながりも醸成する優れたキャンペーンであった。

　こうした消費者への投票行動を促すキャンペーンはその後も多く行われている。たとえば、2017年には、日本マクドナルドが「第1回マクドナルド総選挙」を実施した。消費者の投票により、定番商品12種類から1位を決めるというものである。食品スーパーのサミットも同年、「夏の総菜選挙」を実施。総菜部門の担当バイヤーが7つの政党に分かれ、お得な「公約」を掲げた。2023年にもカルビーが、カルビーの全商品を対象に人気商品を決める『カルビー総選挙』を実施した。いずれのキャンペーンも消費者の参加を促し、結果として限定商品などの公約を実現する構図であり、柿の種や爽健美茶のキャンペーンによく似ている。

　インターネットによって現在の消費者は自由に発言できる。企業はそうした消費者を念頭に置く必要がある。消費者の声を聞き、その結果を公表、約束を実現するというこれらの事例は、今後のセールス・プロモーションの参考になる。短期的な販売実現とブランド構築を両立できる消費者参加型キャンペーンの可能性は大きい。

＊朝日新聞2013年4月24日付朝刊
　新潟全県「一番人気は『柿の種7割、ピーナツ3割』」
　日経産業新聞2013年3月14日付「2種の『爽健美茶』競う」
　日経流通新聞2017年1月9日付「マック、バーガー総選挙」
　日経流通新聞2017年6月26日付「サミット『夏の総菜選挙』」
　カルビー2023年3月13日ニュースリリース『カルビー総選挙』 https://www.
　　calbee.co.jp/newsrelease/230313.php, 2023年10月3日アクセス

# 16 章

## PRとパブリシティ戦略

（五十嵐正毅・井上一郎）

---

● キーワード ●

PR、コーポレートPR、マーケティングPR、コーポレート・レピュテーション、スポンサーシップ、ステークホルダー、パブリシティ、プレスリリース、戦略PR、アウトプット評価、アウトカム評価

---

## 1　Public Relations とは

### 1）PRの定義と考え方

　「PR」と聞くと、読者の中には、面接での「自己PR」を連想して自分の長所を熱心に主張するような姿を思い浮かべる人がいるかもしれない。しかしそれは、本来のPRという言葉と意味合いが異なることに注意しておきたい。

　世界的に知られるカトリップらの定義では、PR（Public Relations）とは「組織体とその存続を左右するパブリックとの間に、相互に利益をもたらす関係性を構築し、維持をするマネジメント機能」（Cutlip, Center and Broom 2006）とされている。端的には「パブリックとの良好な関係性をつくる、維持する」（関谷 2022）ことと理解するとわかりやすい。パブリック（公衆）とは社会全体といった意味合いで組織体に関わる全ての関係者のことを指す。

　関谷（2022）はPRの要点を3つに整理している。第1は、組織体の活動ということである。この組織体には行政や学校や病院など非営利の組織体も含まれる。第2は、組織体とパブリックとの間の「相互理解」「相互利益」を前提としていることである。たとえば、企業と顧客との間を見た場合でも、

企業だけが利益を得ればよいわけではなく企業が商品やサービスを通じて顧客にも利益をもたらし、社会全体としてメリットが得られることを目指す考えに立つ。第3は、良好な関係性を構築し、維持するという長期的な視座を持っていることである。PRとは、対話を重ね理解を深め、互いに望んで関わり合おうとする持続的な信頼関係を育むことを目指す考えなのである。

　なお、2023年に日本広報学会は広報の定義を発表した。「組織や個人が、目的達成や課題解決のために、多様なステークホルダーとの双方向コミュニケーションによって、社会的に望ましい関係を構築・維持する経営機能である」というものである（日本広報学会新たな広報概念の定義プロジェクト 2023）。この定義でいう「広報」は、「パブリック・リレーションズ」「コーポレート・コミュニケーション」と同じ概念として取り扱われている。解説は、日本広報学会新たな広報概念の定義プロジェクト（2023）に詳しいので、PRないし広報に関心を寄せる読者は、日本広報学会新たな広報概念の定義プロジェクト（2023）を参照して自分なりに広報とはどのようなものなのかを考えてみてほしい。

## ２）PR発展小史

　米国では、PRに関する考察が早くから重ねられてきた。19世紀末から20世紀初頭に活躍したリー（Lee, I.）は、今日のPR活動の基本原則とされる事実の速やかな開示の重要性を説き「近代PRの父」と呼ばれている（日本パブリックリレーションズ協会 2023）。

　このようなPRの発想が日本にもたらされたのは第2次世界大戦後で、日本の企業等は米国に視察団を派遣するなどして経営やマーケティングと合わせてPRを学んだ。1950年代以後にはPR部門を設置する大企業やPR会社が次々と現れた。ただ、この時期のPR活動は高度経済成長の波に乗った「大量生産に即した大量販売の技術」（猪狩2007）の意味合いが強かったようである。

　しかし、企業等の経済成長への専心は環境汚染や公害病などを生み出し、企業批判と消費者運動の気運を高めた。企業は社会的責任（CSR：Corporate Social Responsibility）を問われ、社会と積極的に対話することを考えるように

なった。

1980年代以後にはCI活動やメセナ活動が盛んになったものの、その後バブル崩壊や企業破たんが起こった。

2000年代初頭以後、有名企業がその社会的責任を問われるような事件が数々話題となった。そして、2004年の消費者基本法の施行、2009年の消費者庁創設と消費者の権利を尊重する動きが高まりを見せた（10章広告／マーケティング・コミュニケーション規制参照）。

2015年には国連サミットにおいてSDGs（持続可能な開発目標）が採択され、全世界的にも、企業が社会市民の一員としての責任を自覚した行動をとることが求められている。

PR活動に臨むに当たっても、自らの組織が社会市民の一員としてどのように行動しているのか、その姿勢が常に見られていることを意識する必要があるだろう。

## 2　コーポレートPRとマーケティングPR

PR活動は、その目的によってコーポレートPRとマーケティングPRに分けることができる。**コーポレートPR**（CPR：Corporate Public Relations）とは、企業が内外関係者との良好な関係性を維持強化し組織体そのものの維持存続を目的とするPR活動である。一方、認知向上や販売の刺激、コミュニケーションの促進といったマーケティング目的の達成をはかるPR活動は**マーケティングPR**（MPR：Marketing Public Relations）と呼ばれる。

### 1）コーポレート・レピュテーション

コーポレートPRの成果として注目されるのが、企業の社会的な名声や評判を意味する**コーポレート・レピュテーション**（CR：Corporate Reputation）である。企業の活動はさまざまなコミュニケーション接点を通じて、人々の企業に対する評価を形成する。私たちは、ある企業の広告を見たり、商品やサービスを使ったり、その企業の従業員と対話したり、といったさまざまな

図表16-1　コーポレート・レピュテーションがロイヤルティに与える影響

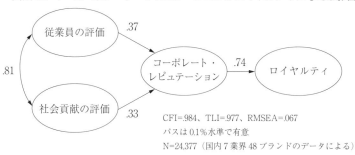

CFI=.984、TLI=.977、RMSEA=.067
パスは0.1％水準で有意
N=24,377（国内7業界48ブランドのデータによる）

出所：松本大吾・五十嵐正毅・広瀬盛一（2010）「コーポレート・レピュテーションがロイヤルティに与える影響」『日経広告研究所報』252号、6ページより作成。

接点で受けた印象を総合的に評価してCRを形成する。企業側からすると良好なCRを獲得することは円滑な企業活動に欠かせない。たとえば、消費者の企業に対するCRが高まると企業へのロイヤルティも高まることがわかっている。さらに、企業の従業員に対する良好なイメージや社会貢献に熱心な企業というイメージがCRを高めることも明らかになっている（図表16-1）。

## 2）マーケティングPRとその機能

　マーケティングPRとは「マーケティング目的を達成するためにパブリック・リレーションズの戦略や戦術を活用すること。マーケティングPRの目的は、認知の獲得、販売の刺激、コミュニケーションの促進、そして、消費者と企業、ブランドの間に関係性を構築すること」（Harris and Whalen 2006）といわれている。

　コトラーとケラー（Kotler and Keller 2016）は、マーケティングPRが果たす機能を6つにまとめている。第1は、新製品発売を支援することである（本章コラムを参照）。第2は、成熟商品のリポジショニングを支援することである。ニューヨーク市は“I Love New York”キャンペーンによって、荒廃している危険な都市というポジショニングを改めることに成功したといわれる。第3は、製品カテゴリーに対する関心を構築することである。第4は、特定の

ターゲット層の支持を得ることである。米国マクドナルドはラテン系やアフリカ系の市民に向けたイベントを行うことで彼らの支持を得たという。第5は、問題に直面した製品を守る機能である。1982年に米国で起こったタイレノール事件で、発売元のジョンソン＆ジョンソン社は、何者かによって毒物が混入されたおそれのある鎮痛剤タイレノールをただちに市場から全面回収し、タイレノールを服用しないよう全米に警告するコミュニケーション活動を徹底した。その結果、タイレノールは一時的に大きく販売シェアを下げたものの速やかな回復を果たしたばかりか、消費者の人命最優先の対応を徹底したジョンソン＆ジョンソン社の評判は以前にも増して高まったといわれている。第6は自社製品に好意的に反映されるような企業イメージの構築である。スティーブ・ジョブズ（Jobs, S.）のスピーチはアップル社の先進的イメージを印象付けるのに貢献した。

## 3　マーケティングに貢献するPR

　PRはさまざまなメディアを巻きこむことができる。コトラー・ケラー・チェルネフ（Kotler, Keller and Chernev 2022）は代表的なものを6つ挙げている。
　刊行物（Publications）とは、企業等が刊行するさまざまな書籍や冊子等である。コーポレートPR活動として公開される経営活動のアニュアル・レポート（年次報告書）や社会貢献活動の報告書などはマーケティング活動にも貢献する。また、経営コンサルティング会社や広告会社などが刊行する書籍は当該企業のサービススキルの高さを印象付けるだろう。創業者の自伝などもある。ニッカウキスキーの竹鶴政孝・リタ夫妻や、明太子のふくやの川原俊夫の物語はテレビドラマにもなった。これらも出版物の発展形と位置付けられ、消費者の当該企業への好意的な態度を得ることにつながるだろう。
　イベント（Events）の例としては、新製品発表などの記者会見や新作映画公開の際の舞台挨拶などが挙げられる。これらを実施するとメディアの記者も集まりやすくメディアを通じて世間の注目を集めやすい。イベントの企画や演出に趣向を凝らすことで新製品等の価値を印象的に表現することもでき

る。また、BtoB事業ではトレード・ショーに出展すれば業界関係者に自社の製品や技術の強みを理解してもらい取引に結び付けることも期待できる。

　ニュース（News）は、パブリシティともいわれるマーケティングPRで最もよく用いられる手法の1つである。これについては詳しく後述する。

　スピーチ（Speeches）とは、企業の社長や経営幹部の発言を意味する。組織を代表する人物の言動は組織全体の姿勢を反映すると受け取られ、ブランドや企業の印象を形成するうえで重視される。

　社会貢献活動（Public-Service Activities）とは、世間にとって関心の高い社会的活動に企業が積極的であることをアピールすることによって、企業やブランドの認知向上やイメージ構築をはかる手法である。

　アイデンティティ媒体（Identity Media）とは、その企業の活動が世間からわかりやすく識別されるようビジュアル記号を表したものである。企業ロゴやキャラクターなどの記号が、広告や看板、社屋、名刺、ビジネス用箋などさまざまな場面に表示され、その記号を伴う活動がどの企業によるものかを明確にしている。

　これら6つに加えて、スポンサーシップも挙げられる。**スポンサーシップ**（Sponsorships）は、スポーツや文化活動などへの企業による支援である。オリンピックやサッカーのワールドカップのような国際的大イベントから町内のお祭りのような小規模なものまでさまざまな協賛対象や規模がある。スポーツチームの運営や選手個人を中長期的に支援するもの、スタジアムの命名権（Naming Rights）のようなものもある。企業等は金銭や物品等で支援を行う代わりに、主催者の指定範囲でブランド名の露出やイベントのロゴ、選手の肖像権などを活用する権利が許される。企業にとっては、協賛対象がもたらす感動や興奮のような感情とブランドとの連想が結び付けられることも期待できる。

## 4　企業における広報・PR部門の業務

　広報・PR業務の対象は、顧客、取引先、監督官庁、株主、事業所の近隣

住民から従業員、従業員の家族に至るまで社内外の利害関係者（**ステークホル**
**ダー**）が幅広く含まれる。

　具体的な活動は、企業の文化、経営レベルから製品、サービスレベルまで
文化、経営のさまざまなレベルでの認知、理解の促進、共感の獲得を目指す
いわばインサイドアウトの活動と、自社を取り巻く社会・経営環境を把握し
たり社内外からの企業への要望や消費者などからの製品、サービスへの要望
のヒアリングや調査の実施をするなどいわばアウトサイドインの活動に大別
できる。

　まずは、インサイドアウトの活動から見てみよう。幅広いステークホル
ダーに認知を高めるためには、テレビ、新聞などマスメディアに報道を働き
かけるパブリシティ活動が重要だ。なぜならばインターネットの時代にあっ
ても、テレビ、新聞は報道機関として、多くの視聴者、読者を有しており、
しかも、テレビ局、新聞社自身も自社のインターネットメディアを有してい
るからだ。また、同様に自社のCSR活動について情報提供を行うCSRコミュ
ニケーションも自社の企業文化や企業姿勢の認知、理解をはかるために有効
な手段といえる。

　個々のステークホルダーに向けた直接的なコミュニケーションも忘れては
ならない。株主や投資家向けに定期的に業績レポートを配信するなどのIR
（Investor Relations）コミュニケーションを実践したり、消費者向けに新製品
情報などをいち早く提供する会員制メールマガジンを配信したりする例など
が挙げられる。また、恒常的なコミュニケーションの窓口として、お客様相
談室や製品を展示するショールームなどを開設・運営するなどの活動も含ま
れる。一方で、社内向けには、社内報やインターネット等の技術を利用した
企業内ネットワーク（イントラネット）を通じた情報提供をはじめ社長と少人
数の社員グループが直接コミュニケーションできる場を設けるなどの活動が
挙げられる。運動会など社員の家族も含めたイベントの開催なども企業と社
員、従業員のコミュニケーションを目的とした活動といえる。

　次にアウトサイドインの活動であるが、大きくは自社を取り巻く社会・経
営環境から製品やサービスへの評価、要望などを把握することを目的とした

調査や個別ヒアリングなどを行う。最近ではソーシャルメディアにおける自社や自社製品、サービスについての書き込み内容を継続的にチェックすることも忘れてはならない。そのことは、リスクの早期発見にもつながる。

　また社内からのヒアリングも非常に重要だ。従業員満足度の源泉は必ずしも給与の高さだけとは限らない。企業理念への共感や仕事内容に対する満足、社員同士の関係性など多岐にわたるが、社員とのコミュニケーションが全てのベースとなる。前述した社長とスモールグループとの社員懇談会の場もヒアリングの場として機能するが、ともすると公式の場は本音が聞こえないこともあるため、非公式な懇談の場や、ウェブなどを利用して匿名性を担保した形でのヒアリングの場を設定している企業もある。

## 5　パブリシティ戦略

### 1）パブリシティとは

　パブリシティ（Publicity）あるいはパブリシティ活動とは、「テレビ、新聞などメディアで紹介して欲しい情報について、実際に、その情報が、紹介されるように働きかける活動」である。しかも広告のように広告料金を支払うのではなく、あくまでも媒体社のニュースなどとして自発的に報道されることを目指す。また、パブリシティ活動の結果、実際に報道された放送内容や記事自体をパブリシティという場合もある。

### 2）パブリシティの主な活動

　パブリシティ活動の対象は、テレビ、新聞といったマスメディアだけではなく、インターネットの発展によりインターネットメディアやソーシャルメディアも重要になってきている。多くのメディアに一斉に情報を提供する場合には、取り上げて欲しい内容をまとめたプレスリリースを作成して各社に配信したり、内容の重要度が高い場合は記者会見を開いたりするなどが一般的である。

なお、より確実にパブリシティを獲得するために、あえて特定のメディアだけに絞って情報を提供する場合もある。メディアも競争環境にさらされており、編集や記者は、他社では報道されていない情報を、自社だけで報道（スクープ）したいと考える（傾向がある）からだ。このような情報の提供方法をリークという。リークの場合は、掲載されるメディアは絞られるが、掲載の確度が高まるだけでなく、より大きな記事として掲載される可能性も高まる。

## 3）プレスリリースの実際

　**プレスリリース**とは、報道してほしい内容を簡潔にまとめた報道向け発表資料のことである。プレスリリースを受け取った記者は、その内容に関心を持てば、必要に応じて独自取材などを加えて記事を作成する。インターネットが発展した昨今でも、日本には業界ごとにマスメディアの記者が輪番で担当者を設けている記者クラブなどが存在していることもあり、いまだFAXや郵送や手渡しなどの手段も用いられている。

　プレスリリースの内容は、記者が、当該内容を報道したくなるよう魅力的に作成する必要がある。そのため見出しとなるテーマ設定が重要だ。たとえば、燃費の良い自動車の場合、「燃費が1リットルあたり○×kmも走る」と製品の性能の良さを直接的に伝えるだけでなく「平均的ドライバーの走行の場合、1ヶ月あたり○△円もガソリン代が安くなる」、あるいは環境配慮の側面から「環境負荷が○×％も下がる」など、生活者や社会が受けるメリットとして訴求することなども検討すべきである。また、体裁は簡潔に、枚数も極力少なくすることが望まれる。記者はきわめて多忙なうえに1日に何通ものプレスリリースを受け取る。理想的にはA4判1枚、多くとも2枚以内に収めることが望ましい（蓮香 2006）。

　現代においては、マスメディアの記者だけでなくYouTuberなどのソーシャルメディアユーザーも今や重要な記者的存在といえる。実際に、YouTuberの中にはアマチュアでありながらパソコンや美容など特定専門領域において定期的にSNSで情報を発信し、しかも何千何万ものフォロワー

を持つプロ的な**インフルエンサー**も存在する。また、インフルエンサーでなくとも、誰しもがソーシャルメディア上に気軽に製品やサービスのレビューを書き込める時代である。したがって、インフルエンサーをはじめ一般ソーシャルメディアユーザーに向けても、製品体験イベントを開いたりプレスリリースを作成したりすることも検討すべきだ。

## 4）パブリシティの特徴

　広告は媒体社に広告料金を支払うことで原則として掲載が保証されるが、パブリシティは、編集部に情報価値が高いと判断されれば報道されるが情報価値が低いと判断されれば報道されない。したがって、メディアの自発的な報道、ニュースとして掲載あるいは放送されたパブリシティは、消費者からすると通常の広告よりも信頼性が高いといわれている。インフルエンサーやソーシャルメディア・ユーザーによる商品体験レビューなども同様に、今や消費者にとって重要なメディアであり、ともすると、マスメディアの報道以上にセールスへの影響が高い場合もある。広告会社のADKマーケティング・ソリューションズが毎年行っている生活者総合調査でもそのことが裏付けられている。

　もう1つの大きな特徴は、報道や記事と同じ扱いなので広告料金などの掲載料が発生しないことだ。情報自体は、たとえば「大塚食品から『クリスタルガイザーの増量ペットボトル』が新発売」などと商品情報が報道される。そこで、無料の広告ともいわれる。

　とはいえ、パブリシティは、プレスリリースで単に「○月○日に、新製品○○を発売します」と情報を発信したところで掲載が保証されているわけではない。また、それがどのように紹介されるかも原則として実際に掲載されるまでわからない。だからこそ、パブリシティ活動にはアイデアと工夫が必要なのである。

　またパブリシティには、**ペイド・パブリシティ**（ペイド・パブ：Paid-Publicity）と呼ばれる有料のパブリシティもある。これは媒体料金や取材費・記事制作経費などを自己負担して、媒体社に記事やニュースを掲載してもら

う情報提供の仕方である（日経広告研究所 2005）。

## ５）戦略PR（戦略的PR）

　情報発信の際には、性能の良さを直接的に伝えるのではなく、生活者や社会にとってのメリットから伝えることが有効であることは、プレスリリースの項で述べたが、このような発想も**戦略PR**の1つである。つまり、単に事実を伝えるということでなくどうすれば掲載されやすいか世の中の動向、生活者の意識さらには記者の気持ちまで推し量るという戦略的発想が重要なのである。

　本田（2009）は、戦略PRを「商品をつくるためにつくり出したい空気＝『カジュアル世論』をつくり、売り上げにつなげる」と述べているが、戦略PRにおいては、事業、商品あるいはサービスが必要とされる理由や状況を戦略的に作り出して、結果的に掲載されることを目指すこともある。たとえば、その商品やサービスを、社会的な役割の中で位置付ける。あるいは、まずはその商品の特徴的な機能に着目させその機能に社会的関心や共感を得てから（＝空気作り）、その機能を備えた商品として世の中に送り出すようなことが検討される。

　逆に、PR効果の高い要素をあらかじめ商品開発担当者やサービス開発担当者とシェアし、そうした商品やサービスを世の中に送り出す逆転的戦略発想も重要だ。PR効果が高いということは世の中に必要とされているといえるからだ。

## 6　パブリシティ活動の効果測定

　パブリシティ活動の効果測定には、アウトプット評価とアウトカム評価の2つの次元があることに注意したい。**アウトプット評価**とは、企業がどれくらいのパブリシティ露出を獲得できたかを指すもので、報道された記事の件数や大きさ、報道時間の長さなどで表される。しかし、パブリシティ活動の本当の狙いは、露出されたパブリシティに接触したステークホルダーが何ら

かの態度や行動の変化を起こすことではなかっただろうか。このステークホルダーの態度や行動の変化を評価するものが**アウトカム評価**である。アウトカム評価はステークホルダーの態度や行動を消費者調査によって測定して行われる。

　パブリシティ活動の効果測定は、伝統的にはアウトプット評価で結論付けられることが多かった。しかし、相手のある「コミュニケーション」という視点から考えるならば、アウトプット評価はアウトカム評価に至る実施活動が十分に行えたかという手段の経過評価に過ぎないことは明白であろう。

● 参考文献

猪狩誠也編著（2007）『広報・パブリックリレーションズ入門』宣伝会議

井上一郎（2012）「PR・プロモーション戦略―統合マーケティング・コミュニケーション戦略の視点から」日経広告研究所編『基礎から学べる広告の総合講座2013』日経広告研究所

関谷直也（2022）「広報・PRとは」関谷直也・薗部靖史・北見幸一・伊吹勇亮・川北眞紀子『広報・PR論（改訂版）』有斐閣

日経広告研究所編（2005）『広告用語辞典（第4版）』日本経済新聞社

日本パブリックリレーションズ協会編（2023）『2023年度版　広報・PR概論』同友館

蓮香尚文（2006）『プレスリリースのつくり方・使い方』日本実業出版社

本田哲也（2009）『戦略PR―空気をつくる。世論で売る。』アスキー・メディアワークス

松本大吾・五十嵐正毅・広瀬盛一（2010）「コーポレート・レピュテーションがロイヤルティに与える影響」『日経広告研究所報』252号、4-11ページ

Cutlip, S. M., Center, A. H. and Broom, G. M. (2006), *Effective Public Relations,* 9th ed., Pearson Prentice-Hall.（日本広報学会監修『体系パブリック・リレーションズ』ピアソン・エデュケーション、2008）

Harris, T. L. and Whalen, P. T. (2006), *The Marketer's Guide to Public Relations in the 21st Century,* Thomson Higher Education.

Kotler, P. and Keller, K. L. (2016), *Marketing Management,* 15th ed., Pearson Education.

Kotler, P., Keller, K. L. and Chernev, A. (2022), *Marketing Management,* 16th ed., Pearson Education.

日本広報学会新たな広報概念の定義プロジェクト（2023）『広報の定義と解説』https://www.jsccs.jp/info/news/post-4.html、2023年10月27日アクセス

## ● キリンビール「キリンフリー」の戦略 PR（新発売当時） ●

　ビール会社にとって、飲酒運転問題は避けて通れない大きな社会問題の1つである。そのような中、キリンビールは、世界で初めて発酵させずにビールの風味を味わえるアルコール0％のビールテイスト飲料の開発に成功した。「キリンフリー」と名付けられた世界初（ビールテイスト飲料カテゴリーにおける。キリン社調べ）のアルコール0％（0.00％と表記された）のビールテイスト飲料は、従来のビールではタブー視されてきた自動車の飲酒運転問題に正面から取り組む戦略的CSR商品として位置付けられたのだ。

　「キリンフリー」は、発売イベントから通常の新製品発売イベントとは一線を画した。高速道路東京湾アクアラインの「海ほたるパーキングエリア」で実施され、単に新製品の発売を訴求するだけでなく、春の全国交通安全運動期間に合わせ多くのドライバーに飲酒運転根絶をPRしたのだ。また、全日本交通安全協会、日本フードサービス協会、日本自動車連盟（JAF）が推進する「ハンドルキーパー運動」をも支援し、飲酒運転根絶に向けたさまざまな啓発イベントを実施した。

　このようなビール会社としては前代未聞のPRイベントが奏功し、「キリンフリー」は発売当初から多くのメディアに紹介された。世界初のアルコール0％ということ自体が技術的に画期的でもあったが、アルコール飲料を製造する企業として飲酒に関連するさまざまな社会問題に正面から立ち向かうために開発したという社会的文脈が世の中に受け入れられたことが大きい。キリンフリーが発売される以前からも健康志向の高まりからアルコール1％未満のビールテイスト飲料は存在していたが、飲酒運転対策のためには「真に0％でなければならない！」という企業としての想いが空気作りにつながり、旧来のビールテイスト飲料の陳腐化にも成功したといえよう。事実、アルコールが完全に0％のノンアルコール・ビールテイスト飲料は、その後、他のメーカーからも発売されるようになり、さらにダイヤモンド・チェーンストアオンライン（2023）の調査によると、健康志向の高まりからノンアルコールの酎ハイテイスト飲料やノンアルコールのワインテイスト飲料も売上が好調だという。

＊キリンビール「キリンフリーの活動～キリンビール株式会社のCSR（企業の社会的責任）の一環として」 http://www.kirin.co.jp/products/nonalcohol/kirinfree/activity/、2015年9月22日アクセス

　ダイヤモンド・チェーンストアオンライン『ノンアルコール飲料市場、健康志向を背景に需要拡大、ノンアルRTDやワインがとくに好調』 https://diamond-rm.net/sales-promotion/item-trend/414934/, 2023年10月30日アクセス

# 17 章

## クチコミ

(峯尾　圭)

---

**● キーワード ●**

ウォム（ワード・オブ・マウス）、リアル・クチコミ、eクチコミ、オピニオン・リーダー、ハブ、クチコミ・マーケティング、コミュニティ、炎上、ステルスマーケティング

---

　新しい商品を購入したいと考えた時、あなたならまず何に情報を求めるだろうか。すでにその商品を購入した経験がある友人や家族を知っていたら、彼らに商品の良い点や悪い点について感想を求めるのが最も簡易な方法だろう。購買前に品質がわからない製品やサービスは、購買経験のある消費者の意見が購買の参考になる。そして、もし身近にそのような存在がないとしても、インターネット上で容易に見つけることが可能な時代となった。このような**クチコミ**による情報は、現代の消費者の購買行動に大きな影響を及ぼしている。

　クチコミとは本来、その名の通り口頭（クチ）によって行われるコミュニケーション全体を指す言葉である。クチによるコミュニケーションを意味するクチ・コミュニケーションを、クチコミと略す呼び方が一般的となった。英語では、クチコミを表す言葉として、**ワード・オブ・マウス**（Word of Mouth）という言葉が用いられる。この言葉は、**ウォム**（WOM）と略される。

　クチコミといえば、かつては友人や家族からの対人かつ口頭で行われる、直接的なコミュニケーションであった。こうした家庭、学校や職場などで起こるクチコミは、空間的に限定されており、影響は限られていた。しかし、インターネット技術の発達やソーシャルメディアの登場によって、不特定多数の消費者といつでもどこでもクチコミをやり取りすることが可能になり、

その重要性を増している。

　本章ではまず、こうしたクチコミを取り巻く環境の変化を考慮したうえで、クチコミの定義や役割について説明する。そして、クチコミ活動の全体像を把握するために、クチコミに関わる要素を段階に分けて説明する。次に、クチコミに対応する企業のマーケティング戦略を紹介する。最後に、現在こうしたクチコミ活動が抱える課題について触れる。

# 1　クチコミの定義と役割

　近年、クチコミが話題になる場合、オンライン上のクチコミを想定することがほとんどである。しかし、クチコミはインターネット登場以前から人々の情報伝達手段として重要な役割を果たしてきた。古くは、主婦同士の井戸端会議も立派なクチコミの場であり、各家庭の貴重な情報源として機能していた。メディア環境の変化によって、消費者とクチコミの関係性にも変化が起きている。こうした変化を定義と役割の観点から見てみよう。

## 1）クチコミの定義

　クチコミという言葉は本来、「口頭による全てのコミュニケーション」を意味している。普段の友人との何気ない会話から街頭演説まで、口によるコミュニケーション活動全般を指し示す言葉である。しかし、マーケティングや消費者行動の文脈では、捉え方が少し異なる。

　消費者行動としてのクチコミは、1960年代にアーント（Arnd, J.）によって初めて定義された。「商業的意図がない送り手と受け手との間で交わされる、口頭による、対面での、ブランドや製品やサービスに関するコミュニケーションである」（Arndt 1967）。「口頭による」または「対面での」という言葉からもわかるように、インターネットの存在を想定していない、直接的な対人コミュニケーションのみを想定した定義である。

　しかし、インターネットが普及した1990年代後半以降の定義は、より広義なクチコミを指す言葉へと変化している。クチコミやソーシャルメディ

ア・マーケティングの推進を目的として、2004年に設立された団体、WOMMA（Word-of-mouth Marketing Association）は、クチコミを「消費者がマーケティングに関連する情報を創造したり、他の消費者へ広めたりする行動」と定義している。また、日本のクチコミに関する業界団体、WOMマーケティング協議会（WOMJ：The Word of Mouth Japan Marketing Association）は、クチコミを「消費者間で行われる自発的なコミュニケーション」と定義している。

　これらの定義からもわかるように、口頭による直接的なコミュニケーションだけを示す言葉から、オンライン上の消費者同士のコミュニケーションまでを含む言葉へと変化している。つまり、「（オンライン、オフラインに関わらず）人から人への情報伝達行為」を意味する言葉に変化したのである。

　したがって、クチコミはコミュニケーションの分類において、消費者同士のコミュニケーションを意味するCtoCコミュニケーションに分類される。CtoCコミュニケーションとは、BtoBコミュニケーションやBtoCコミュニケーションなどの言葉から派生した言葉で、Bは企業（Business）、Cは消費者（Consumer）を示している。

　1960年代の定義が前提としているような対面のクチコミを、**リアル・クチコミ**と呼ぶ。一方で、インターネットの登場によって生まれた、Eメールやソーシャルメディアなどを用いたオンライン上のクチコミを**eクチコミ**と呼んで、両者を区別している。リアル・クチコミは情報源が特定できるため、情報の信頼性が高い。一方、eクチコミは匿名であることが多く、信頼性に関してはリアル・クチコミに劣る。しかし、伝達される速度や範囲において優位性がある。

## 2）マーケティング・コミュニケーションにおけるクチコミの有効性

　マス広告とクチコミによって与えられる情報の大きな違いは、情報が商業的意図を含んでいるか否かである。売り手は自社の商品を売り上げ、利益を得るために、「商品をより良いものに見せたい」と考える。こうした売り手の思惑が商業的意図である。このような、「商品を売りたい」「商品をよく見

せたい」という気持ちがない、クチコミによる中立的な第三者からの情報は、商業的意図を持つ相手からの情報よりも信頼できる。ゆえに、消費者は、テレビや新聞といったマスメディアから得られる情報よりも、クチコミによって得た情報を、より信頼できる情報として処理する傾向がある。

　また、一般的にマス広告は、商品を知ったり、興味を持ったりする段階、つまり購買行動の初期段階に影響を及ぼすと考えられている。一方で、クチコミは、購買行動において、より購買時点に近い意思決定に影響を及ぼすとされる。モバイル端末の普及によって、店頭でもeクチコミを容易に検索することが可能となった。また、増加しているネット通販での購買は、購買までのルートが短い。そのため、より購買に近い時点で購買意思決定に影響を与えるクチコミの重要性は、マーケティング戦略の中でますます高まっているといえる。

## 2　クチコミに関わる要素

　次に、クチコミ活動の全体像を把握するために、WOMMAが提唱するクチコミのエピソードを紹介する。このフレームワークによると、クチコミに関わる要素は、①クチコミ参加者（誰が）②クチコミ行為（どのように）③クチコミ情報（何を）④クチコミ場所（どこで）⑤クチコミ結果（どのような結果をもたらしたか）という5つの要素に分けることができる。さらに、それぞれの要素は、いくつかの属性によって説明される（図表17-1）。

### 1）クチコミに関わる消費者

　クチコミに関わる消費者は、クチコミ参加者と呼ばれる。クチコミ参加者とは、クチコミの発生から伝播まで、一連の流れに関与する人全てを指す言葉である。クチコミ参加者は、その役割によって①情報創造者、②情報発信者、③情報受信者の3つに分類することができる。

　①　情報創造者（Creator）　　クチコミによって伝播される情報を創り出す消費者。

図表17-1　クチコミ・エピソード

| クチコミエピソード | 誰が | どのように | 何を | どこで | どのような結果をもたらしたか |
|---|---|---|---|---|---|
| 主体 | クチコミ参加者 | クチコミ行動 | クチコミ情報 | クチコミ場所 | クチコミ結果 |
| 属性 | 性向<br>人口統計学的属性<br>信頼性<br>到達力 | 創造<br>伝播<br>受容 | 話題性<br>適時性<br>極性<br>明瞭性<br>深度 | 人口<br>聴衆<br>規則 | |

出所：WOMMA(2005a), "WOMMA Terminology Framework：A standard method for dis-cussing and measuring word of mouth marketing", Word of Mouth Association. より作成。

② 情報発信者（Sender）　情報創造者によって創り出された情報を発信する役目を果たす消費者。

③ 情報受信者（Receiver）　情報送信者によって伝播された情報を受け取る消費者。

この中で消費者は、たいてい2つ以上の役割を果たす場合が多い。たとえば、あるレストランの食事に満足した経験を友人に伝えた場合、その消費者は、情報創造者と情報発信者の2つの役割を果たしていると考えられる。この2つの役割は、たいてい同時であることが多い。

また、クチコミ参加者の中には、クチコミの発生や伝播において特に重要な役割を果たす消費者が存在する。たとえば、アルファブロガーと呼ばれる、読者数が多く、他者への影響力が大きいブロガーがいる。山本（2014）は、そのような消費者を「キーパーソン」と呼んで、他の消費者と区別している。さらに、山本はキーパーソンを、性質によって属性型キーパーソンと構造型キーパーソンの2つに分類できるとしている。

(1) 属性型キーパーソン

**属性型キーパーソン**とは、持っている特性によって特徴付けられるキーパーソンのことを指す。情報創造者や情報発信者の中でも、特に情報の信頼性が高く、他者への影響力が強いという特性を持つ消費者を、**オピニオン・リーダー**（Opinion Leader）と呼ぶ。オピニオン・リーダーは、特定の領域において豊富な知識を持つため、発信される情報の専門性が高い。また、マス

広告から得た情報を、周囲に伝える役割を果たす。

　類似概念に、フェイックとプライス（Feick and Price 1987）が提唱した**市場の達人**（Market Maven）がある。市場の達人とは、複数の領域にわたって豊富な知識を持ち、他者から情報源として頼りにされる消費者のことである。その影響力の高さから、クチコミ情報の創造、発信の段階、つまりクチコミの発生段階において重要と考えられる。

　(2) **構造型キーパーソン**

　**構造型キーパーソン**とは、クチコミの情報伝達ネットワークの構造において、重要な役割を果たすキーパーソンである。基本的な役割として、ネットワークの中で、消費者と消費者の間に立って、情報の橋渡し役として機能する消費者のことである。こうした役割を持つ消費者は、属性型のキーパーソンと違い、影響力よりも伝達できる人数の多さに焦点が置かれている。

　バラバシ（Barabási, A.）が提唱する**ハブ**や、グラッドウェル（Gladwell, M.）が提唱するコネクターがこれにあたる。情報を受信して発信する役割において、つまり、クチコミの伝播の鍵となる存在である。

## 2）クチコミに求められる結果

　クチコミ結果とは、クチコミ活動がマーケティングに与える影響のことを指す。ブランドイメージを形成することや、更なる情報検索や実際に購買に至る消費者行動だけがクチコミがもたらす結果ではない。たとえば、クチコミ情報を再びほかの誰かに伝達することで情報発信者になることや、さらに受容したクチコミをもとに新しいクチコミを創り出す行為も含まれる。キャンペーンの主体が設定する目的によって、好ましいクチコミ結果は異なる。たとえば、広告会社は購買に直結するような結果を求める。一方で、広報・PR会社では、クチコミ行動を起こすことが優先事項である。したがって、何をキャンペーンの目的に設定するかによって適切なクチコミ戦略も変わる。

## 3　クチコミのマーケティング戦略

　クチコミは、企業が完全にコントロールすることが困難であると考えられている。たとえ、クチコミを意図的に起こせたとしても、消費者は気づき、そうした情報に抵抗感を示すだろう。しかし、クチコミが起こりやすい環境を創り出すことは、企業のマーケティング努力によって可能である。

　従来、広告主をはじめとする企業は、クチコミをマーケティング活動の結果として捉えてきた。そのため、クチコミは、良い製品やサービスを消費者に提供した結果、自然と生まれる現象であり、意図的に起こすものと考えられてはいなかった。しかし、企業はクチコミの戦略上の重要性に気づき、クチコミの発生自体をマーケティング目標として設定し、クチコミを起こすことに重きを置いた戦略を立案するようになった。

　こうしたクチコミを起こしたり、活発化させたりするマーケティング手法を**クチコミ・マーケティング**（WOMマーケティング）と呼ぶ。本節では、WOMMAが提案した、クチコミ・マーケティングの11の分類を紹介する（図表17-2）。さらに、その中で特に重要な点について、以下で説明する。

### 1）クチコミ参加者に注目する戦略

　クチコミ参加者の中で、特に重要な役割を果たす消費者を見つけ、集中的に働きかけることで、クチコミを効率的に発生、活発化させる戦略である。インフルエンサー・マーケティングやエバンジェリスト・マーケティングがこれにあたる。**インフルエンサー**とは、2節で紹介したオピニオン・リーダーなどの、他の消費者に対して影響力が強い消費者のことを指す。また、類似概念として、**エバンジェリスト**（伝道師）とは、ブランドへのロイヤルティが高く、積極的にブランドに関する情報を集め、周囲に推奨を行う熱心なファンのことである。つまり、インフルエンサーはクチコミ情報の信頼性が高い消費者のことを指し、エバンジェリストはクチコミ情報の信頼性にかかわらず、自発的に他者へクチコミを伝えてくれる消費者のことを指す。企

図表17-2　WOMMAのクチコミ・マーケティングの分類

| クチコミ・マーケティング手法 | 内容 |
|---|---|
| バズ・マーケティング | 消費者の間にブランドに関連する会話を引き起こすために、質の高いエンタテインメントやニュースを提供する手法。 |
| バイラル・マーケティング | 急激な流行りに乗って、情報が伝達されるようにデザインされたエンタテインメント性の高い、もしくは情報性の高いメッセージを創造する手法。 |
| コミュニティ・マーケティング | ブランドに関する興味関心を共有するコミュニティを形成したり、支援したりする手法。 |
| 草の根マーケティング | ボランティアを個人的、または、地域の奉仕活動に従事させるために、ボランティアを組織したり、動機付けたりする手法。 |
| エバンジェリスト・マーケティング | クチコミを積極的に広めていく中心的役割を担うエバンジェリスト、アドボケーツ、またはボランティアと呼ばれる消費者を育てる手法。 |
| タネまきマーケティング | 適切な製品を適切な人のもとへ、適切な時間に届ける手法。つまり、情報や製品サンプルを、影響力の高い消費者に届ける手法。 |
| インフルエンサー・マーケティング | 重要な役割を果たす消費者コミュニティや、製品について話す可能性が高く、他の消費者の意見に影響力のあるオピニオン・リーダーと呼ばれる消費者を見つける手法。 |
| コーズ・マーケティング | 消費者からの尊敬や支持を集めるために、社会的大義を支援する方法。 |
| 話題創出 | クチコミ活動を引き起こすために、消費者の興味を引くような面白い広告やエンタテインメント、プロモーションを展開する手法。 |
| ブランド・ブロギング | 開かれた透明性の高いコミュニケーションを心がけたブログを作成し、ブログ・コミュニティに参加する手法。 |
| 紹介プログラム | 製品やサービスに満足した顧客が、彼らの友人に紹介することができるようなツールを作る手法。 |

出所：WOMMA（2005b），"Word of Mouth 101：An Introduction to Word of Mouth Marketing", Word of Mouth Association. より作成。

業はインフルエンサーに対して、自社商品を提供するなど、商品を試用してもらう戦略に重きを置く。一方で、エバンジェリストに対しては、交流の場としてコミュニティを運営したり、イベントに招待したりするなどして、ロイヤルティを醸成させる戦略を取る。

## ２）クチコミ情報に注目する戦略

　企業は、伝播されやすいクチコミ情報を創り出すことによって、クチコミを発生させる。バズ・マーケティング、バイラル・マーケティング、話題創出がこれにあたる。**バズ・マーケティング**のバズとは、「（虫が飛ぶ）ブンブンという音」を意味する言葉で、クチコミが広がり、話題となる様子を例えている。クチコミ情報のエンタテインメント性を高め、消費者の相手に広めたい気持ちを刺激する戦略である。つまり、ほかの誰かに伝えたくなるようなクチコミ情報を創り出す戦略をバズ・マーケティングと呼ぶ。一方で、**バイラル・マーケティング**のバイラルとは、「ウイルス性の」という言葉を意味し、ウイルスのように人から人へと伝染していく様子を表している。クチコミ情報を伝播させる仕掛けを組み込むことで、クチコミ行為を促す戦略である。ローゼン（Rosen, E.）によると、バイラル・マーケティングは、「クチコミを広めやすくするツール」と「報酬プログラム」から成っている。オンライン・クーポンはこの手法の1つだろう。割引率の高いクーポンを提供することで、消費者にそのクーポンの存在を他者に知らせたいという気持ちが働く。ソーシャルメディアやEメールなどのツールによって急速に広まることが可能であり、値引きという報酬が働いているバイラル・マーケティングの例である。つまり、クチコミ情報を伝播しやすくする仕掛けを創り出す戦略をバイラル・マーケティングと呼ぶ。

## ３）クチコミ場所に注目する戦略

　クチコミが発生・伝播しやすい環境を創り出す戦略である。活発に議論が行われる場所を提供することも、クチコミの伝播には必要である。**コミュニティ**は、そうしたクチコミ場所の1つである。ファン同士が自発的に集まって形成するコミュニティと企業が主催するコミュニティの2つが存在する。企業は、こうしたコミュニティの活動を活性化させるために、イベントの開催やブランド・コンテンツの提供を行う。

　コミュニティ・マーケティングの中では、コミュニティへの参加度が高い

消費者を商品開発に参加させる、共創（コ・クリエイション）という手法も取られる。商品開発に参加した消費者は、よりブランドへのロイヤルティを高める。また、自らの意見が反映された製品を他者にクチコミで積極的に広めることが考えられる。ロイヤルティの高い消費者からクチコミを広める戦略として注目を集めている。

# 4　クチコミ・マーケティングの課題

　クチコミ・マーケティングは、企業と消費者の合意のもとに行われるマーケティング活動である。そのため、消費者のリテラシーや企業の倫理観が、健全なクチコミ・マーケティングには必要となる。しかし、その関係性を脅かすような事態が起きている。

## 1）ネガティブなクチコミへの対応

　クチコミされる情報には「極性」があり、正のクチコミと負のクチコミが存在する。消費者が製品やサービスを購入し、その品質に満足した場合、その満足した情報を相手にも伝えようとする。この肯定的なクチコミが正のクチコミである。一方、消費者が購入した製品やサービスが、期待していたものよりも著しく低品質であった場合、その不平・不満を誰かに伝えたいという気持ちが働く。この否定的なクチコミが負のクチコミである。人は、満足した感想よりも、不平・不満を人に伝える傾向があるといわれている。また、正のクチコミより、負のクチコミの方が、情報受信者の購買行動に与える影響が大きいともいわれている。ゆえに、自社製品に対する負のクチコミの発生は、企業の売上に関わる重大な問題であるといえる。

　インターネットが登場する以前は、たとえ負のクチコミが起こったとしても、影響は限定的であった。しかし、ソーシャルメディアにおけるクチコミの伝達の速さは、リアル・クチコミとは比べ物にならないほど速い。こうしたeクチコミの特性から、負のクチコミがオンライン上で連鎖的かつ急速に増加して歯止めが利かなくなる現象のことを、炎上と呼ぶ。オンライン上の

クチコミは、匿名性や伝達速度の速さから、コントロールすることが特に困難である。それゆえ、一度、負のクチコミの連鎖が始まり、爆発的な広がりを見せてしまうと、ブランドや製品イメージに重大な損失を与える。eクチコミの発達によって、企業はこうした新たなリスクへの対応に迫られている。

## 2）クチコミの倫理問題

　クチコミ・マーケティングは、広告主の倫理感に委ねられる要素が大きい。クチコミ・マーケティングは、クチコミを起こすための戦略であるが、あくまで自然発生的にクチコミを生み出すことを目的としている。しかし、クチコミの影響力の大きさから、人工的に創り出したクチコミによって消費者をだますような戦略が倫理的な問題として指摘されている。たとえば、企業の関係者や「サクラ」と呼ばれる偽のクチコミ発信者が、一般消費者を装ってレビュー・サイトに製品を褒める投稿を行う行為や、芸能人や専門家などのクチコミ影響力の強いオピニオン・リーダーに金銭や製品を提供し、企業に有利な推奨記事を書くように依頼する行為が問題になった。

　このように、企業の商業的意図が含まれた情報であることを消費者に隠して宣伝する手法を、**ステルスマーケティング**（Stealth Marketing）と呼ぶ。ステルスという言葉は「こっそりとした行為」という意味があり、ステルスマーケティングは、「企業が自らまたは第三者に依頼して、消費者に商品やサービスの宣伝と気づかれないように宣伝行為をすること」（日本インタラクティブ広告協会『インターネット広告基礎用語集』）と定義される。

　日本弁護士連合会（日弁連）がステルスマーケティングの法規制の必要性を提言した意見書の中で、ステルスマーケティングをなりすまし型と利益提供秘匿型の2つの類型に分類している。なりすまし型とは、「事業者が自ら表示しているにもかかわらず、第三者が表示しているかのように誤認させるもの」と定義される。つまり、企業の関係者が自らSNSに投稿した事実を隠し、顧客などの第三者が投稿したように装う場合である。また、利益提供秘匿型とは、「事業者が第三者に金銭の支払その他の経済的利益を提供して表示させているにもかかわらず、その事実を表示しないもの」と定義される。

つまり、インフルエンサーと呼ばれる影響のあるクチコミ発信者に、報酬を支払っているのにもかかわらず、その事実を表示しない場合である。

　従来、こうした消費者を騙すような不誠実な手法に対して、日本インタラクティブ広告協会が「インターネット広告倫理綱領及び掲載基準ガイドライン」を、WOMJ（クチコミマーケティング協会）が「WOMJガイドライン」を定めて、業界団体が業界の自主規制という形でステルスマーケティングに対応してきた。

　海外に遅れを取っているが、日本でもステルスマーケティングを法律で規制する動きが始まった。2023年10月より、ステルスマーケティングを不当表示とするよう景品表示法第5条第3号に基づく告示が指定された。ステルスマーケティングを「一般消費者による自主的かつ合理的な選択を阻害するおそれのある行為」（景品表示法第1条）とし、違反した場合は事業者名が公表され、悪質な場合罰金が科されることとなった。規制されないためには「広告」や「PR」などの文言を明記し、広告であることを明確に示す必要がある。広告主から報酬の供与がなくても、依頼を受けて投稿した場合は規制の対象となる可能性がある。しかし、事業者が投稿内容に関与せず、インフルエンサーの「自主的な投稿」であれば規制されないなど、線引きが難しく、課題も残されている。また、規制されるのは広告主だけで、投稿主のインフルエンサー自身への罰則がないため、今後はインフルエンサー自身を罰することも含めて規制強化を検討すべきとの議論もある。

● 参考文献
安藤和代（2009）「パーソナル・コミュニケーション戦略」亀井昭宏・ルディー和子編著『新マーケティング・コミュニケーション戦略論』日経広告研究所
山本晶（2014）『キーパーソン・マーケティング』東洋経済新報社
「ステマ抑止、企業対応1割　インフルエンサー宣伝に『広告』明示—過去の口コミ追い切れず　消費者庁、通報窓口を設置」日本経済新聞2023年10月2日付朝刊（前田健輔筆）
Arndt, J.(1967), *Word of Mouth Advertising : A Review of the Literature*, Advertising Research Foundation, Inc., New York, NY.
Barabási, A.-L.(2002), *Linked: The New Science of Networks*, Amazon Services International, Inc.（青木薫訳『新ネットワーク思考—世界のしくみを読み解く』

NHK出版、2002)

Feick, L. F. and Price, L. L.(1987), "The Market Maven: A Diffuser of Marketplace Information" *Journal of Marketing*, 51, Jan. pp.83-97, American Marketing Association,

Gladwell, M.(2000), *The Tipping Point : How Little Things Can Make a Big Difference*, Little Brown & Company.(高橋啓訳『ティッピング・ポイント——いかにして「小さな変化」が「大きな変化」を生み出すか』飛鳥新社、2000)

Rosen, E. (2000), *The Anatomy of Buzz: How to Create Word-of-Mouth Marketing*, Random House.(濱岡豊訳『クチコミはこうしてつくられる——おもしろさが伝染するバズ・マーケティング』日本経済新聞社、2002)

Sernovitz, A. (2009), *Word of Mouth Marketing: How Smart Companies Get People Talking*, Revised Edition, Greenleaf Book Group Press.(花塚恵訳『WOMマーケティング入門』海と月社、2010)

消費者庁（2023)「景品表示法とステルスマーケティング事例で分かるステルスマーケティング告示ガイドブック—」https://www.caa.go.jp/policies/policy/representation/fair_labeling/、2023年10月28日アクセス

日本インタラクティブ広告協会（JIAA)「インターネット広告基礎用語集」https://www.jiaa.org/katudo/yogo/yogoshu/、2023年10月28日アクセス

日本弁護士連合会（2017)「ステルスマーケティングの規制に関する意見書」https://www.nichibenren.or.jp/document/opinion/year/2017/170216_2.html、2023年10月28日アクセス

WOMマーケティング協議会 https://womj.jp/、2023年10月28日アクセス

WOMMA http://womma.org/、2016年1月4日アクセス

WOMMA(2005a), "WOMMA Terminology Framework：A standard method for discussing and measuring word of mouth marketing", Word of Mouth Association. http://i-wisdom.typepad.com/iwisdom/files/womma_term_framework.pdf、2016年1月4日アクセス

WOMMA(2005b), "Word of Mouth 101：An Introduction to Word of Mouth Marketing", Word of Mouth Association. https://ninedegreesbelowzero.files.wordpress.com/2010/10/word-of-mouth-101.pdf、2016年1月4日アクセス

## ● 炎上を利用する ●

　本章で述べたように、ブランド・イメージを損なう危険性がある炎上は、企業が考慮しなければならない重要な問題の1つである。しかし、一方で、こうした炎上を利用して売上を増やす方法も存在する。炎上するということは、良くも悪くも消費者の話題として、会話の中に登場する機会が増え、ブランド認知を高める方法になりうる。そのため、短期的に話題となり、売上が増えることがある。こうした目的で、意図的に炎上を引き起こし、消費者の注目を集める手法を、炎上マーケティングと呼ぶ。

　たとえば、性的表現や差別的表現など倫理上問題のある表現を用いた広告を展開することで、企業への批判が殺到し、一時的に大量のクチコミが発生する。さらに、ニュースなどに採り上げられるパブリシティ効果も期待できる。

　消費者からは、恣意的に起こした負のクチコミかどうかをはかり知ることができない。もちろん、思いがけず問題化する場合が大半だろう。しかし、出稿前の段階に気づけるような問題のある広告を、あえて出しているかのように思えるものがあることも確かである。

　短期的な利益に目が向きがちなため、炎上マーケティングを狙う企業があるかもしれない。しかし、炎上による売上増加の効果は、そう長くは続かない。ネガティブな印象を持たれたブランドは、低迷するか徐々に市場から姿を消す場合がほとんどである。ブランドの構築を目標とするマーケターたちにとっては、消費者との長期的なリレーションシップを築き上げる必要がある。この点において、炎上マーケティングは適切な手法であるとはいえないだろう。

# 18 章

# ダイレクト・マーケティング

（中野　香織）

---

● キーワード ●

ダイレクト・マーケティング、インターネット通信販売、顧客生涯価値（LTV）、インタラクティブ、アクイジション、リテンション、ダイレクト・レスポンス広告、オファー、RFM分析

---

## 1　通信販売市場

　現在の私たちの生活に、**インターネット通信販売**（ネット通販、オンラインショッピング）は欠かせない存在になっている。通信販売市場全体の規模は、24年連続で拡大している（日本通信販売協会 2022）。特にコロナ禍の2020年は巣ごもり需要を背景に前年比20.1％増と大きく伸長し、2022年度は12兆7100億円（前年比10.9％増）となった（図表18-1）。コンビニエンスストア市場規模の11兆1775億円（2022年、日本フランチャイズチェーン協会）を上回るといえば、その規模の大きさがわかるだろう。

　次に、消費者向けのEC（Electronic Commerce）市場を見てみよう（経済産業省、図表18-2）。分野別に見ると、物販系分野は右肩上がりで推移している。外食や旅行といったサービス分野はコロナ禍による影響で2020年に減少したものの、回復途上にある。有料動画配信やオンラインゲームといったデジタル分野は、2022年以外は売上が増加しており、全分野のEC市場全体は拡大している。なお、スマートフォンを経由したネット通販比率（物販）は全体の56.0％（前年比12.9％増）を占め、今後もさらなる増加が予想される。

　このように、私たちの生活に身近なネット通販であるが、実は通信販売は

図表18-1　通信販売市場の推移

出所：日本通信販売協会「売上高調査（統計）」　https://www.jadma.or.jp/statistics/
sales_amount/

図表18-2　EC市場の推移（BtoC）

出所：経済産業省商務情報政策局（2023）「令和4年度　電子商取引に関する市場調査報
告書」7ページより作成　https://www.meti.go.jp/press/2023/08/20230831002/
20230831002-1.pdf

「ダイレクト・マーケティング」における手法の1つとして位置付けられる。ダイレクト・マーケティングの内容について見ていこう。

## 2　ダイレクト・マーケティングとは

### 1）ダイレクト・マーケティングの定義

　ダイレクト・マーケティングは、顧客データベースに基づいて、顧客との関係性構築を重視したマーケティングであり（朴 2018）、小売業者を介さずに顧客と直接コミュニケーションを行うマーケティングのことである。アメリカで生まれたダイレクト・マーケティングは、顧客ごとのニーズやタイミングに合った情報発信や販売、明確な投資利益率による管理などによって、物販だけでなく、金融、産業財、小売業などが導入するようになってきた歴史的経緯がある。現在はあらゆるデジタル化が進んだことにより、顧客データベースに基づいたダイレクト・マーケティングは、「全てのマーケティングはダイレクトマーケティング」といわれることもあるという（西村 2023）。

　ダイレクト・マーケティングの主要な定義を紹介しよう。米国ダイレクトマーケティング協会（Direct Marketing Association、現在はThe Data & Marketing）は、「場所の制限がなく、測定可能なレスポンスもしくは取引を生じさせるため、一つもしくは複数の広告メディアを用いたインタラクティブなマーケティング・システム」と定義している。この定義は、海外のダイレクト・マーケティングの教科書における定義のベースになっている（Scovotti and Spiller 2006）。スコヴォッティとスピラー（2006）は、さまざまな教科書で用いられた定義を整理・検討し、改めて以下のように定義している。ダイレクト・マーケティングとは、「一つもしくは複数のチャネルを通じて、測定可能なレスポンスや取引を獲得するために、あらゆるメディアを用いて、ターゲットとなる顧客や潜在顧客と、直接コミュニケーションができる、データ主導型のインタラクティブなプロセス」である。スコヴォッティらによるダイレクト・マーケティングの概念図を修正し、図表18-3に示した。

図表18-3　ダイレクト・マーケティングの概念図

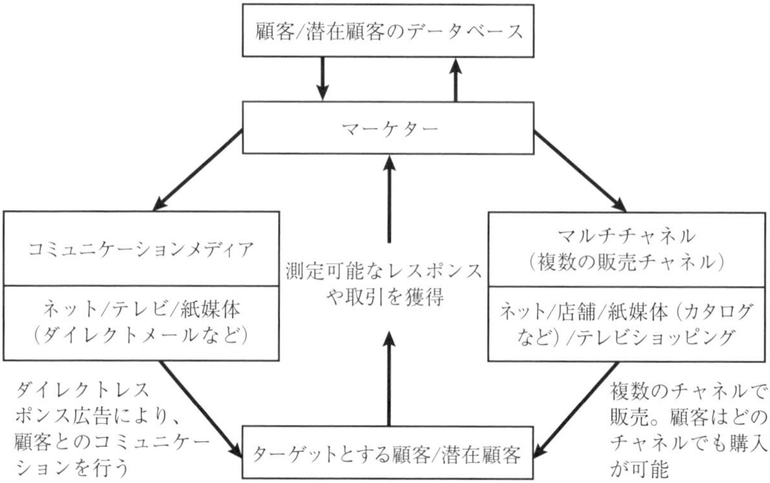

出所：Scovotti, C. and Spiller, L. D.（2006）, "Revisiting the conceptual definition of direct marketing: Perspectives from practitioners and scholars", *Marketing Management Journal*, 16（2）, p.198. を修正し、作成。

## 2）ダイレクト・マーケティングの特性

　上記の定義をもとにして、ダイレクト・マーケティングの特性を見ていこう。伝統的なマス・マーケティングと比較すると、理解しやすい（図表18-4）。

### （1）戦略：顧客との関係構築を重視し、顧客データベースを活用

　ダイレクト・マーケティングは顧客との関係構築を重視しており、顧客生涯価値の向上を目的としている。**顧客生涯価値**（Life Time Value：**LTV**）とは、顧客の一生における、顧客と企業との取引の総金額のことである。顧客の購入履歴、販促活動に対するレスポンスなどをデータベースに蓄積し、顧客ごとに対応したマーケティング活動を行う。

### （2）チャネル：場所や時間の制約がない

　店舗という場所の制約がなく、取引することができる。スマートフォンの普及に伴い、場所と時間に関して、さらに自由な取引が可能となった。近年は特定のチャネルに限定されず、ネットで注文し、店舗で商品を受け取るよ

図表18-4　マス・マーケティングとダイレクト・マーケティングの比較

| | | (従来型)マス・マーケティング | ダイレクト・マーケティング |
|---|---|---|---|
| 戦略 | ターゲット | ・不特定多数 | ・個別顧客 |
| | コンセプト | ・市場シェア志向<br>（売上と市場シェアを重視） | ・顧客シェア志向<br>（顧客との関係構築を重視） |
| | 目的 | ・多数の顧客に製品・サービスを販売 | ・顧客生涯価値（LTV）の向上<br>・一人の顧客に複数の製品・サービスを販売（アップ・セリングとクロス・セリング） |
| チャネル | 主な売場 | ・店舗 | ・マルチチャネル<br>（ネット通販、テレビショッピング、カタログ通販、店舗） |
| コミュニケーション・ | 主なコミュニケーションメディア | ・マスメディア（テレビ、ラジオ、新聞、雑誌） | ・ネット、ダイレクトメール、マスメディアなど多様なメディア<br>・ダイレクトレスポンス広告 |
| | コミュニケーションの目的 | ・商品の認知、理解、説得 | ・新規顧客の開拓<br>・既存顧客の維持<br>（レスポンスの獲得） |
| | コミュニケーションの手法 | ・一方的にメッセージを伝達 | ・顧客データベースを活用し、個々の顧客に最適なメッセージを伝達<br>・顧客の反応によって対応を変えるインタラクティブなコミュニケーション |
| 効果測定 | コミュニケーション効果の測定 | ・コミュニケーション効果の直接的な測定は難<br>・売上や認知度といった間接的な効果測定 | ・注文や問い合わせの件数など、顧客の全ての反応が測定可能 |
| | 効率指標 | ・到達効率<br>（どれだけ多くの人にリーチしたか） | ・レスポンス効率<br>（コミュニケーションを行った顧客から、どの程度レスポンスが得られたか） |

出所：電通ダイレクト・プロジェクト監修（2011）『先頭集団のダイレクトマーケティング』朝日新聞出版、13ページ、朴正洙（2018）「ダイレクト・マーケティングと顧客関係性マネジメント」三村優美子・朴正洙編著『成熟消費時代の生活者起点マーケティング—流通・マーケティングの新たな可能性』千倉書房、62ページを修正し、作成。

うなマルチチャネルも浸透している。

### （3）コミュニケーション：インタラクティブなコミュニケーション

　顧客データベースを活用して、顧客ごとにコミュニケーションを行うことができる。顧客の反応によってコミュニケーションを変え、相手に合った

メッセージを伝えるなど、**インタラクティブ**なコミュニケーションを行う。

### (4) 効果測定：細かい効果測定が可能

どのようなオファー（特典）を提示し、どのメディアを使うと、注文や問い合わせの件数が得られるかなど、顧客の反応を細かく測定することができる。反応が良かった結果を活かして、より効果的なマーケティングにつなげていく。効果測定の指標は、いかにレスポンスを獲得できたか、というレスポンス効率を用いる。

## 3）ダイレクト・マーケティングの領域

　ダイレクト・マーケティングの領域は、①新規顧客の獲得（**アクイジション**）と、②顧客維持（**リテンション**）に分けられる（図表18-5）。①の新規顧客獲得プロセスでは、ダイレクト・レスポンス広告を用いて新規顧客を発見し、商品を買ってもらうといった「初回取引の成立」を目的としている。②の顧客維持プロセスでは、獲得した顧客ごとに最適なコミュニケーションを行うことで、長期にわたって、より多くの商品を買ってもらうといった「顧客生涯価値（LTV）の向上」を目的としている。

図表18-5　ダイレクト・マーケティングの領域

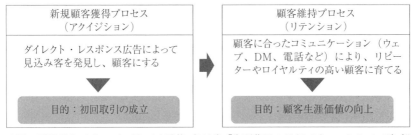

出所：電通ダイレクト・プロジェクト監修（2011）『先頭集団のダイレクトマーケティング』朝日新聞出版、14ページをもとに作成。

## 3　新規顧客獲得プロセス

　新規顧客獲得プロセスでは、広告を見て消費者がウェブサイトにアクセスする、スマートフォンでサンプルを申し込む、商品を注文する、来店する、スマートフォンでデジタルコンテンツを購入するといった、消費者に「行動」を起こさせることが必要になる。それらの行動を喚起するコミュニケーション手法のことを**ダイレクト・レスポンス広告**という。

　ダイレクト・レスポンス広告では、何を（オファー）、どのように（クリエイティブ）、何によって（メディア）、伝えるかを考えなくてはならない。さらに、各要素をどのように組み合わせるとレスポンス効果が最も高くなるのか、事前に測定するテスト・マーケティングを行う。それでは、レスポンスを獲得するのに必要な要素を見ていこう。

### 1）オファー

　**オファー**とは企業から顧客への提案を意味しており、商品・サービスの取引によってもたらされる特典のことである。ダイレクト・マーケティングにおいて欠かせないものだ。オファーの内容によって、レスポンスや購買を促すことができる。たとえば、価格の割引、無料のプレゼント、サンプル提供などがある。

　基本的なオファー（ルディー 2009）の1つに、「安心感を与えるオファー」がある。ダイレクト・マーケティングでは、消費者は実際に商品を見ることができないため、商品が自分のイメージ通りなのかと不安に感じ、知覚リスクが生じる。そのため、その知覚リスクを軽減させるために、返品可能や交換可能といった保証に関するオファーが必要である。Amazonが展開するPrime Try Before You Buyは、気になる洋服や靴を複数取り寄せ、自宅で試着した後、気に入った商品のみを購入できるサービスである。気に入らなかった商品は簡単に返送できるため、安心して試すことができる。

　基本的なオファーの2つ目は「行動に応じたインセンティブ提供」である。

「先着50名様に○○をプレゼントします」「本日ご購入の方には小さいサイズの○○もお付けします」など、来店や購買といった行動を起こしたらインセンティブを提供するものである。インセンティブの内容によって行動（レスポンス）が異なるため、何が効果的なのかをテストし、効果測定を行うことが必要となる。近年ではサンプルの提供がよく用いられているが、サンプルを表現する言葉によっても効果が異なる。「サンプル」＜「トライアル」＜「お試し」＜「モニター」の表現の順でレスポンス率が高くなるという（加藤 2015）。

## 2）クリエイティブ

ダイレクト・レスポンス広告のクリエイティブについては、コピー、デザイン、レイアウトも、レスポンスを高めるのに重要である。キャッチコピーの違いによって、レスポンス率が2〜3倍も異なる場合がある。最も重要なのは、その商品を使うことで生活がどう変わるかといったベネフィットを訴求するコピーである。ほかには、消費者が実際に商品を見たり試したりしなくても購入の検討ができるよう、商品を詳しく説明するコピー、ベネフィットを裏付ける事実やデータを訴求するコピー、そしてオファーをより魅力的に見せるコピー、などがある。

## 3）メディア

ダイレクト・レスポンス広告は通常の広告とは異なり、消費者の具体的な「行動」を促進することが目的である。ここではインターネット広告に絞り、いかにレスポンスを獲得できるか、という視点で見てみよう。

インターネットは、コミュニケーション・メディアだけでなく、販売チャネル（売場）の機能も合わせ持っている。さらに、効果測定を素早く正確に行うことができるため、ダイレクト・マーケティングに欠かせない存在だ。インターネット広告には多くの種類があるが、アフィリエイト広告、検索連動型広告、テキスト広告、メール広告、行動ターゲティング、ディスプレイ広告がレスポンスを獲得しやすい（図表18-6）。

　**アフィリエイト広告**とは、サイト運営者がウェブサイト内で商品や問い合わせ窓口を紹介し、そのウェブサイトを通じて商品購入や資料請求が行われると、報酬が発生する仕組みである。そのため、広告主にとってはリスクが少なくて済む。検索連動型広告は、消費者がウェブで検索したワードと関連した情報を、テキスト広告として検索結果のページに表示する広告である。消費者の興味のある内容と関連した広告を、消費者が調べているタイミングで出稿することができるため、レスポンス効果を獲得しやすい。テキスト広告はウェブサイトやアプリ上に表示するテキスト形式の広告であり、メール広告はダイレクトメールタイプと、メールマガジンやニュースメール内の広告スペースに表示するタイプがある。行動ターゲティングは、ウェブ上の行動履歴や属性といった情報から特定の消費者に広告を配信する。ディスプレイ広告は、サイトやアプリ上の広告枠に表示される静止画やアニメーション画像の広告である。

　なお、2022年度に通信販売企業が利用している広告メディアは、①イン

図表18-6　インターネット広告のタイプ

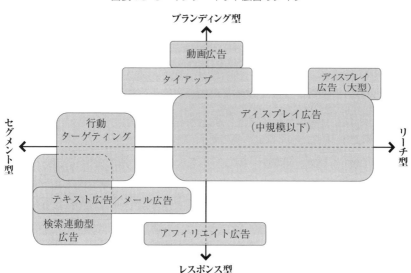

出所：博報堂 DY メディアパートナーズ編（2020）『広告ビジネスに関わる人のメディアガイド 2020』宣伝会議、269 ページを修正。

ターネット（PC）95.4％、②インターネット（携帯端末）86.2％、③DMや
リーフレット54.0％、④テレビ42.0％、⑤カタログ36.2％、⑤新聞36.2％
の順で多く（日本通信販売協会 2022）、ほとんどの企業でインターネットを利用
している。また、利用メディアの平均数は4.6で、複数のメディアを組み合
わせて使用するマルチチャネルが当たり前となっている。

## 4 顧客維持プロセス

　顧客維持プロセスでは、獲得した顧客ごとに最適なコミュニケーションを
行い、より多くの商品や別の商品を買ってもらって顧客をリピーターにし、
最終的にロイヤルティの高い顧客に育てていく。

### 1）顧客ごとのコミュニケーション

　顧客に関する情報を把握できているため、顧客の属性や購入履歴などを
データベースに蓄積する。たとえば、氏名、住所、職業、年収、趣味、購入
した商品、購入金額、購買日、紹介者人数、企業に寄せられた声の内容（苦
情や意見）、過去の販促活動に対するレスポンス、などの情報を記載する。特
に重要なのが購入履歴であり、最新の購入日をリーセンシー（Recency：R）、
購入頻度をフリクエンシー（Frequency：F）、購入金額をマネタリー（Monetary：
M）という。リーセンシーでは顧客が最後に購入してからどのくらい経つの
かを、フリクエンシーではある期間もしくは1年間の購入回数を、マネタ
リーではある期間もしくは1年間の購入金額を調べ、分析を行う。この分析
をRFM分析といい、顧客を分類して重要な顧客を把握することができる。
　これらの分析結果をもとに、SNS、ウェブメール、ダイレクトメール、テ
レ・マーケティング（電話によるアプローチ）などを用いて、顧客に合った商
品を最適なタイミングで提案していく。

### 2）顧客ごとの施策

　顧客生涯価値を高めるための主な施策には、アップセルとクロスセルがあ

る。**アップセル**とは、より金額の高い商品を買ってもらうことである。そのためにはオファーがよく用いられ、たとえば、割引、購入者プレゼント、ポイント進呈などがある。**クロスセル**とは、購入した商品とは異なるカテゴリーの商品も買ってもらうことであり、購入履歴をもとに顧客の好みに合いそうな別の商品を勧める。

　これらの施策によって購買金額を高めるのと同時に、顧客のロイヤルティを高めることも必要である。商品購入後にアフターフォローを行う、SNS上のコミュニティに参加させるなど、継続的にコミュニケーションを行うことが重要となる。

# 5　ダイレクト・マーケティングの管理

　ダイレクト・マーケティングは、顧客の購入履歴から正確に効果測定ができることがメリットの1つである。顧客データベースをもとに効果測定を行い、次のマーケティング戦略に活用し、それを何回も繰り返して戦略を随時修正していく。

## 1）テスト・マーケティング

　オファー、クリエイティブ、メディアを決める際には、いくつかの案を同じ条件で実際に出稿し、レスポンス効果を検証するテスト・マーケティングが必要となる。インターネット広告の場合、A/Bテストという。このような効果測定によって、レスポンス率の高い案を把握し、本格的な展開を行う。

## 2）実績の管理

　実績を管理する際には、管理指標を把握することが必要である。たとえばCPA（Cost Per Action）は、サンプル請求や商品購入といったレスポンスを獲得するのにかかった1回あたりのコストを示している。CPO（Cost Per Order）は、購入獲得にかかった1件あたりのコストを示しており、コミュニケーションの費用を注文数で割って算出する。ROI（Return On Investment）は、

投下した資本に対する利益率である投資収益率を示している。

# 6　ダイレクト・マーケティングの今後

　市場が拡大しているダイレクト・マーケティングであるが、商品の直接的な体験ができないといった課題は存在する。そこでガウリらは、感覚的な情報や雰囲気を伝える体験ができるようなカスタマー・エクスペリエンス（顧客体験）の向上を提案している（Gauri et al. 2021）。例えば、オムニチャネルによってリアルな小売店舗を活用すれば、商品の素材や香りを確かめてもらうことができる。D2C（Direct to Consumer）を展開すれば、企業は顧客に対し、自社ブランドの魅力やストーリーをオンライン上で直接伝えやすい。AIを活用したパーソナライゼーションを行えば、顧客の好みやライフスタイルに合わせた提案（レコメンデーション）ができ、購買を重ねるごとに提案内容を改善できる（オムニチャネル、D2Cについては本章のコラムを、ガウリらの提案については19章コラムを参照のこと）。今後も、ダイレクト・マーケティングは進化しつつ、さらに発展していくことが予想されるだろう。

● 参考文献
石光勝・柿尾正之（2010）『通販―「不況知らず」の業界研究』新潮社
加藤公一レオ（2015）『100％確実に売上がアップする最強の仕組み』ダイヤモンド社
ストーン，ボブ・ジェイコブス，ロン著、神田昌典監訳、齋藤慎子訳（2012a）『ザ・マーケティング【基本篇】』ダイヤモンド社
ストーン，ボブ・ジェイコブス，ロン著、神田昌典監訳、齋藤慎子訳（2012b）『ザ・マーケティング【実践篇】』ダイヤモンド社
陶山計介（2023）「DTC、ダイレクトマーケティングとブランド」『Direct Marketing Review』Vol.22、日本ダイレクトマーケティング学会、1-5ページ
電通ダイレクト・プロジェクト監修（2011）『先頭集団のダイレクトマーケティング』朝日新聞出版
長島広太（2011）「ネット通販と生活者―ネット調査結果に見る生活者とダイレクトマーケティングの新しい姿」『アド・スタディーズ』vol.35、20-25ページ
西村道子（2023）「過去40年超の調査・取材活動を通して考察したダイレクトマーケティングにおける変化と残された課題」『Direct Marketing Review』Vol.22、日本ダイレクトマーケティング学会、6-20ページ

日本通信販売協会（2022）『第40回通信販売企業実態調査報告書』日本通信販売協会

博報堂DYメディアパートナーズ編（2020）『広告ビジネスに関わる人のメディアガイド2020』宣伝会議

朴正洙（2018）「ダイレクト・マーケティングと顧客関係性マネジメント」三村優美子・朴正洙編著『成熟消費時代の生活者起点マーケティング─流通・マーケティングの新たな可能性』千倉書房

朴正洙（2019）『実践ダイレクト・マーケティング講義』千倉書房

ルディー和子（2009）「ダイレクト・マーケティング戦略」亀井昭宏・ルディー和子編著『新マーケティング・コミュニケーション戦略論』日経広告研究所

ワンダーマン，レスター著、電通ワンダーマン監修、藤田浩二監訳（2006）『ワンダーマンの「売る広告」』翔泳社

Gauri, D. K., Jindal, R. P., Ratchford,B., Fox, E., Bhatnagar, A., Pandey, A., Jonathan R. N., Fogarty, J., Carr, S., and Howerton, E.（2021）, "Evolution of retail formats: Past, present, and future", *Journal of Retailing*, 97(1), pp.42-61.

Scovotti, C. and Spiller, L. D.（2006）, "Revisiting the conceptual definition of direct marketing: Perspectives from practitioners and scholars", *Marketing Management Journal*, 16(2), pp.188-202.

「特集・ダイレクト広告の最前線」『宣伝会議』宣伝会議、2014年11月号

経済産業省（2023）「令和4年度 電子商取引に関する市場調査報告書」 https://www.meti.go.jp/press/2023/08/20230831002/20230831002-1.pdf, 2023年10月15日アクセス

通販支援ノートPowerd by nissen「チラシの効果を高めるABテストとは？　具体的な方法や注意点を詳しく解説」（2023年4月19日） https://www.nissen.biz/support/01how-to-ab-test/, 2023年10月27日アクセス

日本通信販売協会「売上高調査（統計）」 https://www.jadma.or.jp/statistics/sales_amount/, 2023年10月15日アクセス

日本通信販売協会「ＪＡＤＭＡ『2022年度通販市場売上高調査』」 プレスリリース 2023年8月24日　https://www.jadma.or.jp/pdf/2023/20230824press2022marketrize.pdf, 2023年10月20日アクセス

日本フランチャイズチェーン協会「統計データ」 https://www.jfa-fc.or.jp/particle/320.html, 2023年10月26日アクセス

## ● ダイレクト・マーケティングの進化 ●

　近年のダイレクト・マーケティングにおいて注目すべき動向を3つ紹介する。インターネットと店舗が連携したオムニチャネル、オンライン領域のD2Cとサブスクリプションサービスである。

　オムニチャネルとは、店舗とインターネット販売など複数チャネル間の顧客情報や販売情報を一元管理し、消費者の個別ニーズに最も合うよう商品・サービスを提案したり、販売、配送したりする戦略のことである。チャネル間の連携がシームレスで顧客情報も統合されているため、顧客はチャネルの違いを意識せずに、好きな時に買い物をし、いつでも都合のよい場所で商品を受け取ることができる。アプリで店頭在庫を確認して店舗で購入したり、インターネットで商品を注文して自宅近くの店舗で商品を受け取ったりしたことがある人も多いだろう。

　D2CはDirect to Consumerの略である。デジタルネイティブな若者をターゲットに、自社が企画・開発した商品をオンラインで直接販売するビジネスモデルである。特徴的なブランドの理念やストーリーを共有し、ブランディングを行う。たとえば、D2Cを展開するBASEFOODのミッションは、「主食をイノベーションし、健康をあたりまえに」することである。仕事で多忙なため健康的な食事がとれなかった創業者の経験から、一食で全ての栄養素をバランスよくとることができる完全栄養食を開発したという。

　サブスクリプションサービスは、定額で定期的に商品やサービスを販売するビジネスモデルである。食品や有料動画・音楽配信から始まり、現在は多様な商品・サービスに広がっており、市場が拡大している。

　なお、日本通信販売協会はインターネット通信販売とデジタルコマースにおいて先進的なビジネスモデルを表彰する "Next-generation Commerce Award" を2019年から行っている。2023年は「職人醤油」が、2022年は「Casié」が大賞を受賞している。これまでの表彰対象には、D2Cやサブスクリプションサービスの企業も含まれている。改めて、これらはダイレクト・マーケティングの一部であることがわかるだろう。興味がある人は、ぜひNext-generation Commerce Awardをチェックしてほしい。

＊陶山計介（2023）「DTC、ダイレクトマーケティングとブランド」『Direct Marketing Review』、Vol.22、日本ダイレクトマーケティング学会、1–5ページ

西村道子（2023）「過去40年超の調査・取材活動を通して考察したダイレクトマーケティングにおける変化と残された課題」『Direct Marketing Review』Vol.22、日本ダイレクトマーケティング学会、6–20ページ

経済産業省（2023）「令和4年度　電子商取引に関する市場調査報告書」 https://www.meti.go.jp/press/2023/08/20230831002/20230831002-1.pdf

BASEFOOD　https://basefood.co.jp/

日本通信販売協会 Next-generation Commerce Award 2023 | NgCA　https://www.jadma.or.jp/event/ngca

# 19 章
# インストア・マーチャンダイジングと
# マーケティング・コミュニケーション

（中野　香織）

---

● キーワード ●
計画購買、非計画購買、インストア・マーチャンダイジング、ショッパー・マーケティング、棚割、フェイス、ゴールデンゾーン、エンド陳列、クロス・マーチャンダイジング、ビジュアル・マーチャンダイジング

---

　好きなお店を思い浮かべてみよう。そのお店のどこが好きなのだろうか。雰囲気が良い、たくさんの色のシャツが揃っている、店員の感じが良いなど、さまざまな理由が考えられるだろう。それらは店舗の情報やイメージを伝えるという意味において、コミュニケーションの役割を果たしている。つまり、店舗で消費者の購買行動に影響を与えるのは商品や価格だけではない。店内で見たり触れたりするものの全てがブランドのさまざまな情報を伝え、イメージを醸成し、購買の後押しをするコミュニケーション・ツールとなって、消費者の意識や行動に影響を与えるのである。

　店舗は、ブランドと消費者が直接接することができる重要なメディアの1つでもある。店頭で実際の商品に触れたり、店員と話したり、店舗の雰囲気を感じたりといった、ブランドとの直接体験は消費者が抱くブランド・イメージに大きな影響を与えるだろう。そこで本章では、**マーケティング・コミュニケーション**の視点から店舗内の戦略を考えていこう。

## 1　店舗内の消費者行動

　消費者はどの時点で商品を買うことを決めているのだろうか。この疑問を解決するには、図表19-1の購買パターンの整理が役に立つ。来店前に購買

図表19-1　購買パターンの類型

| | | 購買実績 | |
|---|---|---|---|
| | | 購買 | 非購買 |
| 購買意図 | 予定あり | （広義の）計画購買 | 購買延期（購買中止） |
| | 予定なし | （狭義の）非計画購買 | 非購買 |

出所：田島義博・青木幸弘編著(1989)『店頭研究と消費者行動分析』誠文堂新光社、71ページ。

する予定があったかどうかという「購買意図」と、来店して実際に購買したかどうかという「購買実績」の2つの軸によって購買行動を分類すると、4つの購買パターンに分類することができる。

　**計画購買**とは、来店前から購買するつもりだった商品を予定通り購買する行動のことであり、**非計画購買**とは、来店前には購買するつもりがなかった商品を店舗内で何らかの刺激を受けて購買する行動のことである。「購買延期（購買中止）」とは、来店前には購買するつもりだった商品を何らかの理由により購買しない行動のことである。「非購買」とは、来店前に購買するつもりがなかった商品を店頭で目にして検討したものの、結果的に購買しない行動のことである。

　この分類において購買に至るのは「計画購買」と「非計画購買」であり、さらに細かく分類することができる（図表19-2）。

　計画購買には「ブランド計画購買」「カテゴリー計画購買」「代替購買」がある。「ブランド計画購買」は商品カテゴリーもブランドのいずれについても、来店前から決めていたものを購買する行動のことである。たとえば、あるブランドのカップ麺を買うつもりで来店し、そのブランドを予定通り購買する行動が当てはまる。「カテゴリー計画購買」は来店前に商品カテゴリーだけ決めており、ブランドは店頭で決める行動のことである。たとえば、ミネラルウォーターを買う予定だがどのブランドにするかは決めずに来店し、店頭で最も安かったブランドを購買する行動が当てはまる。「代替購買」は来店前に決めていたブランドを店頭で何らかの理由で変更し、他のブランドを購買する行動のことである。たとえばA社のテレビを買おうと来店したものの、店員に薦められたB社のテレビを購買する行動が当てはまる。

　続いて、非計画購買には「想起購買」「関連購買」「条件購買」「衝動購買」がある。「想起購買」とは、店内の商品やPOPを見て、ある商品の必要性を

図表19-2　計画購買と非計画購買

| | | |
|---|---|---|
| 計画購買 | ブランド計画購買 | 商品カテゴリーと商品ブランドのいずれについても来店前から決めていたものを購買する行動。 |
| | カテゴリー計画購買 | 来店前に商品カテゴリーだけ決めており、商品ブランドは店頭で決める行動。 |
| | 代替購買 | 来店前に決めていた商品ブランドを、店頭で何らかの理由で変更し、他のブランドを購買する行動。 |
| 非計画購買 | 想起購買 | 店頭で商品やPOPを見て、商品の必要性や広告、使用経験などを思い出し購買する行動。 |
| | 関連購買 | 購買する別の商品から、それに関連する商品が必要だと思い、購買する行動。 |
| | 条件購買 | 値引きなどの条件により、店頭で購買意図が生じ、購買する行動。 |
| | 衝動購買 | 店頭で新商品や希少性のために衝動的に購買する行動。 |

出所：流通経済研究所編（2016）『インストア・マーチャンダイジング（第2版）』日本経済新聞出版社、を参考に作成。

思い出して購買する行動のことである。たとえば、店内を歩き回るうちに、電球が切れていることを思い出して購買する行動が当てはまる。「関連購買」とは、ある商品を購買する際にその商品に関連した商品も必要だと感じて購買する行動のことである。たとえば、カレールーを買う際、タマネギが必要なことを思い出して購買する行動が当てはまる。「条件購買」とは、値引きなどの条件が刺激となり、購買する行動のことである。

　「衝動購買」は、店内で突然の購買衝動によって引き起こされる、事前に意図されていない購買行動のことである。たとえば、買い物をするつもりがなくふらりと入ったお店で、可愛い靴を見つけて思わず購買した行動が当てはまる。

　計画購買と非計画購買の実態を見てみよう。流通経済研究所によるスーパーマーケットを対象とした調査（2013年）では非計画購買が77.4％と計画購買よりも圧倒的に多い（図表19-3）。購買実態は製品カテゴリーによっても異なる（図表19-4）。調査会社のマクロミルが行った調査（2017年）では、カップ麺や惣菜、スナック菓子は非計画購買が多く、洗濯用洗剤や柔軟剤は計画購買が多い。このように製品カテゴリーによって異なるものの、消費者は店頭でさまざまな刺激を受けることにより、意思決定をしていることがわかる。

図表19-3　計画購買・非計画購買の実態（スーパーマーケット対象、2013年）

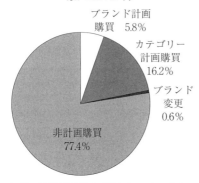

ブランド計画購買　5.8%
カテゴリー計画購買　16.2%
ブランド変更　0.6%
非計画購買　77.4%

出所：流通経済研究所編（2016）『インストア・マーチャンダイジング（第2版）』日本経済新聞出版社、27ページ。

消費者は売場にどのくらい長く滞在しているのだろうか。NHKの番組（2022年1月6日放送）によると、あるスーパーで買う商品が決まっている場合は平均8秒、決まっていない場合は平均45秒だという。売場における1分間に満たない時間の中で、消費者は購買の意思決定を行うことがわかる。このように、消費者の買い物では非計画購買が多く、売場滞在時間が短いため、店舗内で消費者に働きかけるマーケティング・コミュニケーションをいかに適切に行うかが重要となる。

図表19-4　製品カテゴリー別計画購買・非計画購買の実態（スーパーマーケット対象、2017年）

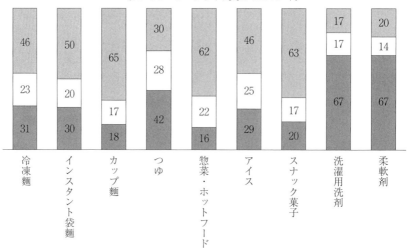

| | 冷凍麺 | インスタント袋麺 | カップ麺 | つゆ | 惣菜・ホットフード | アイス | スナック菓子 | 洗濯用洗剤 | 柔軟剤 |
|---|---|---|---|---|---|---|---|---|---|
| 非計画 | 46 | 50 | 65 | 30 | 62 | 46 | 63 | 17 | 20 |
| カテゴリ計画 | 23 | 20 | 17 | 28 | 22 | 25 | 17 | 17 | 14 |
| ブランド計画 | 31 | 30 | 18 | 42 | 16 | 29 | 20 | 67 | 67 |

■非計画　□カテゴリ計画　■ブランド計画

出所：DAIMOND Chain Store ウェブサイトより作成

## 2　インストア・マーチャンダイジングと<br>　　ショッパー・マーケティング

　店舗内で消費者に働きかける取り組みとして、インストア・マーチャンダイジングとショッパー・マーケティングを説明する。

## 1）インストア・マーチャンダイジング

　インストア・マーチャンダイジング（In-store Merchandising : ISM）とは、「小売店頭で、市場の要求に合致した商品および商品構成を、最も効果的で効率的な方法によって、消費者に提示することにより、資本と労働の生産性を最大化しようとする活動」（田島 2001）のことである。英語の頭文字を取って、ISM（イズム）と呼ばれる。店頭において、消費者ニーズに合った商品を効果的に訴求する陳列や情報提供を行うことで、売場の生産性を高めることを意味している。

　ISMの領域は、商品を効果的・効率的に見せるためのスペース・マネジメントと、購買の直接的な動機付けとなる刺激を消費者に与え、購買を促進するインストア・プロモーションの2つがある（図表19-5）。スペース・マネジメントには、店舗内のレイアウトを管理するフロア・マネジメントと、棚割を管理するシェルフ・スペース・マネジメントがある。

　ISMの中心となる考え方は、客単価（顧客1人当たりの支払い金額）を増加させることで効果的に売上増をはかるものである。客単価を増加させるためには、①動線長（店舗内を長く歩いてもらうこと）、②立寄率（歩く途中で、多くの売場に立ち寄ってもらうこと）、③視認率（立ち寄った売場で、多くの商品に気が付いてもらうこと）、④買上率（気が付いた商品を買ってもらうこと）、⑤買上個数（できるだけ多くの商品を買ってもらうこと）、⑥商品単価（できるだけ高い商品を買ってもらうこと）、といった要因が関係している。

　動線とは消費者が店舗内を歩く軌跡のことである。動線が長くなれば、消費者はその分多くの売場に立ち寄ることになり、商品を目にして検討する機会が増え、結果的に売上増につながる。そこで、①動線長、②立寄率、③視

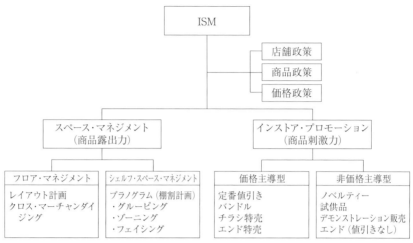

図表19-5　インストア・マーチャンダイジングの領域

```
                    ISM
                     │
                     ├──── 店舗政策
                     ├──── 商品政策
                     └──── 価格政策
          ┌──────────────────┴──────────────────┐
  スペース・マネジメント              インストア・プロモーション
   （商品露出力）                      （商品刺激力）
  ┌────────┴────────┐            ┌─────────┴─────────┐
```

| フロア・マネジメント | シェルフ・スペース・マネジメント | 価格主導型 | 非価格主導型 |
|---|---|---|---|
| レイアウト計画<br>クロス・マーチャンダイジング | プラノグラム（棚割計画）<br>・グルーピング<br>・ゾーニング<br>・フェイシング | 定番値引き<br>バンドル<br>チラシ特売<br>エンド特売 | ノベルティー<br>試供品<br>デモンストレーション販売<br>エンド（値引きなし） |

出所：流通経済研究所編（2016）『インストア・マーチャンダイジング（第2版）』日本経済新聞出版社、11 ページより作成。

認率を向上させるには、店舗内のレイアウトと棚割を管理するスペース・マネジメントが重要となる。②立寄率、③視認率、④買上率を向上させるには、売場や商品に注目させ、購買の直接的な動機付けとなる刺激を与えるインストア・プロモーションが重要となる。

## 2）ショッパー・マーケティング

ショッパー・マーケティングは、「消費者（Consumer）」ではなく「買い物客（Shopper）」を対象としている点が特徴である。米国の消費財メーカーの業界団体GMA（Grocery Manufacturers Association）によれば、ショッパー・マーケティングとは、「買い物客の行動に関する深い理解に基づいて開発され、ブランド・エクイティを構築し、買い物客を惹きつけ、購買決定に導くために計画された全てのマーケティング刺激からなる行動」と定義されている。

守口（2009）によれば、これまでのマーケティングと異なる点は、①対象の変化と②視点の変化にあるという（図表19-6）。①のマーケティングの「対

図表19-6　ショッパー・マーケティングの概念

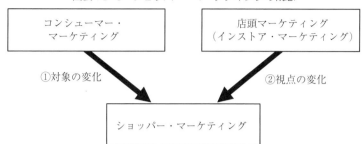

出所：守口剛（2009）「店頭を基点としたマーケティング―これまでの流れと
　　　今後の方向」『マーケティング・リサーチャー』No.108, 14ページより
　　　作成。

象の変化」については、消費者は商品を使うユーザー（User）を意味してお
り、実際に商品を買うのは買い物客（Shopper）である。ユーザーとショッ
パーは異なる人であることも多く、ニーズも異なる。そのため、店頭では
ショッパーとしての消費者にアプローチする必要がある。

　②の「視点の変化」については、従来型の店頭マーケティングとの違いを
意味している。店頭マーケティングでは、店内での商品の露出量や視認性向
上といった物理的な側面に重点が置かれてきた。しかしショッパー・マーケ
ティングにおいては、買い物客の行動や心理を深く洞察することが重視され
る。そのため、「ショッパー・インサイト」と呼ばれる買い物客の本音を探
る目的で、購買履歴データの分析、店頭観察調査、買い物同行調査、買い物
行動観察、グループインタビューなどの調査が行われることもある。このよ
うに、ショッパー・マーケティングでは、買い物客の行動や心理を起点とし
た発想が求められる。

## 3　店舗内におけるマーケティング・コミュニケーション

　それでは、店舗内におけるマーケティング・コミュニケーションの手段を
整理してみよう。ISM、ショッパー・マーケティング、その他の研究成果を
もとに、コミュニケーションの要素を図表19-7にまとめた。製品領域（パッ

図表19-7　店舗内におけるコミュニケーションの要素

| 製品領域 | | 価格領域 | |
|---|---|---|---|
| パッケージ | 品揃え | 価格設定 | 価格プロモーション |
| ・色<br>・デザイン<br>・コピー<br>・フォント | ・品揃えの広さ・深さ<br>・商品の鮮度<br>・品切れのなさ | ・価格設定 | ・値引き<br>・クーポン<br>・増量パック<br>・バンドリング<br>・キャッシュバック |

| 流通領域 | | | | プロモーション領域 | |
|---|---|---|---|---|---|
| スペース・マネジメント | | 雰囲気 | 空間デザイン | 非価格プロモーション | 人的販売 |
| フロア・<br>レイアウト | シェルフ・<br>スペース | | | | |
| ・床面積配分<br>・商品のグ<br>ルーピング<br>・商品配置<br>・商品構成 | ・商品陳列<br>・エンド陳列<br>・島陳列<br>・クロスMD<br>・VMD | ・音楽<br>・香り<br>・明るさ<br>・清潔さ | ・床、壁<br>・照明<br>・家具、什器<br>・店内装飾 | ・POP<br>・プレミアム<br>・懸賞<br>・デモンスト<br>　レーション<br>　販売<br>・サンプリン<br>　グ<br>・フリークエ<br>　ンシー・プ<br>　ログラム | ・店員の接客<br>・商品知識<br>・店員の人数<br>・制服 |

出所：中野香織（2009）「店舗内コミュニケーション戦略」亀井昭宏・ルディー和子編著『新マーケティング・コミュニケーション戦略論』日経広告研究所、146ページをもとに作成。

ケージ、品揃え）、価格領域（価格設定、価格プロモーション）、流通領域（フロア・レイアウト、シェルフ・スペース、雰囲気、空間デザイン）、プロモーション領域（非価格プロモーション、人的販売）に整理することができる。消費者が店舗内で目にしたり、手で触れたりなど、五感で感じるもののほとんどがコミュニケーション機能を有しているのである。これらの要素をブランド戦略やマーケティング戦略の目的に沿って適切に組み合わせ、店舗内で統一の取れたマーケティング・コミュニケーションを展開することが必要となる。

## 1）製品領域

　製品領域にはパッケージと品揃えがある。パッケージのサイズ、形、色、デザイン、コピー、フォントなどにより、商品のさまざまな情報やイメージを消費者に伝えることができる。

品揃えでは、製品カテゴリーをどの程度多く揃えるかという品揃えの広さや、各商品カテゴリーにおいて商品の種類をどの程度多く揃えるかという品揃えの深さが当てはまる。さらに、商品の入れ替えが適度に行われているかという品揃えの鮮度、品切れを起こさないような在庫の管理なども含まれる。このような品揃えの内容によって、小売店は消費者に店舗のコンセプトを訴求したり、再来店を促進したりすることができる。

## ２）価 格 領 域

価格領域には価格設定と価格プロモーションがある。コミュニケーションの視点で考えると、価格の設定の仕方により店舗のイメージを構築することができる。たとえば、高価格でクオリティの高い食品を揃えるスーパーは、高級で安心な店舗のイメージを消費者に訴求できる。

価格プロモーションとは、値引き、クーポン、増量パック、バンドリング、キャッシュバックなどである。消費者に直接的に購買を刺激付けることができる。詳しくは15章セールス・プロモーションを参照されたい。

## ３）流 通 領 域

流通領域には、スペース・マネジメントとしてフロア・レイアウト（売場構成）とシェルフ・スペース、雰囲気、空間デザインがある。

（１）フロア・レイアウト

**フロア・レイアウト**は店舗内のレイアウトを管理すること、つまり消費者の店舗内の動きを考慮して商品のグループを店舗内のどこに配置するかを考えることである。フロア・レイアウトには、床面積（スペース）の配分、商品のグルーピング、商品配置、商品構成、売場の広さなどが含まれる。

フロア・レイアウトでは、消費者が店舗内を長く歩き回るような設計にする。動線が長くなれば、消費者は多くの商品を目にする機会が増え、売上が増加する（図表19-8）。そのため、動線を長くし、多くの消費者に歩いてもらえるようなフロア・レイアウトにすることが重要である。

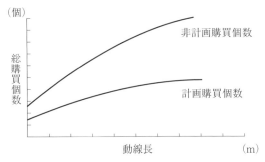

図表19-8 動線の長さと購買個数との関係

出所：流通経済研究所編（2016）『インストア・マーチャン
ダイジング（第2版）日本経済新聞出版社、63ページ。

## (2) シェルフ・スペース

**シェルフ・スペース**とは商品をわかりやすく並べる陳列を意味し、棚割、エンド陳列、島陳列、クロス・マーチャンダイジング（クロスMD）、ビジュアル・マーチャンダイジング（VMD）などが含まれる。

**棚割**とは、定番売場に商品をどのように割り当て、陳列するかを決定する陳列・販売計画のことである。プラノグラムともいう。棚割を作るためには、各商品の売場内の配置と割り当て量を決めた後、フェイシングを行う。フェイシングは、商品を棚のどの位置にどの程度の量を陳列するか、つまり商品の**フェイス**数と陳列位置を決めることである。フェイス数とは棚の最前面に並べる同じ商品の数のことで、棚に同じ商品が2つ並んでいる場合、それを2フェイスという。一般的には、フェイス数を増やすと消費者の目に入りやすいため、その商品の売上が増加する。ただし、コンビニエンスストアの場合は、5フェイスまでの方が販売効率が高いという（『週刊ダイヤモンド』2016年10月29日号）。

さらに、陳列する高さも売上に関係している。最も売上が大きいのはゴールデンゾーンである（図表19-10）。**ゴールデンゾーン**とは、棚の中で消費者が最も見やすく、手が届きやすい高さのことであり、おおよそ85〜125cmを指すことが多い。重点商品を陳列するのに適した場所である。しかし身長が異なれば、見やすい位置が変わるため、その売場のターゲットを考慮して

図表19-9　コンビニエンスストアでのフェイス陳列

写真提供：ピクスタ

図表19-10　ゴールデンゾーン

10度
30度

ゴールデン・ゾーン　　　低　　　　販売力指数　　　高

出所：流通経済研究所編（2016）『インストア・マーチャンダイ
　　　ジング　第2版』日本経済新聞出版社、89ページ。

ゴールデンゾーンを決めなくてはならない。

　**エンド陳列**とは、ゴンドラ（陳列棚の主要なタイプのもの）の両端で、主通路
などに向けて商品を陳列することである。ゴンドラエンド（ゴンドラの両端）
は、通路を歩く消費者から注目されやすいため、季節感の醸成、メニュー提
案や大量陳列など、どのような演出を行うかが重要となる。またエンド陳列

を行うことで、そのゴンドラへ消費者を引き寄せ、動線を長くする効果もある。

　島陳列とは、通常の陳列棚とは別に、特設の陳列棚を設置して陳列する方法である。お正月、ひな祭り、運動会などテーマに合わせて関連製品を特別に陳列する。

　**クロス・マーチャンダイジング**とは、さまざまなカテゴリーの商品をメニューやテーマ、生活シーンなどで関連付け、同じ場所に陳列する手法のことである。通常、商品はカテゴリーごとに陳列されている。しかし、一緒に買う可能性の高い商品の組み合わせは、同じ場所に陳列された方が、関連購買が促進される。たとえば、スーパーマーケットで、通常「鍋つゆ」は調味料売場に陳列されている。しかし、夕食のメニューを考えながら買い物をしている人に、売場で「鍋物」のメニューを提案するため、「鍋つゆ」を魚売場にも陳列すると、「今日は鍋物にしよう」と鍋つゆと魚を一緒に買ってもらいやすくなる。

　**ビジュアル・マーチャンダイジング**（Visual Merchandising : VMD）とは、商品を視覚的に訴求することである。消費者にわかりやすく、きれいに見せる陳列を行う（図表19-11）。テーマやコンセプトが設定され、それに沿って、

図表19-11　ビジュアル・マーチャンダイジング

写真提供：ピクスタ

VMDは展開される。

　雰囲気には音楽（テンポ、音の大きさ）、香り、明るさなどが含まれる。雰囲気は目に見えづらいため、消費者にどの程度影響を与えられるのか、わかりづらいだろう。たとえば音楽では、店内のBGMの種類によって消費者の店舗内行動が異なることが明らかになっている。スーパーマーケットでは、音楽のテンポが早い場合、買い物客の歩きが速くなり売上が少ないが、音楽のテンポが遅い場合、買い物客はゆっくり歩き、結果的に売上も多い（Milliman 1982）。レストランでは、音楽のテンポが遅いと客の滞在時間が長く、バーでのオーダー量が多くなる。

　空間デザインには、床、壁、照明、家具、什器や店内装飾がある。店舗で消費者の目に入るものの中で大きな部分を占めるため、店舗のイメージに大きく影響を与える。

## 4）プロモーション領域

　プロモーション領域には、非価格プロモーションと人的販売がある。非価格プロモーションは、POP、デジタルサイネージ、プレミアム、懸賞（オープン懸賞・クローズド懸賞）、フリクエンシー・プログラム、デモンストレーション販売、サンプリングなどが含まれる。近年はデジタルサイネージの利用が増加している。詳しくは15章セールス・プロモーションを参照されたい。

　人的販売は店員に関する要素で、店員の接客、知識、人数、制服などが含まれる。店員は消費者と直接接するため、影響力も大きい。

● 参考文献

石井裕明（2010）「消費者視点の衝動購買研究」『季刊マーケティング・ジャーナル』、Vol.29, No.1、日本マーケティング協会、98-107ページ

陶山計介（2005）「ブランド・コミュニケーション空間としての店舗—インストア・コミュニケーション」『流通情報』435号、流通経済研究所、8-21ページ

田島義博編著（2001）『インストア・マーチャンダイジングがわかる→できる』ビジネス社

田島義博・青木幸弘編著（1989）『店頭研究と消費者行動分析』誠文堂新光社

電通S.P.A.T.チーム編（2007）『買いたい空気のつくり方』ダイヤモンド・フリードマン社

中野香織（2009）「店舗内コミュニケーション戦略」亀井昭宏・ルディー和子編著『新マーケティング・コミュニケーション戦略論』日経広告研究所

守口剛（2009）「店頭を基点としたマーケティング―これまでの流れと今後の方向」『マーケティング・リサーチャー』No.108，10-15ページ

守口剛（2011）「ショッパー・マーケティングとは何か」流通経済研究所編『ショッパー・マーケティング』日本経済新聞社

守口剛（2014）「マーケティングにおけるインサイトの重要性と有効性―ショッパー・インサイトの活用事例に基づいた考察」『流通情報』511号、流通経済研究所、6-13ページ

流通経済研究所編（2016）『インストア・マーチャンダイジング　第2版』日本経済新聞出版社

『週刊ダイヤモンド』2016年10月29日号「特集 コンビニを科学する」

DIAMOND Chain Store「購買計画の実態を分析し、消費者の購入決定タイミングをとらえる第2回　計画購買性を捉えることの重要性」https://diamond-rm.net/market/28771/, 2023年10月18日アクセス

NHK（2022年1月6日放送）『所さん！大変ですよ』「監視カメラ 驚きの活用術!?」

流通経済研究所編（2011）『ショッパー・マーケティング』日本経済新聞出版社

「日経流通新聞」2012年12月17日付

Milliman, R. E.(1982), "Using Background music to affect the behavior of supermarket shoppers," *Journal of Marketing*, No.46, pp.86-91.

『販促会議』2010年10月号

"Shopper Marketing: Capture a Shopper's Mind, Heart and Wallet", GMA. http://www.gmaonline.org/downloads/research-and-reports/shoppermarketing.pdf, 2015年10月30日アクセス

## ● リアル店舗ならではの強み ●

　店舗の存在意義とは何だろう。流通業者の大きな役割の一つに「品揃え形成活動」がある。消費者のニーズに合わせて多様な商品を揃えることであり、特定のメーカーでなく流通業者だからこそできる機能である。しかし、「品揃え形成活動」については店舗よりもインターネット通販の方が勝っている。インターネット通販の品揃えは膨大であり、探せばほぼ何でも揃う。それでは、今後の店舗は何を強みにすればよいだろうか。

　Gauriら（2021）は、今後の小売業（リアル店舗とオンライン）に向けて「顧客中心主義の小売フレームワーク」を提案している。Gauriらによれば、小売業が進化するためには商品の品質と価格だけでは勝負できず、デジタルによって変化したカスタマージャーニーを理解することが必要だという。特に、カスタマージャーニーの情報検索と購買のプロセスにおいて、カスタマーエクスペリエンス（顧客体験）の重要性を指摘している。顧客が商品やサービスと接することができる店頭でのリアルな体験は、店舗ならではの強みとなる。顧客体験を重視する店舗の形を、このフレームワークに沿って、2つ紹介しよう。

　一つ目は、在庫を持たない「売らない店」である。ブランドストーリーの体感、もしくはショールーミングとしての商品認知やトライアルを目的とした店舗である。アメリカ発のb8ta（ベータ）は、店頭で商品を体験させ、商品に興味を持った顧客の属性や店舗内行動を店内で計測している。接客の反応も含めて分析したデータをメーカーにフィードバックし、これまで700社の商品を扱ってきたという。

　二つ目は、リテールエンタテインメントとして買い物客を楽しませる、魅力的な顧客体験を提供する店舗である。スニーカーショップのatmos（アトモス）は、日本のスニーカー販売を牽引してきたカルチャーを伝える場として、店舗を捉えている。モノを売る以外の価値を店舗で提供するため、創業者の好きなスニーカーだけを集めた「偏愛コレクション」のイベントや、クリエイターとコラボしたイベントなどを通じて、「ストーリーを売っている」という。

　このように、店舗側の視点から強みを考えてきたが、店舗とオンラインは対立する存在ではない。それぞれの弱みを補完しつつ、店舗とオンラインの連携をしていければよいだろう。

＊Gauri, D. K., Jindal, R. P., Ratchford, B., Fox, E., Bhatnagar, A., Pandey, A., Jonathan R. N., Fogarty, J., Carr, S. and Howerton, E. (2021), "Evolution of retail formats: Past, present, and future", *Journal of Retailing*, 97(1), pp.42-61.
　「日経MJ」2021年9月10日、2022年1月3日
　「日本経済新聞」2023年5月10日

# 用 語 解 説

**アートディレクター／デザイナー**　広告物における視覚表現を考える職種。デザイナーが視覚表現の具体的なアイデアを考え、アートディレクターがそれを監督する。

**RFM分析**　最新の購入日をリーセンシー（Recency：R）、購入頻度をフリクエンシー（Frequency：F）、購入金額をマネタリー（Monetary：M）といい、リーセンシーでは顧客が最後に購入してからどのくらい経つのかを、フリクエンシーではある期間もしくは1年間の購入回数を、マネタリーではある期間もしくは1年間の購入金額を調べ、分析を行う。RFM分析で顧客を分類して重要な顧客を把握することができる。

**IR**　株主や投資家向けに定期的に業績レポートなどを配信したり、投資情報を企業のホームページで公開したりする株主・投資家向けのPR。

**IMC**　広告、PR、SPなどさまざまなマーケティング・コミュニケーション手段を1つの複合体として捉え、消費者の視点からコミュニケーションの全体を再構築する活動のこと。

**AISAS**　インターネット時代の現在、AIDMAモデルを改良して提唱されたモデル。AISASとはAttention, Interest, Search, Action, Shareというプロセスを表している。ここでサーチはネットでの検索、シェアは検索結果や製品評価情報の「共有」ということである。

**AIDMA**　Attention（注意）⇒Interest（興味）⇒Desire（欲求）⇒Memory（記憶）⇒Action（行為）の各段階の頭文字を取ったもので、まず広告に注目し、広告内容に興味を持ったか、広告商品を欲しいと思ったか、それが記憶され、最終的に何らかの行為を起こしたかどうか、というプロセスで広告効果が発生すると仮定したモデル。

**アカウント・プランナー**　広告会社の職種で、消費者を深く理解しコンシューマー・インサイト（Consumer Insight）を発見することが仕事である。コンシューマー・インサイトを含む広告戦略の概要書（クリエイティブ・ブリーフ）を作成し、クリエイターが独創的なアイデアを創出できるよう触発する。

**アカウント・プランニング**　消費者を深く理解し、その消費者に関する情報を広告表現制作に関わるスタッフに伝えることを通じて、広告表現制作のプロセス全体に消費者の視点を取り入れるための広告会社内における制度のこと。

**アップセル**　ダイレクト・マーケティングにおいて、より金額の高い商品を買ってもらうための戦略。割引、購入者プレゼント、ポイント進呈などのオファーがよく用いられる。

**アドエクスチェンジ**　複数のアドネットワークを束ねる仕組みで、広告枠をインプレッションベースで取引する市場のこと。

**アドテクノロジー**　消費者のモバイル端末やパソコンの広告画面に、個々にパーソナライズ化された広告を配信するための技術のこと。消費者のデータを利用した高度なターゲティングが特徴である。

**アドネットワーク**　複数のウェブサイトが登録されており、アドサーバーから適切な広告が配信される仕組みのこと。

**アドフラウド**　フラウドとは詐欺という意味であり、インターネット上の操作を自動化したプログラムによって、不正クリックを大量に作り出すことで広告主に広告費を水増しして請求する不正行為のこと。

**アバブ・ザ・ライン**　主に米国の広告業界でマス広告を指す言葉として使用されている。

**アフィリエイト広告**　サイト運営者がウェブサイト内で商品や問い合わせ窓口を紹介し、そのウェブサイトを通じて商品購入や資料請求に至ると、報酬が発生する仕組みの広告。

**インストア・マーチャンダイジング**　小売店頭で、市場の要求に合致した商品および

商品構成を、最も効果的で効率的な方法によって、消費者に提示することにより、資本と労働の生産性を最大化しようとする活動のこと。英語の頭文字を取って、ISM（イズム）と呼ばれる。

**インセンティブ提供型のセールス・プロモーション**　景品やおまけの魅力によって消費者の購買行動を動機付けようとする活動。景品やおまけのことを専門的にはプレミアムと呼ぶ。景品の付け方は大きく分けて、購入すれば必ずもらえるという手法と、抽選で当たればもらえるという2つの手法がある。

**インバウンド・マーケティング**　外国からの観光客を増やすための国レベルでのマーケティング活動のこと。

**インフルエンサー**　オピニオン・リーダーなどの他の消費者に対して影響力が強い消費者のこと。

**売上反応モデル**　投入広告費や広告投下量であるGRPなどの量的な変数で実際の売上高や市場シェアなどの変数を説明しようという統計モデル。

**営業・人的販売**　営業や販売員が直接的に消費者や取引担当者に接し、口頭で製品・サービスのメッセージを伝えたり、情報提供、収集をしたり、最終的に商品の販売実現を目指す活動のこと。

**ARF媒体評価モデル**　広告効果を、媒体到達効果、広告到達効果、広告コミュニケーション効果、行動効果と大きく4段階に分けて提示したモデル。媒体到達効果としては媒体普及、媒体露出、広告到達効果として広告露出、広告知覚、広告コミュニケーション効果として知名・理解・確信・態度変容などが一般的で、行動効果としての行動がある。

**Aad（広告への態度）**　広告への態度（Attitude toward the Ad：Aad）のこと。態度が形成される対象は主にブランドであるが（Attitude toward the brand：Ab）、広告を視聴して直接的にブランドへの態度が形成されるばかりでなく、いったんAadが形成されて、Abに転移し、その後購買意図（Purchase Intention：PI）へ転移することが知られている。またAad形成は、

広告メッセージに対する認知的反応と感情的反応から生じることもわかっている。

**AE（アカウント・エグゼクティブ）**　広告主（クライアント）に対する広告会社の窓口機能を担う、広告案件（アカウント）の推進役である営業部門の職種のこと。

**ACジャパン**　公共のための広告活動を通じて国民の公共意識の高揚をはかり、もって社会の進歩と公共の福祉に寄与することを目的に1971年に設立された非営利団体である。広告主、媒体社、広告会社、経済文化団体など1000を超える正会員から組織されており、その会費で運営されている。ACジャパンの広告は、会員社である広告会社、制作会社が企画制作するという形で協力し、会員社である媒体社は広告スペースを提供するという形で協力するなどして、発信される。

**SOV（シェア・オブ・ボイス）**　広告費シェアや広告出稿量シェアのこと。特定商品市場で展開される広告費や広告出稿量全体のうちで1企業もしくは1ブランドの広告費や広告出稿量の占める割合を意味する。SOVという数字は、競合他社の広告出稿量と自社の広告出稿量の比較に役立つ。

**エバンジェリスト**　伝道師の意味で、ブランドへのロイヤルティが高く、積極的にブランドに関する情報を集め、周囲に推奨を行う熱心なファンのこと。

**FCB広告プランニング・モデル**　広告会社のFCB（Foot, Cone, and Belding）社が提示した広告プランニングのための、製品関与への高低を取り入れたモデル。縦軸は高関与と低関与、横軸は思考型、感情型とし、製品を4象限に分類してそれぞれに対応する広告効果と広告プランニングを明示している。

**OOH**　Out of Homeメディアの略で、自宅外で接するメディアの総称。主に交通広告と屋外広告を指す。

**オピニオン・リーダー**　情報創造者や情報発信者の中でも、特に情報の信頼性が高く、他者への影響力が強い特性を持つ消費者のこと。

**オファー**　企業から顧客への提案を意味し、商品・サービスの取引によってもたらされ

る特典のこと。たとえば、価格の割引、無料のプレゼント、サンプル提供、ポイント進呈などがある。

**価格訴求型のセールス・プロモーション** 商品の価格を一時的に値引きするという、金銭的刺激によって消費者の購買行動を促す活動。商品の価格は購買行動に直接的な影響力を持つため、シンプルな方法だが、早く強い効果がある。ただし、頻繁に行うと消費者が値引きに慣れ、通常価格では買わなくなってしまったり、ブランド価値を損なってしまったりするマイナス要因もある。

**感情型訴求** 広告オーディエンスの感情に訴えかけ、感動や共感を引き起こそうとするもの。

**関与** ある対象に対する心理的な巻き込まれ度合いの高低のこと。製品関与（その製品クラスに対する関与）、広告関与（広告に対する関与）、購買関与（購買意思決定に対する関与）のように、関与の対象が何であるのかによって広告効果のモデルがタイプ分けできる。

**クチコミ** オンライン、オフラインにかかわらず、人から人への全ての情報伝達行為。

**クチコミ・マーケティング** クチコミの発生自体をマーケティング目標として設定し、クチコミを起こすことに重きを置いて戦略立案されるマーケティング活動のこと。

**クリエイティブ・ディレクター** クリエイティブ・チーム全体を統括し、企画のクオリティを担保するとともに制作実施全般の責任を担う、広告制作の経験を積み見識豊かな広告制作の監督あるいは責任者。

**クリエイティブ・ブリーフ** 広告表現を制作するうえでの広告戦略の骨子を紙1枚程度にごく簡潔にまとめたもの。その中身は、①なぜ広告をするのか（広告の目的）、②誰に語りかけるのか（広告のターゲット）、③ターゲットについて知っていること（カギとなるインサイト）、④ターゲットに伝えたいこと（主役となるメッセージ、約束）、⑤メッセージをサポートする理由（そのメッセージを消費者が信じられる理由）、⑥メッセージのトーン（どんな調子で語るのか）からなる。

**クロスセル** ダイレクト・マーケティングにおいて、購入した商品とは異なるカテゴリーの商品を買ってもらう戦略。購入履歴をもとに顧客の好みに合いそうな別の商品を勧める手法のこと。

**クロス・マーチャンダイジング** さまざまなカテゴリーの商品をメニューやテーマ、生活シーンなどで関連付け、同じ場所に陳列する手法のこと。

**クロスメディア** あるメディアの広告がきっかけ（ポータル：玄関）となり、当該ブランド・サイトへ誘導する戦略。

**景観緑三法** 「景観法」「景観法施行関係整備法」「都市緑地法」の三法のこと。2004年に成立した。特に景観法は良好な景観の形成と維持についての基本理念から規制までを含めた総合的な法律である。景観緑三法の施行により、屋外広告に対する規制は厳しくなった。

**景品表示法** 正式名称は「不当景品類及び不当表示防止法」。独占禁止法の特別法、補完法、あるいは補助立法という位置付けで、不当な表示、広告活動や過大な景品類提供の規制を行うため1962年に制定された。景表法の目的は、不当な景品類及び表示による顧客の誘引を防止するため、一般消費者による自主的かつ合理的な選択を阻害するおそれのある行為の制限及び禁止について定めることにより、一般消費者の利益を保護することである。

**現地化** グローバル・マーケティングにおいて、マーケティング戦略および広告戦略は、各国の環境に合わせた個別のプログラムが用意されなければならないという考え方。

**公共広告** 環境、福祉、教育、人権などの社会的・公共的な問題についての理解や解決を目的とする広告でありACジャパンによって行われるもの。

**広告** 広告主（広告の送り手）が明示され、伝えるべきメッセージ、伝えるべき対象（広告の受け手）、伝えるべき広告の目的が明確であり、有料の媒体（人間以外の媒体）を用いた活動。

**広告会社** 広告主から委託された広告業務を行い、広告主と媒体社の取引を円滑にす

る業者のこと。広告主と媒体社との間に広告会社が介することで、広告主や媒体社にとっては、①煩雑な取引が整理され、広告主は、②専門スタッフの力を借りて優れた広告活動ができ、③市場や消費者情報を効率的に入手できる。媒体社は口座制と呼ばれる仕組みを取ることで、④広告主の媒体費が広告会社を通じて支払われるようにして回収リスクを軽減できる。

**広告計画**　①状況分析、②広告目標の設定、③表現計画、④媒体計画、⑤広告出稿、⑥広告効果測定、⑦次回の広告計画へのフィードバックの7段階からなる計画プロセスのこと。テレビ、新聞、雑誌、ラジオなどマスメディアを中心とした広告計画においては、広告表現の形態は、テレビであれば15秒、30秒、新聞広告であれば15段サイズ、5段サイズなどほぼ定型化されているため、広告計画は、各段階における専門スタッフによる分業体制が可能となっている。

**広告効果**　広告活動の結果、ターゲット・オーディエンスに表れる反応と、社会・経済に対する影響の総称である。広告効果の範疇は、①広告がオーディエンスに及ぼす影響、②広告表現の効果、広告媒体の効果、広告活動（あるいは広告キャンペーン）の効果、③どのような効果があるのか研究すること、④広義には：広告が経済、社会、文化などに及ぼす影響、となる。

**広告効果階層モデル**　広告によるコミュニケーション効果（心理変容効果）が段階を踏んで一方向的に生ずると仮定したモデルのこと。AIDMAにおけるAttention（注意）⇒Interest（興味）⇒Desire（欲求）⇒Memory（記憶）⇒Action（行為）や、DAGMARにおける未知、認知、理解、確信、行為が典型例である。

**広告効果測定**　広告計画で設定した目標がどの程度達成されたかを調査、把握すること。つまり、具体的な広告効果の測定方法や手法のことを指している場合が多い。

**広告主**　広告を出稿する組織や個人のこと。広告主はそれぞれのビジネス上の目的を達成するために広告活動を行う。民間の営利企業だけではなく、行政や自治体、NPO

団体、大学、個人等も広告主となる。

**広告のアカウンタビリティ**　広告の会計責任あるいは報告責任といわれているもの。多額の広告費を支出している企業にとって、その広告費がどのくらい効果的あるいは効率的に運用されたのか、またどのくらい広告効果が認められたのかなどを具体的かつ明確に把握したいという要求が高まっている。

**広告の機能**　社会経済的視点から見た広告のマクロ的機能には、①経済的機能、②社会的機能、③文化的機能があり、企業の視点から見た広告のミクロ的機能には、①販売促進機能、②コミュニケーション機能、③ブランド構築機能がある。

**広告の定義論争**　伝統的な広告の定義では現在の広告現象を捉えることができないという問題意識から、ターゲット市場やターゲット・オーディエンスの心理変容および行動を動機付けるために、広告をペイドメディア、オウンドメディア、アーンドメディアを活用して行われるコミュニケーション行為のことと幅広く捉えようというムーブメントのこと。

**広告費**　すでに支出された広告活動に関わる経費のこと。会計上、広告費の内訳には明確な基準があるわけではない。有価証券報告書の広告宣伝費に何が含まれるかは企業ごとに異なることも多い。大きく分ければ、広告物の制作にかかる費用（制作費）と、広告を出稿する媒体の確保に使われる費用（媒体費）からなる。

**広告表現戦術**　広告主の思いを伝えたい相手であるターゲットに伝わりやすい表現を考えるプロセスのこと。

**広告／マーケティング・コミュニケーション規制**　わが国の場合、広告活動を統一的に規制する広告法あるいは広告業法というものはなく、公的規制（法規）、自主規制、公正競争規約によって規制されていて、その規制全体のことを指す。

**広告メディア**　①マス広告（マスコミ四媒体広告）、②プロモーションメディア広告、③インターネット広告の3つからなる。①マス広告とは、不特定多数に到達可能なマスメディアを使った広告のことで、テレビ

CM、ラジオCM、新聞広告、雑誌広告を指す。②プロモーションメディア広告はSP広告とも呼ばれ、屋外広告、交通広告、折込チラシ、DM（ダイレクトメール）、フリーペーパー・フリーマガジン上の広告、POP広告、電話帳広告、展示・映像メディアを用いた広告、などを指す。③インターネット広告は、ウェブサイトやアプリ上の広告のことである。

**広告予算**　今後支出が予定されている広告費のこと。1年間の企業全体の予算を表現することもあれば、キャンペーン単位での特定期間、特定商品の広告予算、媒体別予算、地域別予算に分けて表すこともできる。

**広告予算の算出方法**　何らかの基準に従って予算総額を大まかに決定する方法と、必要な広告活動を個々に洗い出し、必要金額を細かく算出する方法がある。前者の方法として売上高比率法、販売単位法、利益比率法、支出可能額法、競争者対抗法、任意増減法があり、後者の方法として目標課題達成法（タスク法）がある。

**口座制**　日本独自の広告取引慣行の1つで、媒体社から媒体を購入するためには、媒体社に登録されている広告会社を通さなければならないシステムのこと。つまり広告主は媒体社から直接購入することができないし、媒体社の口座を持たない広告会社も同様に購入することができない。媒体社の中でも、特に新聞と雑誌に多いシステムである。

**公正競争規約**　景品表示法第11条（協定又は規約）の規定によって、事業者または事業者団体が表示または景品類に関する事項について自主的に設定する業界内のルールのことである（それぞれ表示規約、景品規約という）。

**構造型キーパーソン**　クチコミの情報伝達ネットワークの構造において、重要な役割を果たすキーパーソンのこと。ネットワークの中で消費者と消費者の間に立って情報の橋渡し役として機能する消費者で、ハブやコネクターと呼ばれる人がこれにあたる。

**行動ターゲティング広告**　パーソナライズ広告の代表的な方法で、Cookieデータをもとにユーザーの行動を分析して最適な広告を配信する手法。

**購買センター**　組織の購買意思決定において何らかの役割を果たす個人やグループのこと。直接的な購買担当者はもとより、購買の責任者、購買への影響者、ユーザー、購買決定の承認者、ゲートキーパー（製品情報の窓口になる、外から入ってくる情報をコントロールする役割の人。購買担当者である場合が多い）からなる。

**コーズ・リレーテッド・マーケティング**　社会貢献とマーケティング成果の両立を目指すマーケティング手法のうち、自社の製品を消費者が購買するごとに、その売上の一部が非営利組織などに寄付されるといったケースなど、社会的課題の支援と自社製品の販売が組み合わされたもののこと。

**コーポレートPR**　企業が内外関係者との良好な関係性を維持強化し、組織体そのものの維持存続を目的とするPR活動のこと。

**コーポレート・レピュテーション**　コーポレートPRの成果であり、企業の社会的な名声や評判を意味する。

**顧客価値**　顧客の得るもの全て（総顧客価値）と顧客が失うもの全て（総顧客コスト）の差。総顧客価値とは、特定の製品やサービスに顧客が期待するベネフィットを総合したものであり、製品価値、サービス価値、従業員価値、イメージ価値などがある。総顧客コストは、製品やサービスを評価、獲得、使用、処分する際に発生すると予測したコストの総計で、金銭コスト、時間的コスト、エネルギーコスト、心理的コストがある。顧客は、最も高い顧客価値を提供する相手（企業、ブランド、店舗など）を選ぶことになる。

**顧客ベースのブランド・エクイティ**　ケラーが提唱している概念で、ブランドは消費者の心の中に形成されるとし、あるブランドのマーケティング活動に対する消費者の反応にブランド知識が及ぼす差別効果と定義している。

**顧客満足**　製品・サービスを購買、使用、所有した顧客が心理的にどの程度満たされているかという状態。有名な顧客満足モデルとしては、顧客に知覚された製品パフォーマンスが顧客の期待をどの程度満た

しているかと定義される、期待の不一致モデル（Disconfirmation of Expectation）がある。顧客の事前期待は、過去の購買経験、他者の意見（クチコミ）、広告や販売員などから得た情報などによって形成される。顧客は製品・サービスを購買、使用、所有することで、知覚パフォーマンス（製品本来の品質ではなく、顧客が製品のパフォーマンスをどのように感じたかという主観的な判断状態）と期待を比較し、期待以上なら正の不一致、期待以下なら負の不一致となる。正の不一致なら満足な状態へ、負の不一致なら不満足な状態へ心理変容する確率が高まる。そして、満足した顧客は固定客になる可能性が高い。

**コピーライター** 広告物のコピーを考え、作成する職種。コピーライターは広告制作の中でも特に企画の段階に活躍する。

**コミッション収入** 主に広告メディアの取引によって得られる収入で、取り扱った媒体費の一部を手数料として広告会社が収めるものである。日本では慣例的に媒体費の15％とされることが多い。

**コミュニケーション** 一般には人が言葉や身振りやその他の手段を使い、知識や経験など情報を交換し合う伝達手続きの全てをいう。このコミュニケーションの手続きには、送り手・受け手・メッセージ・回路などの要素が含まれる。

**コミュニケーション効果モデル** 広告刺激に対するターゲット・オーディエンスの広告情報処理の方法や心理的反応プロセスを検討しようという立場である。たとえば、広告を見聴きして、それがどのように記憶されるのか、あるいは広告に対して何らかの心理的な反応状態が生じて個別のブランド評価に転化していくのかといったことを考察する。つまり、最終的な購買行動に移るまでの間のプロセスを解明しようというのがコミュニケーション効果モデルである。

**コミュニケーション・プランニング** ターゲット消費者とブランド（製品やサービス）の「コンテクスト／文脈」を重視したメディア戦略立案およびプランニングの考え方。伝統的なリーチ＆フリクエンシーのメディア理論やCPMを中心とした接触効率論に加えて、専門的な調査などを経た消費者インサイトを活用する（Carat社の定義）。従来分離しがちであったクリエイティブとメディアの戦略立案を融合して有効なコミュニケーション機会を模索し、活動に反映すること。

**コミュニケーション・モデル** コミュニケーション・プロセスを模式化、抽象化したもの。コミュニケーション・プロセスを送り手からメディアを介して受け手へ一方向的に規定したシャノン＝ウィーバー型モデルや、コミュニケーションの参加者が情報を交換し合うことで相互理解領域を深めていく螺旋収束型モデルなどがある。

**コミュニティ・マーケティング** ファン同士が自発的に集まって形成するコミュニティと企業が主催するコミュニティがあり、コミュニティの活動を活性化させるために、イベントの開催やブランド・コンテンツの提供を行ったりするマーケティング戦略のこと。コミュニティにはリアルのものもあれば、ネット上のバーチャルなものもある。

**コンシューマー・インサイト** 消費者の行動や態度の根底にある本音を見抜くことで、単なる消費者分析に留まらず、消費者がどのような行動様式を持ち、それがどのような価値観から発せられるのかといった内面までをも「見抜いた」ものがコンシューマー・インサイトである。また、商品からの提案（USP）によって消費者の態度や行動を変化させるポイントになるものであることも重要だといわれる。

**コンタクト・ポイント（タッチ・ポイント）** 消費者は企業から送られてくるメッセージを、これは広告だ、これはSPだ、これはパブリシティだと区別して受け取っているわけではなく、当該ブランドを中心としたあらゆる接点からブランドのメッセージを受け取っている。コンタクト・ポイント（タッチ・ポイント）は、このブランドとの接点のことで、消費者がブランド自体やそのブランドに関する情報に接する全ての機会のこと。

**コンバージョン** インターネット広告における行動指標で、広告を通じた製品・サービスの購入、見積もり請求や会員登録など

用 語 解 説

のユーザー行動につながった回数のこと。

**GRP**　Gross Rating Pointの略で延べ到達率のこと。GRP＝R（リーチ）×F（フリクエンシー）という式で表され、キャンペーン中の広告出稿量を表す指標である。

**CSR（Corporate Social Responsibility）**
企業が営利の追求を唯一の目的とするのではなく、法令遵守、人権擁護、環境保護などさまざまな面で社会的に責任ある行動をすべきであるという経営理念のこと。企業には、将来展望に立った持続的な企業発展、ステークホルダーへの高い意識付け、情報開示とそれに伴うコミュニケーションという点が必要となっている。

**CMプランナー**　テレビCMやラジオCMの企画を担当する職種。特にテレビCMの場合、企画アイデアを絵と文章で表現する資料である絵コンテを数多く作成し、さまざまな企画案を考える役割を担う。

**CPM（到達1000人あたりのコスト）**
メディアの費用対効果を考慮するために用いる指標で、到達1000人あたりのコスト（Cost per Mill）のこと。

**シェルフ・スペース**　商品をわかりやすく並べる陳列を意味し、棚割、エンド陳列、島陳列、クロス・マーチャンダイジング（クロスMD）、ビジュアル・マーチャンダイジングなどが含まれる。

**自主規制**　広告主や各関連事業者団体が倫理的な観点から自ら規制を行うもの。具体的には日本アドバタイザーズ協会などの広告主団体、日本新聞協会や日本民間放送連盟などのメディア団体、そして日本広告審査機構（JARO）などが、それぞれの基準を設けて自主規制を行っている。

**市場**　何らかの刺激で買い手となる潜在顧客と、すでに買い手である顕在顧客の集合であり、売り手と買い手が出会う場である。

**市場の達人**　複数の領域にわたって豊富な知識を持ち、他者から情報源として頼りにされる消費者のこと。

**SIPS**　インターネット広告の効果を説明するモデルの1つ。Sympathizeは共感する、Identifyは確認する、Participateは参加する、Share & Spreadは共有・拡散するで、それぞれの頭文字を取ったモデル。

**社会志向のマーケティング**　企業が個々の顧客ニーズを理解し対応することで経済的利益を高めていこうとするマーケティングが必ずしも社会を幸福にするとは限らない、むしろ公害問題など社会利益を損なうのではないかという問題意識と反省から、社会的ニーズにも対応し、社会の幸福、社会的利益にも貢献していこうというマーケティング活動のこと。

**消費者プロモーション**　消費者を対象にしたセールス・プロモーションのこと。

**情報提供型のセールス・プロモーション**
商品に関する情報、他のセールス・プロモーション活動に関する情報などをターゲット層に知らせる手法。情報を知らせるという広告のような役割を果たすことから、プロモーションメディア広告あるいはSP広告とも呼ばれる。

**ショートフィルム**　企業やブランドのサイトに置かれる短編映画のことで、テレビ広告の続きをブランド・サイトのショートフィルムにつなげたり、サイトでしか見られないブランドを中心としたストーリーを制作したりしている。ショートフィルムは、ブランドが登場する作品をテレビ広告のような短時間の枠に捉われずに制作できるので、消費者にブランドの魅力やストーリーをじっくりと提供することができる。またオウンドメディアでの展開になるため、媒体料金が発生しないのも企業にとっては魅力である。

**ショッパー・マーケティング**　買物客の行動に関する深い理解に基づいて開発され、ブランド・エクイティを構築し、買物客を惹き付け、購買決定に導くために計画された全てのマーケティング刺激からなる行動のこと。

**SWOT分析**　環境分析の1つで、自社を取り巻く機会（Opportunity）と脅威（Threat）に関する外部環境分析と、自社の強み（Strength）と弱み（Weakness）に関する内部環境分析とを行う。環境分析の結果から、機会を獲得して脅威を回避し、自社の強みを生かし、弱みを克服するために何をすべきかを明確にし（マーケティング課題の特定）、売上高や市場シェアなど

の具体的な数値目標が設定される（マーケティング目標の設定）。

**ステークホルダー**　企業や団体の利害に関わる関係者（利害関係者）のこと。たとえば、顧客、株主、取引先、従業員、一般消費者、メディア、地域住民、政府・公共団体などを指す。

**ステルスマーケティング**　「サクラ」と呼ばれる偽のクチコミ発信者を用いて、人工的にクチコミを起こすマーケティング戦略のこと。企業の商業的意図が含まれた情報であることを消費者に隠して訴求する手法。倫理的に問題視されることが多い。

**精緻化見込みモデル**　広告メッセージとしての情報を精緻に処理する見込みがあるかないかということに基づいた消費者情報処理モデル。このモデルでは、消費者が広告メッセージを受けると、その個人の情報処理能力と情報処理への動機が高いか低いかで、情報処理を行うルートが異なるということを示している。個人の情報処理が高いか低いかということは、広告メッセージを理性的に処理できるかどうかに関わる。そして、広告メッセージの情報処理への動機が高いか低いかによって、態度変容を起こすまでのルートが変わってくる。情報処理能力と動機が高い場合には中枢ルートによる情報処理が行われ、それらが低い場合には周辺ルートによる情報処理が行われる。

**制度型のセールス・プロモーション**　フリクエンシー・プログラム（ポイントカードなど）のように、繰り返し購買したくなるような販売制度を展開することによって消費者の行動を動機付ける手法。他のセールス・プロモーション手法が短期的な消費者の行動変化に目を向けているのに対して、より長期的視点に立った手法である。

**セールス・プロモーション**　企業が自社の製品・サービスの試用、継続的な購買や購買量の増加といった消費者の行動を直接的に動機付けるために、限定された期間に行う、消費者あるいは流通業者を対象としたマーケティング・コミュニケーション活動のこと（亀井 2008）。

**セグメンテーション**　対象市場を細分化すること。細分された市場を部分市場（セグ

メント）という。

**宣伝（プロパガンダ）**　政治や宗教における思想・信条を社会に対して発信する布教伝播活動のこと。

**専門広告会社**　インターネット広告や交通広告等の特定メディアに業務領域を絞り込んだ広告会社や医薬品などの業種に特化した広告会社のこと。

**戦略的マーケティング**　経営戦略的な観点から、マーケティングは企業理念に反映されるべきであり、企業目標や企業戦略、事業戦略にもマーケティングの発想を取り込むべきであるとする考え方。

**戦略PR**　単に事実を伝えるということでなくどうすれば掲載されやすいか世の中の動向、生活者の意識さらには記者の気持ちまで推し量るという戦略的発想を重視したPR活動のこと。情報発信の際には性能の良さを直接的に伝えるのではなく、生活者や社会にとってのメリットから伝えることが有効である。

**総合広告会社**　会社の規模が大きく、広告やマーケティング・コミュニケーションに関する幅広いサービスを提供し、多くのメディアを扱っている広告会社のこと。総合広告会社の作業領域は、広告会社としての基本機能である広告計画の立案、広告表現制作、媒体購入だけではなく、ブランド・マネジメント、コーポレート・コミュニケーション、イベント事業、エンタテインメント・ビジネスなどにも広がっている。

**ソーシャルグッド**　社会的に良いこと、社会に良い行為の意味で、2010年頃から社会志向のマーケティング・コミュニケーションの新展開として、ソーシャルグッドをテーマにしたキャンペーンが世界的な広告コミュニケーションのコンクールで注目を集めるようになってきた。

**ソーシャル・マーケティング**　非営利組織のマーケティングと社会志向のマーケティングの両方の意味を含む用語。

**ソーシャルメディア**　X（旧ツイッター）やFacebookのように登録をして参加することで、さまざまな人々とネット上で相互につながりコミュニケーションを取れる交流サイトのこと。特に広告面では、消費者

らが参加し創り上げていくことのできるメディアなので、消費者の生の声がリアルタイムに反映されるため、他の消費者がどのように思っているのかが誰にでも手に取るようにわかる。また広告作品やブランド自体がソーシャルメディアで紹介されたり話題になったりすることで大変なヒットとなることが多いため、広告と連動させたり、ブランドの情報が流れるようにしたりするなど、企業側の活用が活発である。

**属性型キーパーソン**　持っている特性によって特徴付けられるキーパーソンのこと。情報創造者や情報発信者の中でも、特に情報の信頼性が高く、他者への影響力が強い特性を持つ消費者をオピニオン・リーダー、メディアで限定した場合、情報の信頼性が高く、他者への影響力が大きいブロガーをアルファブロガー、複数の領域にわたって豊富な知識を持ち、他者から情報源として頼りにされる消費者のことを市場の達人と呼ぶ。

**組織購買行動**　購買センターによる組織購買行動のプロセスのこと。まず購買目的（製品・サービスを発注する理由）があり、社内要求がかけられる。その間、BtoB広告を含めたさまざまな情報源から情報収集が行われる。その後、審査を経て、比較的安価な製品・サービスや、あるいは習慣的に購買される製品・サービスの場合にはすぐに発注されるが、高額なもの、見積り、比較評価、条件折衝が必要なものなどは、さらに詳細なプロセスを経る。このように組織購買プロセスでは、多くの人が関与したり、複雑な意思決定プロセスを踏むことが多く、BtoB広告を含めたさまざまな情報源が重要な役割を果たしている。

**ターゲット・オーディエンス**　広告活動の中心的な受け手と想定された読者や視聴者グループのこと。広告におけるターゲット・オーディエンスは、マーケティングにおけるターゲットよりも狭い範囲を狙うことが多い。

**ターゲティング**　標的とするセグメントを選択して絞り込むこと。ターゲティングの方法として、全体市場を対象とする無差別マーケティング、複数のセグメントを対象

とする差別化マーケティング、1つのセグメントに絞る集中化マーケティングがある。

**体験型のセールス・プロモーション**　サンプリング（試供品提供）などのように、商品を実際に体験する機会を提供することで、消費者の購買行動を動機付けるセールス・プロモーション手法。実際に体験することから、商品の特徴を理解しやすい。消費者が実際に感じた商品の魅力によって購買が動機付けられる。

**態度**　ある対象やある種の対象に対して一貫して好意的あるいは非好意的に反応する、学習された準備状態のこと。良い悪いといった全体的な評価や好意（好き嫌い）のことである。

**ダイレクト・マーケティング**　商品やサービスの売り手が、流通を介さずに広告媒体を通じて直接消費者に働きかけて反応を得るマーケティング活動のこと。手法としては、通信販売（メールオーダー）、電話による販売勧誘、テレビショッピング、訪問販売、インターネットによる通信販売（オンライン・ショッピング、ネット通販）などがある。

**ダイレクト・レスポンス広告**　消費者の具体的な「行動」を促進することが目的の広告のこと。たとえば、広告を見て消費者がウェブサイトにアクセスする、資料請求の電話をかける、スマートフォンでサンプルを申し込む、商品を注文する、来店する、スマートフォンでデジタルコンテンツを購入するといった、消費者に「行動」を起こさせるような広告を指す。

**DAGMARモデル**　DAGMARとは*"Defining Advertising Goals for Measured Advertising Results"* のタイトルの頭文字を取ったモデルで、コリーによって発表されたモデル。「広告効果を測定するために広告目標を設定せよ」ということである。DAGMARでは、事前に広告コミュニケーション目標を設定し、広告活動の成果とのズレによって広告効果が測定できるという提唱を行った。また、広告の効果を売上高で捉えるのではなく、広告に接触した受け手に与えるコミュニケーション効果に限定し、広告目標を数値化して測定を容易にす

ることなどを主張している。効果の流れはコミュニケーション・スペクトルと呼ばれ、未知、認知、理解、確信、行為という順番で生じるとされている。

**ディスプレイ広告**　ウェブサイトやアプリ上の広告枠に配信する画像や動画、テキストなどの形式の広告。

**デジタルサイネージ**　表示と通信にデジタル技術を活用し、屋外、店頭、公共空間、交通機関など、あらゆる場所で、平面ディスプレイやプロジェクターなどにより、映像や情報を表示する広告媒体のこと。特徴としては、時間と場所を特定できる、動画や音楽が使える、ディスプレイ端末ごとにコンテンツを制御できる、長期的に見て広告コストの削減につながる、といったことが挙げられている。

**デプス・インタビュー**　1人の対象者にインタビューを行いその真意を深掘りしていく質的調査の手法。

**ドメイン**　自社の主要な事業領域のこと。経営資源を1つのドメインに集中する企業もあるし、複数のドメインにまたがる企業もある。

**トリプルメディア**　①企業が媒体費を支払って広告を掲載する従来型のメディアである「買うメディア（ペイドメディア）」、②企業やブランドのサイト、自社店舗、メールマガジンなど企業が直接所有するメディアである「所有するメディア（オウンドメディア）」、③ソーシャルメディア、ブログ、テレビ番組などの信頼や評判を得られるメディアである「信頼や評判を得るメディア（アーンドメディア）」の3つのメディア分類で、これら3つのメディアをうまく連携させていくことが重視されている。

**トレード・プロモーション**　メーカーが流通業者に対して行うセールス・プロモーションのこと。リベート、特別出荷、アローワンスなどが主な手法である。

**ネイティブ広告**　デザイン、内容、フォーマットが、媒体社が編集する記事・コンテンツの形式や提供するサービスの機能と同様でそれらと一体化しており、ユーザーの情報利用体験を妨げない広告を指す。

**媒体社**　広告主のメッセージをオーディエンスに伝達する媒介の役割を業務とし、自社媒体により広告を消費者に露出して対価である媒体費を受け取る業者のこと。民放テレビ・ラジオ局、新聞社、雑誌社から、鉄道会社やポータルサイトの運営会社なども含まれる。

**バイラル・マーケティング**　バイラルとは、「ウイルス性の」という言葉を意味し、ウイルスのように人から人へと伝染していく様子を表している。クチコミ情報を伝播させる仕掛けを組み込むことで、クチコミを促すマーケティング戦略のこと。

**ハウス・エージェンシー**　特定企業の広告業務を中心に行う広告会社である専属広告会社のうち、特定の広告主に専属した広告会社のこと。

**バズ・マーケティング**　バズとは、「(虫が飛ぶ) ブンブンという音」を意味する言葉で、クチコミが広がり、話題となる様子を例えている。クチコミ情報のエンタテインメント性を高め、消費者の相手に広めたい気持ちを刺激するマーケティング戦略のこと。

**バナー広告**　静止画やアニメーションを含む旗（Banner）型のインターネット広告。

**パブリシティ**　テレビ、新聞などメディアで紹介してほしい情報について、実際にその情報が紹介されるように働きかける活動のこと。広告のように広告料金を支払うのではなく、あくまでも媒体社がニュースなどのように自発的に報道されることを目指す。また、パブリシティ活動の結果、実際に報道された放送内容や記事自体をパブリシティという場合もある。

**パルダ・モデル**　売上反応モデルの一種で、広告の残存効果を考慮したモデル。

**PR**　企業・団体が、ステークホルダーとの間に好ましい関係を作り出し、信頼と理解を得ることを目的とした活動のこと。PRは社会（Public）との良好な関係構築（Relation）活動の総称である。

**ビークル**　「読売新聞」「朝日新聞」「フジテレビ」「TBS」「Google」といった銘柄媒体のこと。

**BtoB広告**　広告の対象による分類。広告の送り手と受け手の双方が事業者の広告の

ことである。BtoB広告には、生産財広告、産業広告、流通広告、専門広告、農業広告などの分野がある。

**BtoBブランディング**　ビジネス財のブランド構築のこと。BtoB取引において、正確かつ経済合理的な判断が難しい製品・サービスが増えてきたことにより、従来以上にブランド・イメージなどのブランド力が重要となってきている。

**BtoBマーケティング**　BtoBとはBusiness to Businessの略であり、企業が企業に対して行う企業・組織向けマーケティングという意味。BtoBマーケティングは、生産財マーケティング、産業財マーケティング、ビジネス・マーケティングと呼ばれることもある。また、語呂合わせで「B2B」と表記されることも多い。

**BOP**　年間所得が購買力平価3000ドル以下の低所得層のこと。

**非営利組織のマーケティング**　企業の戦略として開発されてきたマーケティングの考え方や技法を、非営利組織である病院やNPO団体、あるいは大学などにも適用しようというもの。

**ビジネス財**　企業の生産活動や組織の業務遂行のために使用される財のこと。具体的なビジネス財には、設備器具、原材料（たとえば鉄鉱石のような基礎材料と、それに加工を施した鉄鋼品である製造材料に分けられる）、自動車や機械類などの組立部品、保守・修繕・業務用消耗品（メンテナンス用消耗品、修繕用消耗品、鉛筆やボールペンなど）、さらにはサービス（業務用サービス、専門サービス）が含まれる。

**ビジュアル・マーチャンダイジング**　製品を視覚的に訴求すること。消費者にわかりやすくきれいに見せる陳列を行う。

**表現コンセプト**　広告戦略に基づきどのような広告表現を行うべきか、その基本方針のこと。表現コンセプトは達成すべき広告目標が何かによって変わり、広告好意形成型の表現コンセプト、ブランド特性型の表現コンセプト、ニーズ喚起型の表現コンセプト、行動促進型の表現コンセプトの4つがある。

**標準化**　グローバル・マーケティングおよびグローバル広告において、全世界共通の戦略を用いるという考え方。

**ビロウ・ザ・ライン**　主に米国の広告業界で、セールス・プロモーション、ダイレクト・マーケティング、PRなど、マス広告以外のマーケティング・コミュニケーション手段を指す言葉として使用され、かつては短期的販売量を増やすための活動だとして良いイメージを持たれていなかった。

**フィー収入**　広告会社が提供するサービスの対価として得られる収入のこと。広告制作の企画やマーケティング・リサーチの企画分析などを担当するスタッフの人件費などに課金する仕組みで、算出方法は広告主と広告会社との間で決められる。

**フィランソロピー**　企業の社会貢献活動の総称で、慈善事業への寄付や環境保護への取り組み、芸術文化支援（別にメセナともいう）などが含まれる。

**フォーカス・グループ・インタビュー**　6人〜8人程度の調査対象者を集め、司会者のリードによって、ある話題について自由に意見を出してもらう質的調査方法。グループ内のある人の発言が他の人に刺激を与え会話が発展するグループ・ダイナミクス（Group Dynamics）の働きにより、グループとしての本音が引き出されることに特長がある。

**プッシュ戦略**　メーカーが自社製品を卸売業者へ積極的に売り込み、卸売業者は小売業者へ、小売業者は消費者へと製品を順次売り込んでいく戦略であり、プロモーション要素としてはセールス・プロモーションが典型である。

**ブラックボックス・モデル**　ターゲット・オーディエンスの広告情報処理プロセスにはあえて触れず、広告刺激（Input）に対するターゲット・オーディエンスの反応（Output）という関係で広告効果を捉えようとする立場である。広告投入量（GRPや広告費など）と売上高や市場シェアとの関係などが典型的なモデルである。

**ブランデッド・エンタテインメント**　エンタテインメント・コンテンツの持つストーリーや世界観などの文脈を活用して、ブランドの価値を効果的に伝える、共感型のコ

ミュニケーション手法のこと。用いられるエンタテインメント・コンテンツには、映画、音楽、テレビ番組、新聞、雑誌、ショートフィルム、スポーツ、ゲーム、ライブイベント、ウェブコンテンツなどが挙げられる。

**ブランド**　ある売り手が提供する財やサービスを他の売り手のものと区別するためのネーム、用語、デザイン、シンボルおよびその他の特徴のこと。

**ブランド・エクイティ**　ブランドの資産価値のこと。ブランドを企業の有する無形資産と見なすということである。

**ブランド要素**　ブランドを構成する要素のことで、ブランド・ネーム、URL、ロゴとシンボル、キャラクター、スローガン、ジングル、パッケージングからなる。

**ブランド・レゾナンス・ピラミッド**　ブランド構築のステップを概念化した図で、4つのステップからなり、第1段階は、顧客との間にブランド・セイリエンス（ブランドの突出性）を創出することで、ブランド・アイデンティティを確立すること、第2段階は、ブランド・パフォーマンスおよびブランド・イメージであり、ブランド・ミーニング（ブランドの意味付け）が必要となる。第3段階はブランド・ジャッジメントおよびブランド・フィーリングであり、好ましいブランド・レスポンスを生み出すことが必要となる。第4段階であるピラミッドの頂点は、ブランド・レゾナンス、すなわち顧客がブランドにどれだけ「同調」していて、どのようなリレーションシップ（関係性）を抱いているかである。

**フリクエンシー**　広告出稿期間にリーチのあったオーディエンスの平均広告接触回数のこと。

**プル戦略**　最終消費者向けに広告を行い、消費者の需要を刺激し、消費者が小売業者へ広告製品・サービスを求めに来るので、流通業者が自社製品を注文せざるをえないようにする戦略。

**フロア・レイアウト**　店舗内のレイアウトを管理すること、つまり消費者の店舗内の動きを考慮して商品のグループを店舗内のどこに配置するかを考えること。フロア・

レイアウトには、床面積（スペース）の配分、商品のグルーピング、商品配置、商品構成、売場の広さなどが含まれ、顧客が店舗内を歩き回る動線を長く取れるように設計する。

**PROBEモデル**　継続的な改善を可能とする広告予算設定プロセスモデル。広告予算が取り組むべき課題の定義、データの収集、分析、分析結果をもとに広告目標のリストアップと順位付け、その目標を達成する予算額の算定、予算支出の可能性の検討、最終予算に基づく広告計画の実施、結果のモニタリング、評価というプロセスを踏む。

**プロダクト・プレイスメント**　映画やテレビ番組などの中で広告主の商品を使用することによって、商品の認知や好意度を高めたり、使用方法の理解を深める手法のこと（嶋村 2006）。

**プロモーション・ミックス（コミュニケーション・ミックス）**　4Pのプロモーションの構成要素である広告、セールス・プロモーション、営業・人的販売、PR・パブリシティを適切に組み合わせ、シナジー効果（相乗効果）が生まれるように首尾一貫性のあるようシステムとして計画すること。

**ペイド・パブリシティ**　媒体料金や取材費・記事制作経費などを自己負担して、媒体社に記事やニュースを掲載してもらう情報提供の仕方。

**ポジショニング**　ブランドや製品・サービスを顧客の心の中でどのように位置付けるかについて考慮すること。

**マーケティング**　顧客、依頼主、パートナーそして社会全体にとって価値のある提供物を創造、伝達、提供、交換するための活動であり、機関であり、プロセスである。

**マーケティング機能（流通機能）**　売り手と買い手が離れているとか、売りたい時期と買いたい時期がずれているといった交換阻害要因である経済的隔離を克服し、売り手と買い手の間をブリッジング（架橋）する交換を生み出す機能のこと。

**マーケティング・コミュニケーション**　市場とコミュニケーションを取るために用いられるプロモーション・メッセージと関連メディアの調整調和である。メッセージは、

1つあるいは複数のチャネルを通じて伝達される。それらのチャネルとは、デジタルメディア、印刷媒体、ラジオ、テレビ、ダイレクトメール、人的販売などである。企業側からは、自社ブランド、製品・サービスに関する情報伝達を目的とする。一方、消費者側からも情報探索、情報発信があり、消費者サイドから見たマーケティング・コミュニケーションと捉える。

**マーケティング・コンセプト**　人々の価値観が多様化するにつれて登場したコンセプトで、顧客志向が中心である。顧客志向とは、売り手が何を売りたいのかあるいは作れるのかではなく、顧客ニーズ、すなわち「顧客が何を求めているのか」を重視することである。

**マーケティング3.0**　コトラー、カルタジャヤ、セティアワンによって提唱された概念で、マーケティング1.0が製品中心の考え方、マーケティング2.0が顧客中心の考え方であるのに対し、マーケティング3.0は企業の収益性と社会的責任を両立させる考え方である。マーケティング3.0の目的は、1.0と2.0と比較しながら世界をより良い場所にすることである。また、従来の1.0や2.0に比べてスピリチュアルな要素を入れることで、これまで取り上げられたことのない精神性や人間中心といった考え方が色濃く打ち出されている。

**マーケティング戦略**　状況分析からセグメンテーション、ターゲティング、ポジショニング（STP）を行い、ターゲット市場に合わせたマーケティング・ミックスの構築（製品、価格、プロモーション、流通：4Pの組み合わせ）に至る一連の戦略策定プロセスのこと。

**マーケティングPR**　認知向上や販売の刺激、コミュニケーションの促進といったマーケティング目的の達成をはかるPR活動のこと。

**マーケティング・ミックス**　マーケティング活動の構成要素である4Pや4Cの諸要素を組み合わせ、一貫したシステムとして機能するよう計画すること。

**メセナ**　社会貢献の一環として行う芸術文化支援のこと。

**メディア（媒体）**　ラテン語のmedium（中間の）から派生した言葉であり、人と人、あるいは人とものごとがコミュニケーションするための「媒（なかだち）」のこと。

**メディア・ニュートラル**　あらゆるメディアを一度中立的（ニュートラル）な立場に置いて、コミュニケーション目的に合わせて最も有効なメディアや組み合わせを考えていくこと。

**メディア・ニュートラル型コミュニケーション・プランニング**　PRやソーシャル・メディアなどコントロールができない顧客接点も含めてメディア・ニュートラルに検討する（比較的）新しい概念であるコミュニケーション・プランニングのこと。広告や自社メディアなどコントロール可能なメディアだけでなく、PRやソーシャルメディアなどにおける第三者からの話題や評判の獲得も目指すコミュニケーション・プランニングである。

**メディア・プランニング**　限られた予算の範囲内で、ターゲットが広告に接触する機会を最大にするために、媒体を選択し、組み合わせ、広告の出稿回数やパターンを決定する手続きのこと。

**USP**　Unique Selling Proposition（独自の販売提案）の頭文字を取ったもの。USPとは、そのブランドに固有で他の競合ブランドが持つことのできない消費者への販売提案のことで、商品の便益・特性を徹底的に分析した中から広告のアイデアを見つけ出す手法である。

**4C**　4Pは売り手視点であるとし、顧客視点を強調するためにProductをCustomer Solution（顧客の問題解決）、PriceをCustomer Cost（顧客コスト）、PromotionをCommunication（コミュニケーション）、PlaceをConvenience（利便性）、へそれぞれ置き換えるというもの。

**4P**　J.マッカーシーによって提唱され、マーケティング活動の構成要素を製品政策（Product）、価格政策（Price）、プロモーション政策（Promotion）、流通政策（Place）、の4分野とし、それぞれの英単語の頭文字をPで統一し覚えやすくしたもの。

**リアルタイムビッディング（RTB）** アドエクスチェンジにおける取引方式で、広告枠にユーザーからのインプレッションが発生すると、都度広告主に対して入札が実施され、最も高い金額を付けた広告主の広告が配信される仕組み。

**リーチ** 広告出稿期間に少なくとも1回は広告に接触したオーディエンスの人数あるいは割合のこと。

**リスティング広告** 検索エンジンの検索結果画面に、検索ワードと関連した広告を表示させるテキスト型のインターネット広告

**理性型訴求** 論理的な説明によって広告オーディエンスの合理的な判断を引き出そうとするもの。

**リッチメディア広告** ユーザーがポインターを合わせると、広告枠が拡張したり、動画やゲームが動作したりするインターネット広告。

**レベニュー・シェア** 通販ビジネスに関わる取引などで広告主にもたらされた利益を一定比率で分け合う報酬形態。

**リレーションシップ・マーケティング** ブランドと顧客との良好な関係性の構築を強調したマーケティング活動のこと。良好な関係性を構築するということは、マーケティングの中核概念である交換を繰り返すことであり、ブランドに強い愛着を有し、繰り返しそのブランドを購買し、使用し続けてくれる顧客を育てるということである。

**ワンボイス・ワンルック** 各コミュニケーション手段（広告、セールス・プロモーション、PRなど）やどの媒体からメッセージが来ても表現要素が統一されているようにする考え方のこと。

**ワンボイス・ワンルック型コミュニケーション・プランニング** マスメディア中心の伝統的なワンボイス・ワンルック型の広告計画のこと。製品のUSPが明らかで、競合に対して差別性の高いメッセージをシンプルに伝えることが可能であれば、ワンボイス・ワンルック型コミュニケーションはきわめて効率がよい。

\*引用表示については、各章の参考文献等を参照されたい。

# 索　引

〈編著者紹介〉

石崎　徹（いしざき・とおる）

1968年東京都生まれ。1991年早稲田大学商学部卒業、1998年早稲田大学大学院商学研究科博士後期課程単位取得、同年専修大学経営学部講師、2000年助教授、2006年より専修大学経営学部教授

『日本の広告研究の歴史』（小林太三郎監修、嶋村和恵と共著・電通）にて日本広告学会学会賞受賞、『わかりやすい広告論』（編著・八千代出版）等、著書・論文多数。日本広告学会会長、ほかに日本商業学会、日本消費者行動研究学会、日本マーケティング・サイエンス学会、American Academy of Advertising, などの学会に所属。日経広告研究所客員、「日経広告賞」「日本産業広告賞」「日本BtoB広告賞」審査員を務めるなど、研究に社会貢献に幅広く活動中

わかりやすい
マーケティング・コミュニケーションと広告
［第3版］

2016年4月1日　第1版1刷発行
2019年3月12日　第2版1刷発行
2024年4月1日　第3版1刷発行

編著者 ── 石崎　徹
発行者 ── 森口恵美子
印刷所 ── 三光デジプロ
製本所 ── グリーン
発行所 ── 八千代出版株式会社

〒101
-0061　東京都千代田区神田三崎町2-2-13

TEL　03-3262-0420
FAX　03-3237-0723

＊定価はカバーに表示してあります。
＊落丁・乱丁本はお取替えいたします。